아파트 불패신화는 끝났지만, 선분양제를 비롯한 과거의 나쁜
제도와 불투명한 구조는 여전히 남아 있다. 아파트를 살 사람,
아파트에 사는 사람들이 '소비자'로서 자신의 권리를 자각하고,
더욱 현명한 소비자가 될 필요가 있다. 이 책을 통해 현명한
아파트 소비자가 되는 것이 얼마나 중요한지, 현명한 아파트
소비자라면 어떻게 해야 하는지를 생생하게 느낄 수 있을 것이다.
____ 선대인(선대인경제연구소 소장)

이 책은 아파트에 살면서 부딪히는 제반 문제들을 직접 체험하고
해결책을 모색했던 저자가 그 과정을 상세히 기록하고 정리한
책이다. 아파트 생활에 어려움을 겪고 있는 독자들에게 좋은
자료가 될 것이라고 확신하며 강력히 추천한다.
____ 김상하(법무법인 시티즌 대표 변호사)

레벤톤을 수년간 지켜본 결과, 그가 헤쳐온 난관과 경험들은
혼자만 알고 있기엔 너무 아깝다고 생각했다. 책을 출판한다는
말을 들었을 때 두 팔을 들어 환영했다. 다른 아파트에 제2,
제3의 레벤톤이 많이 등장하면 좋겠다.
____ 김송년

레벤톤을 직접 만나보면 하나부터 열까지 그의 열정에 놀라지
않을 수 없다. 이 책은 사회에 만연화 된 부당함에 당당히 맞서
싸운 그의 피와 땀으로 만들어진 책이다.
____ 김태균

아파트에 사는 대한민국 아줌마들에게 꼭 필요한 책이다.
대중교통 요금 백 원짜리 한 개가 아쉬운 상황에 아파트 때문에
내 지갑에서 불필요한 돈이 빠져나가는 건 아닌지 체크해봐야
한다. 입주 전의 레벤톤은 불의에 맞서 싸운 투쟁의
주인공이었지만, 입주 후의 레벤톤은 살기 좋은 아파트
만들기에 앞장서는 소중한 내 이웃이다.
____ 차은미

아파트에서
살아남기

황금알을 낳는 '미운 아기 오리'를 찾습니다!

퍼플카우와 함께라면 당신도 저자가 될 수 있습니다. 아직 원고가 없어도 좋습니다. 세상에 없던 멋진 아이디어가 있다면 **2gobest@gmail.com**으로 보내주십시오. 백조가 될 당신의 아이디어, 베스트셀러가 될 때까지 검은 머리 '퍼플'이 되도록 만들어보겠습니다.

Mission: Remarkab!e

구매에서 입주, 관리까지 건설사가 절대 알려주지 않는
아파트의 모든 것

아파트에서 살아남기

김효한 지음

퍼플카우

추천의 글

현명한 아파트 소비자의 시대

_선대인(선대인경제연구소 소장)

대한민국에서 아파트는 꼭 필요한 의식주의 한 축이자 투자의 대상으로서 중요한 의미를 갖는다. 과거에는 상류층의 투기 수단으로 악용되었지만 90년대 말 외환위기 이후 저축만으로 노후를 대처할 수 없다는 공포감이 확산되면서 중산층까지 아파트 투자 열풍에 뛰어들었다. 담보대출을 받아가면서까지 아파트를 사고 또 사는, 아파트 사재기를 '레버리지 투자'라는 그럴듯한 이름으로 포장하기도 했다.

한국의 아파트 열풍은 세계적으로도 유별나다. 외국에서 아파트는 대도시 중심부의 일부 고급 아파트를 제외하고는 주로 서민들의 주거 수단으로 여겨진다. 한국에서는 급속한 산업화와 도시화로 수도권에 몰려드는 인구를 수용하기 위해 소형 아파트가 건설되었고, 서울 강남권을 중심으로 중대형 아파트 건설 열풍이 불었으며, 이는 신도시 붐을 타고 바깥으로 퍼져 나갔다. 아파트가 투자 수단으로 각광받으면서부터는 더욱 대형화, 고급화로 치달았다. 이미 핵가족화와 출산율 급감으로 가구당 인원이 큰 폭으로 줄어들고, 1~2인 가구의 비중도 크게 늘어나는 추세인데도 주택시장은 반대의 길을 걷고 있었다.

이미 인구와 사회 구조는 다운사이징을 향해 가고 있는 추세인데도 아파트 건설은 이익이 많이 남는 중대형 매매용 주택 일색으로 흘러갔다. 과잉 공급, 실수요와 공급의 미스매치는 중산층 사람들까지 뛰어든 아파트 투자의 거대한 거품이 흡수해주고 있었다. 이 당시 주택건설 시장은 땅 짚고 헤엄치기에 가까웠다. 선분양제를 통해 수요자로부터 먼저 집값 일부를 받고 착공을 할 수 있으니 자금 조달이 손쉬울뿐더러, 하자가 있어도 소비자는 집값을 거의 다 치르고 입주가 다가올 때에야 이를 발견할 수 있다 보니 허위 과장 광고와 부실 날림 시공이 횡행했다. 건설사들이 분양가 폭리를 취해도 '집값은 어쨌든 사면 오른다'는 심리 때문에 사람들은 일단 청약 당첨에 열을 올렸다.

결국 거품은 꺼지게 되어 있다. 수백 년에 걸친 자본주의의 역사가 이를 충분히 입증해준다. 거품이 빠지면서 집값 하락은 물론 거래도 끊겨서 미분양 사태와 하우스 푸어가 속출하고 있다. 여전히 정부와 기득권 언론에서는 틈만 나면 '바닥론'을 설파하면서 불을 지피고 있지만 인구 구조의 변화 추세와 막대한 가계부채를 비롯한 여러 경제 상황으로 볼 때

현재의 대세 하락은 아직 초기 단계에 불과하다.

이제는 달라져야 한다. 과거에는 투자 가치로 아파트의 가치가 결정되었다면 이제는 주거 공간으로서 얼마나 살기 좋은지가 아파트의 가치를 말해줄 것이다. 교통편, 학교, 주변 생활편의시설 등 전통적인 요소 이외에도 관리비 부담, 아파트의 투명한 운영과 관리, 주민 공동체 등의 문제들도 점차 비중이 높아질 것이다. 아파트 불패신화는 끝났지만, 선분양제를 비롯한 과거의 나쁜 제도와 불투명한 구조는 여전히 남아 있다. 아파트를 살 사람, 아파트에 사는 사람들이 '소비자'로서 자신의 권리를 자각하고, 더욱 현명한 소비자가 될 필요가 있다.

이 책은 아파트의 분양에서부터 입주 후 관리 운영까지, 한 아파트 단지를 무대로 저자가 겪은 실제 경험을 소개하고 있다. 현명한 아파트 소비자가 되는 것이 얼마나 중요한지, 현명한 아파트 소비자라면 어떻게 해야 하는지를 생생하게 느낄 수 있을 것이다.

여는 글
아파트에 사는 당신에게
이 책이 필요한 이유

세상에는 이미 아파트의 문제를 다룬 수많은 책이 나와 있다. 아파트 부동산 관련서, 아파트 건축 이야기, 아파트 문화를 다룬 책들까지 많은 책들이 있다. 이미 책은 많지만 다음 두 가지 의미에서 이 책은 최초의 책이다. 첫째, 아파트 입주자 개인이 건설사와 같은 업체를 상대로 싸워 이긴 사례가 담긴 최초의 책이다. 둘째, 대한민국 아파트의 암적인 존재, '입주자 엑스(X)'를 공식적으로 세상에 드러낸 최초의 책이다. 사실 저자 입장에서 나는 이 두 가지 특징만으로도 매우 뿌듯하다.

평범한 직장인이자 가장이었던 나는 몇 년 전 좀 더 큰 아파트에 살아보려고 한 아파트를 분양받았다. 이후 운이 나쁘게도 부동산 경기는 하락하기 시작했고 설상가상으로 건설사가 워크아웃에 들어갔다. 개인자산의 하락과 중도금 지급의 위기 속에서 사기 분양에 가까운 아파트의 진실을 알게 되었다. 입주예정자들의 리더가 되어 18개월 이상을 업체들과 싸워 수많은 우여곡절 끝에 총 100억 원 가량의 입주대책 자금을 받아냈다. 이 책에는 그 경험이 고스란히 담겼다.

대한민국 아파트라는 정글에서 살아남는 일이 이토록 어려운 일인지 나는 미처 알지 못했다. 선분양제도 하에서 분양 계약으로 아파트를 사는 일이 그렇게 불리하고 불합리하고 위험을 감수해야 하는 일인지 정말 몰랐다. 아파트 사업을 계획하고 영업하고 건설하고 관리하는 업체들이 결코 아파트 소비자의 편이 아니라는 점을 절실히 깨달았다. 아파트의 문제는 나쁜 관리사무소와 무책임한 입주자대표회의(입대의), 은밀히 활동하는 '입주자 엑스' 때문이라는 놀라운 사실을 세상에 알리고 싶다. 이 책은 그들을 향한 경고장이다.

우리는 매일 출근하고 일을 하고 집으로 돌아오는 바쁜 일상 속에서도 맛있는 음식과 멋진 자동차에 대해서는 관심이 많다. 그런데 아파트에 대해서는 어떨까? 관리사무소장이 누군지도 모르고 입주자대표회의가 뭔지 어떤 사람들이 하는지 거의 관심 없이 산다. 아파트 소비자를 울게 하고, 아파트 입주자를 억울하게 하고, 아파트 이웃의 돈을 빼돌리는 이들은 그런 무관심을 적극 활용한다. 이제부터라도 아파트에 대한 무관심에서 벗어나자. 나의 부족한 경험담이 아파트 생활 설명서가 되기를 바라는 마음이 간절하다.

좋은 일이든 나쁜 일이든 세상에 혼자 할 수 있는 일은 거의 없다. 좋은 아파트, 착한 아파트, 살기 좋은 아파트를 만들기 위해 노력하는 일도 예외가 아니다. 감사의 마음을 표현하고 싶은 사람들은 다음과 같다. 하태승, 권익범, 송영선, 차은미, 차은진, 최화숙, 이미영, 박추자, 이남수, 정경순, 이희숙, 정정애, 박준일, 이은주, 양장원, 이훈재, 심현중, 안영순, 김송년, 허경미, 심현영, 김흥수, 김태균, 유두환, 김은환, 유경자, 신건현, 정덕영, 이재현 관리소장, 고한용 회계사, 김상하 변호사. 이 분들을 비롯하여 어려운 시기에 희로애락을 함께한 아파트 이웃들에게 이 책을 바치고 싶다. 마지막으로 긴 시간 동안 싫은 내색 한 번 없이 묵묵히 응원해준 아내와 한창 아빠가 놀아줘야 할 나이를 함께하지 못하고 지나버린 딸에게 미안한 마음과 감사의 마음을 함께 보낸다.

───── 김효한

차례

추천의 글	현명한 아파트 소비자의 시대	004
여는 글	아파트에 사는 당신에게 이 책이 필요한 이유	007

1 아파트라는 이름의 정글
; 아파트를 꿈꾸다

자동차는 신중하게, 아파트는 바보같이 계약하는 사람들	019
아파트를 구매하는 괴상한 방법, 선분양제	020
결국 거품은 빠지고 이제 찬바람이 분다	024
아파트의 거짓말 속으로 빨려 들어가다	026
예상하지 못한, 그러나 예정된 위기	028
아파트 입주예정자들의 불안과 초조	033
아직 돈은 우리에게 있다!	037
길고 놀랍고 열 받고 힘겨운 여정의 시작	042
저는 ○○건설에 아래와 같이 요구합니다	046

2 아파트를 둘러싼 거짓말
; 아파트에 홀리다

아파트 이미지 광고가 당신을 노린다	053
분양 광고는 아파트 화장발과 조명발의 최고봉	055

당신이 꼭 알아야 할 아파트 정글의 등장인물들 060
시행사 | 시공사 | 분양대행사 | 입주자 엑스(X) | 입주자대표회의 | 관리사무소장

우리는 그동안 모델하우스에서 무엇을 보았나? 069
미니어처는 미니어처일 뿐이다 074
모델하우스의 직원들은 건설사 직원이 아니다 076
계약은 누구와 하는가? 079
계약 해지, 내 마음대로 할 수 없다 081
면피성 문구 하나가 10년을 좌우한다 084

3 아파트 정글의 법칙
- 아파트의 진실 속에 입주자 엑스(X)가 있었다

건설사의 잘못도 소비자가 뒤집어쓴다 089
시행사와 건설사는 요지부동의 달인 091
우리는 거부한다, 중도금 납부 095
작지만 큰 첫 승리 101
나는 지금 누구와 싸우고 있는가? 105
정체불명의 입주자 엑스, 그들은 누구인가? 110
입주자 엑스는 한 발 먼저 분위기를 이끈다 112
입주자 엑스의 특징과 임무 114
입주자 엑스에 맞서는 리더는 각오가 필요하다 117
입주자 엑스는 분열 조장과 이간질의 전문가 119

4 아파트 정글의 전투
; 입주를 앞두고 밀당을 벌이다

어디 건드리기만 해봐라!	125
사용승인이 매우 중요한 절차인 이유	128
사전점검에서는 보이지 않는 것들	131
로트 번호의 차이가 복불복을 만든다	133
하늘이 무너져도 아파트만 안 무너지면 사용승인은 난다	137
기대를 저버리지 않는 부실과 허무한 사용승인	139

5 아파트 약육강식의 세계
; 돈과 계약으로 얽히고설키다

은행은 상대의 사정을 헤아리지 않는다	145
신용등급 8등급, 그래도 나는 물러서지 않았다	150
모델하우스 미니어처의 어처구니없는 진실	152
경전철의 거짓말, 카탈로그는 알고 있었다	156
전면동 소송 준비, 강경파(?)의 등장	159
강경파 덕분에 건설사와 시행사가 웃었다	163
입주자 엑스의 역습에 치명상을 입다	167
임시 입주자대표회의, 그들의 자해행위	171
협상 타결! 아쉽지만 이쯤에서 끝내자	176

전격 아파트 입주 작전	180
기억하라, 꼼수의 끝은 소탐대실이다	183

6 아파트 정글의 경영자들
: 입주자대표회의 그들을 알고 싶다

입주자 엑스의 입주자대표회의 장악 번개 작전	189
입주자대표회의, 그들만의 성을 쌓다	191
입주자 엑스가 '초대 입대의'를 장악하는 방법	196
하자보수 소송은 오히려 건설사가 바라는 일이다	198
공무원이 입주자대표회의 활동을 하기 힘든 이유	201
지금 청소 아줌마 유니폼 색깔이 중요합니까?	202
어린이집 선정의 미스터리, 꼬리를 잡다	205
경전철의 비밀 입주자 엑스는 이미 알고 있었다	211
포인트 적립왕, 관리사무소장을 해임하다	215
남이 내야 할 전기료를 속아서 내고 있는 사람들	217
그들은 1/n의 허점을 교묘하게 이용한다	220
자료를 공개하기 싫어한다면 물어보나 마나다	224
입대의 회장 아무개 씨, 제 무덤을 파다	226
무좀균보다 끈질기고 오래 가는 입주자 엑스들	228

7 아파트 정글 싸움의 법칙
; 아파트 투쟁, 뭉치면 이긴다

떨이 분양은 우리를 분통 터지게 한다   235
신탁회사 | 특수목적회사 | 할인재분양회사 | 떼분양팀

"이래도 우리 아파트 사실 겁니까?"   238

끝까지 뭉쳐 싸우는 사람들이 결국 이긴다   243

법보다 가까운, '떼법'을 위한 변명   245

이간질에 속지 않으려면 의심하기 전에 관찰하라   247

참여하면 이익, 안 하면 손해   250

섣불리 했다간 파산을 낳는 채무부존재 소송   251

아파트 관련 소송에 대한 냉정한 생각들   255
계약 무효 소송 | 채무부존재 소송 | 손해 배상 소송

애매한 소송은 이겨도 사실 도움이 안 된다   259

소송은 최후의 선택이어야 한다   261

아파트의 모든 것을 의심하라   263

큰 것에서부터 작은 것으로 집중하라   265

분양 계약 과정의 모든 것을 증거로 보관하라   267

하나라도 못 믿겠다면 분양받지 마라   269

8 아파트의 재구성
; 착한 아파트는 그냥 오지 않는다

아파트 단지의 재구성	273
입주자대표회의 | 관리사무소 | 자생단체 | 입주자	
나에게는 관리비, 누군가에게는 수익모델	287
티끌 모아 태산, 알뜰하게 빼먹고 꼼꼼하게 조작한다	293
잔디밭 위 소나무 속에 숨은 놀라운 비밀	297
투명하고 건전하게 관리되는 아파트의 힘	300
쉽지 않은 아파트 혁신의 리더, 알고 덤비면 싸움은 쉬워진다	303
살고 있는 아파트도 품질이 좋아야 비싸게 팔린다	306
아파트 관리 비용도 실거래가를 공개하자	308
공개의 법칙 : 자신 있으면 공개하라! 우리가 보리라	313

닫는 글   힘들지만, 보람된 싸움   316

: 자동차는 신중하게,
   아파트는 바보같이 계약하는 사람들

한국 사람들의 아파트 사랑은 대단하다. 한동안 중산층이냐 아니냐를 따지는 기준이 아파트가 있느냐 없느냐일 정도였으니까. 대다수 평범한 사람들은 내 집(특히 아파트) 마련을 꿈꾸고, 이를 위해서 먹을 거 입을 거 아껴가면서 열심히 저축한다. 그런데 막상 여건이 되었을 때, 사람들은 집(역시 아파트)에 대한 지식을 갖추지 않은 상태에서 집(자기 아파트)을 산다. 한마디로 자동차 살 때보다도 못한 판단력으로 바보같이 집(바로 아파트)을 결정하고 계약을 하는 게 현실이다. 왜 그럴까?

어떤 물건이든 여러 번 사보고 헛돈 쓰고 후회해봐야 안목이 생긴다. 하지만 아파트는 여러 번의 시행착오를 통해 경험을 쌓을 수가 없는 구매 대상이다. 직업적으로 또는 다른 목적으로 사고파는 사람이 아니라면 말이다. 아파트만큼은 아니지만 비교적 고가의 물건에 속하는 자동차는 제품 수명이라는 것이 있고 개인의 사정과 취향에 따라 여러 번 사고파는 경험을 쌓을 수 있다. 게다가 많은 사람들이 자동차 관련 정보를 꼼꼼하게 살펴보고 구매하는 편이다. 최신 차종을 다양하게 비교하고 분석한 후에 자신에게 맞는 차를 결정한다. 차종을 결정한 후에도 실제 구매하는 과정에서 정말 신중하게 많은 것을 따진다.

하지만 가격 면에서 자동차보다 적어도 0이 하나는 더 붙는 대형자산인 아파트는 어떨까? 우리는 아파트를 고를 때 참 순진해진다. 특히 모델하우스를 구경할 때면 그 아파트를 지금 자기가 살고 있는 곳과 비교하면서(그것도 럭셔리한 가구, 대형 스마트TV까지) 감탄하고 착각에 빠진다. 그렇게 비교하면 새 아파트 치고 나쁜 데가 어디 있겠는가. 새 아파트는 마루도 천장도 창틀도 다 좋게 보이지만 다른 새 아파트도 다 그 정도는 한다. 그런 식으로 차를 결정한다면 바보 소리 듣기 딱 좋다. 안타깝게도 우리는 아파트에 대해 정말 무지한 상태에서 결정하고 계약을 하고 있다. 한 마디로 누군가에게 속을 준비가 되어 있다는 얘기다.

: 아파트를 구매하는 괴상한 방법, 선분양제

평범한 아파트 소비자의 처지에서 선분양제를 단적으로 말하면 이렇다. "우리들에게는 털끝만치도 도움이 안 되는 제도." 물론 선분양제에는 나름대로 장점도 있긴 하다. 건설업계 입장에서는 자금 조달이 쉽기 때문에 규모가 작은 회사도 비교적 큰 규모의 아파트 단지 사업을 벌일 수 있다. 정부의 입장에서는 빠른 시간 안에 대량으로 주택을 공급할 수 있다. 그러나 아파트를 사는 사람들의 입장에서 본다면 선분양제는 내 돈으로 남 좋은 일만 하는 제도다. 철저하게 소비자의 처지에서 선분양제를 생각해보자.

<u>선분양제는 말하자면 아파트를 할부로 사는 것과 같다.</u> 분양을 받을 때 계약금을 내고, 몇 년 동안에 걸쳐서 중도금을 나눠 내고 마지막에 잔금을 냄으로써 지불이 끝나기 때문이다. 그런데 아파트 할부는 다른 제품의 할부에서는 찾아보기 어려운 기괴한 구조를 가지고 있다.

어떤 제품이든 할부로 구매할 때에는 계약금을 내고 먼저 제품을 받는다. 그 다음에 잔금을 일정 기간 동안 나눠서 낸다. 할부란 물건을 사고 싶은데 당장 살 돈이 없을 때에 쓰는 수단이다. 그래서 할부로 물건을 사면 이자를 물어야 한다. 빚이기 때문이다. 할부도 빚이라는 생각을 하지 못하고 당장 물건에 욕심이 나서 카드를 긁어대다 보면 카드빚에 시달리거나 신용불량의 늪에 빠진다.

그래도 다른 할부는 먼저 물건이라도 받아서 쓴다. 돈은 나중에 내는 구조니까. 이자도 내가 물건을 쓰면서 내는 것이다. 자동차 할부도 내가 실제 자동차를 인도 받는 시점에 시작된다. 아파트는 어떤가? 수천만 원에서 억대에 이르는 돈을 계약금으로 내야 하지만 실제 물건은 몇 년 동안 구경도 할 수 없다. 대출을 받아서 계약금이나 중도금을 치르는 경우에는 그 이자도 고스란히 자신이 물어야 한다.

제품은 받지도 못했는데 몇 년 동안 할부 이자를 내고 있어야 한다니, 이게 상식적으로 말이 되는가? 반면 건설사는 큰 자본이 없어도 계약금과 중도금으로 공사에 필요한 대금을 상당 부분 충당할 수 있다. 그것도 무이자다! 대출 이자를 입주예정자가 대신 내고 있기 때문이다. 그 대출 이자가 어디 한두 푼인가? 최근에는 중도금 무이자 분양도 생기고 있지만 이것 역시 분양가에 이자가 포함되어 있다고 보는 것이 맞다.

이렇게 가정해보자. 4억짜리 아파트의 경우 계약 시점에 계약금으로 10%를 낸다. 그 이후에 대략 6개월 간격으로 중도금을 10%씩 납부한다. 마지막으로 입주 시점에 잔금 30%를 낸다. 이때 자신이 지금 가지고 있는 돈이 계약금에 해당하는 4,000만 원뿐이고 연 이자 5%로 나머지 돈을 대출 받기로 한 경우라면 오른쪽 표와 같이 이자를 내야 한다.

중도금 이자 후불제의 경우 잔금을 낼 때까지 약 2,100만 원을 이자로 내게 된다. 어느 아파트 단지 안에 이런 집이 1,000세대가 있다면 도합 210억 원이다. <u>원래는 업체가 부담해야 할 수백억 원의 금융비용이 입주자들에게 전가되는 것이다.</u> 자동차로 비유하면 미래에 시판될 자동차의 연구 개발비를 차도 보기 전에 미래의 구입예정자가 지불하는 꼴이다.

시간	계약	6개월	1년	1년 6개월	2년	2년 6개월	3년	3년 6개월
종류	계약금	1차 중도금	2차 중도금	3차 중도금	4차 중도금	5차 중도금	6차 중도금	잔금
대출금		4,000 만 원	4,000 만 원	4,000 만 원	4,000 만 원	4,000 만 원	4,000 만 원	1억 2,000 만 원
누적 대출금		4,000 만 원	8,000 만 원	1억 2,000 만 원	1억 6,000 만 원	2억 원	2억 4,000 만 원	3억 6,000 만 원
월 이자		16만 7,000원	33만 3,000원	50만 원	66만 7,000원	83만 3,000원	100 만 원	
누적 이자		100 만 원	300 만 원	600 만 원	1,000 만 원	1,500 만 원	2,100 만 원	

 만약 자동차를 할부로 샀는데 차에 큰 하자가 있다면 많은 사람들은 '이 차 못 타겠다'고 주장하며 반품을 요구하거나 할부금 납부를 거부하면서 자동차 회사와 싸울 것이다. 실제로 캐피탈 회사의 자동차 할부 금융 상품은 은행보다 이율이 높은 대신 자동차에 하자가 있을 때 할부금 납부를 거부하는 항변권을 보장해주기도 한다. 그러나 자동차보다 훨씬 비싸고 수리나 반품이 힘든 아파트는 이런 항변권을 보장해주는 경우가 없다. 이것도 선분양제 때문이다.

: 결국 거품은 빠지고
　이제 찬바람이 분다

소비자에게 일방적으로 불리한 선분양제가 지금까지 유지될 수 있었던 데에는 집을 사는 사람들의 투기 심리, 적어도 '집값은 오를 것이다'라는 기대 심리도 한몫했다. '아무리 비싸게 집을 사도 지금보다 더 오르면 어쨌거나 이득을 본다'는 생각이 있었기 때문에 바가지든 뭐든 일단 집을 분양받는 게 중요했다.

반드시 투기 목적으로 집을 사지 않더라도 마찬가지다. 예를 들어서 4억짜리 32평형 아파트에 살고 있다가 좀 더 넓은 45평형 집으로 옮기려 한다고 생각해보자. 계약금은 일단 모은 돈으로 내고 중도금은 대출을 받아서 내고 입주할 때가 되면 살고 있던 집을 판다. 그 돈으로 잔금을 치르고 중도금을 갚는다. 그 동안에 살고 있던 32평형 집의 가격이 오를 거니까 이 모든 일에 부담이 없을 것으로 예상하는 게 일반적인 심리였다.

하지만 이제 더 이상 이런 시나리오가 통하지 않는다. <u>살고 있는 집의 가격이 올라야 계획대로 되는데 집값이 떨어지는데다가 잘 팔리지도 않기 때문에 중도금과 잔금 대출이 그대로 빚 폭탄이 되어 날아온다.</u> 꼼짝

없이 '하우스 푸어' 신세가 되는 것이다. 사정이 이러니 분양 시장은 찬 바람만 횡횡 불고 있다.

건설업계도 그동안 분양가에 잔뜩 얹었던 거품을 뺄 수밖에 없게 되었다. 지역에 따라 다르지만 서울 변두리의 경우 평당 1,400만 원에서 1,500만 원까지 가던 분양가가 이제는 1,000만 원대로 내려왔다. 자재나 인건비 등의 공사 원가가 싸진 것일까? 올랐으면 모를까 그 정도로 내렸을 리가 없다. 결국 업체들 스스로가 그동안의 거품을 인정하는 꼴이다. 심지어 '대출 이자 대납', '관리비 3년 대납'과 같은 파격적인 조건을 먼저 내거는 곳도 있다.

아파트 소비자 입장에서는 집값이 오르던 선분양제 전성시대의 시나리오가 더 이상 쓸모가 없어졌지만, 건설업계로서는 자신들에게 매우 유리한 이 제도를 어떻게든 유지하고 싶을 것이다. 뭔가 계기가 되면 집값이 예전처럼 뛸 것이고 그러면 거품을 다시 듬뿍 얹어서 아파트를 팔려고 말이다. 그들은 좋은 시절이 다시 오기를 바라며, 여전히 꿈에 사로잡혀 있는 것이 아닐까.

: 아파트의 거짓말 속으로
 빨려 들어가다

내가 지금 살고 있는 '금호 드림파크어울림' 아파트를 분양 받은 해는 2007년이다. 아파트 붐이 절정에 이르렀을 때다. 처음에는 인천 청라지구에 분양 신청을 했다. 경쟁률이 10대 1이 넘으니 언론에서는 '분양대박'이라고까지 표현할 정도였다. 청라지구에서 떨어지고 나서 인천 서구 검단오류지구에 있는 드림파크어울림에 분양 신청을 했다. 청라지구만큼은 아니었지만 이곳도 인기가 높아서 모델하우스는 그야말로 북새통이었다.

당시 검단오류지구의 가장 큰 장점은 검단 신도시와 '드림파크'였다. 인천시는 근처에 있는 630만 평 규모의 수도권 쓰레기 매립지를 2016년부터 대규모 생태공원 겸 관광단지로 조성할 계획을 세우고 있었다. 그 이름이 바로 드림파크였고, 계획대로만 된다면 그만한 호재도 없었다. '어울림'이라는 아파트 브랜드를 쓰고 있던 금호산업은 아예 아파트 이름을 '드림파크어울림'이라고 붙일 정도였다. 게다가 경전철로 건설되는 인천 지하철 2호선 역이 단지 바로 옆에 생긴다니 금상첨화라 할 만했다. 모델하우스에 있는 미니어처를 보니 단지 바깥 8차선 대로만 건너면 바로 지하철역이었다. 교통 편의성 면에서 최고가 아닌가 싶었다.

모델하우스에 갔던 날은 겨울이었다. 날은 추웠지만 분양을 받으려는 사람들의 열기는 후끈했다. 모델하우스 안을 둘러보고 있던 나는 어느새 인테리어에 최면이 걸린, '고객님'이 되어 있었다. 은은한 조명 아래에 깔린 하얀 양탄자와 온 몸을 파묻고 책에 푹 빠질 수 있을 것 같은 가죽 리클라이닝 체어까지, 모든 것은 완벽해 보였다. 당시 살고 있던 집보다 훨씬 넓고 쾌적한 공간 속에서 행복한 미소를 짓는 아내와 딸아이의 모습만이 눈앞에 그려졌다. '야, 이런 집이 앞으로 내가 살 집이 되는구나' 하는 생각만 머릿속에 가득 찼다.

나중에 깨달은 사실이지만 나는 집이 아니라 그 모델하우스의 환상을 산 것이었다. 입주를 앞에 두고 내 앞에 놓인 현실은 꿈같은 모델하우스가 아닌, 덩그런 시멘트 구조물의 빈 공간뿐이었다. 그 공간에는 요즘엔 생산하지 않는 에너지 효율 3등급 보일러와 곰팡이 핀 벽이 있었다. <u>모델하우스는 인터넷 쇼핑몰 속의 멋진 모델과 같다.</u> 지름신을 부른다는 면에서 그렇고, 실물을 보고 나면 살 때의 느낌과 전혀 다르다는 면에서도 그렇다. 모델하우스는 집을 빨리 구입하라고 건설사가 꾸며놓은 완벽한 환상일 뿐이다. 그럼에도 많은 사람들은 모델하우스라는 빛나는 환상을 보고 어두운 현실로 가는 도장을 찍는다.

결국 치열한 경쟁률을 뚫고 당첨이 된 나는, 4억 2,000만 원에 40평형 아파트를 분양 받아 계약서에 도장을 찍었다. 그때 우리 가족이 살고 있던 아파트는 시가가 3억 원 초반에 형성되어 있었다. 당시는 '아파트 불패신화'가 널리 퍼져 있었고, 나도 그렇게 생각했다. 입주는 2010년이니까 3년 조금 넘는 시간 동안, 살고 있던 아파트가 조금 더 올라줄 거라 믿었다. 새 집으로 갈아타는 데에는 문제가 없을 거라고 순진한 계산을 하고 있었다.

: 예상하지 못한, 그러나 예정된 위기

계약 후 얼마 뒤, 모델하우스를 다시 방문했다. 웬 여자가 자기도 이번에 아파트를 분양 받은 사람 중에 한 명인데 인터넷 카페를 개설했으니 가입하라는 거였다. 앞으로 한 동네에 살 사람들끼리 친목을 도모하자는 것이니 별 의심 없이 카페에 가입했다. 그렇게 한 명 두 명 사람들이 온라인으로 모여들기 시작했다.

처음 카페 분위기는 훈훈했다. 다들 같은 계약자고 이대로 3년이 지나면 한 동네에 살 사람들이니까. 예비 이웃들끼리 서로 챙겨주고 화기애애했다. 그런데 얼마 후부터 이상한 조짐이 나타났다. 드림파크어울림은 1, 2단지로 구분되어 있었다. 1단지는 총 12개 동에 731세대, 2단지는 총 4개 동에 203세대, 합해서 934세대였다. 1단지가 2단지보다 세대수가 많은 대단지이다 보니 선호도가 높았다. 1단지는 치열한 경쟁 속에서 모두 분양되었고, 2단지는 반대로 분양 미달 사태가 났다. 분위기가 달라지기 시작했다.

2단지의 분양이 원활하지 않자 시행사는 재분양에 들어갔지만 결과가 시원치 않았다. 시행사는 중도금 무이자 혜택과 계약금 5% 인하 등 여러 조건을 내세우기에 이르렀다. 할인분양을 시도한 것이다. 정상적으로 분양받은 사람들은 뒤통수를 맞은 기분이었다. <u>2단지의 미분양 사태는 단지 전체에 안 좋은 영향을 미쳤다.</u> 외부에서 누군가 분양 미달 소식을 듣는다면 그냥 드림파크어울림 전체를 묶어서 생각하지 1, 2단지를 구분해서 생각하겠는가. <u>1단지 계약자들에게도 남의 이야기가 아닌 상황이 된 것이다.</u>

설상가상으로 시공사인 금호산업의 사정이 안 좋다는 얘기가 돌기 시작했다. 화근은 대우건설 인수였다. 금호그룹은 2003년에 대우건설을 인수했는데, 6조 원이 넘는 돈 가운데 절반이 외부에서 빌린 돈이었다. 대출 규모가 3조나 되는 거액인데 이자율까지 높았다. 기업 인수에는 성공했지만 뒷감당을 못 하는 이른바 '승자의 저주'에 걸려든 것이다. 브랜드 아파트가 유행하면서 집값에도 '브랜드 프리미엄'이 붙는 마당에 브랜드를 가진 회사가 흔들거리니 더욱 불안해졌다. 자금 사정이 나쁜 회사에서 아파트를 설계대로 잘 지을까, 부실공사나 공사 중단 사태가 벌어지는 것은 아닐까, 별별 걱정이 다 들었다.

입주예정자 카페 안에서도 심상치 않은 움직임이 벌어지기 시작했다. 이의를 제기하는 사람들이 나타났다. 우리끼리 화목한 것도 좋지만 돌아가는 상황에 문제가 있으니 대책이 필요하다는 목소리가 하나 둘 늘어났다. 일부 강경파는 할인분양 금액만큼 돈을 돌려받거나 그에 상응하는 대가를 받아야 한다고 주장했다. 반면 카페 운영진들은 할인분양은 이미 엎질러진 물이니 혜택을 받아내는 쪽으로 접근해야 한다고 반박했다.

그 당시 대다수 입주민들은 돌아가는 상황에 대해서 정말 무지했다. 나도 마찬가지였다. 이쪽이 얘기하는 걸 들어보면 이쪽이 맞는 것 같고, 저쪽 얘기를 들어보면 저쪽이 맞는 것 같았다. 금호산업의 경영 상황에 대한 걱정에 대해서도 그랬다. 카페 운영진은 금호산업이 대기업 계열사이니 쉽게 망하지 않을 것이다, 어쨌거나 우리 아파트만 잘 지으면 되는 거 아니냐고 주장했다. 지금 생각해보면 참 근거 없는 낙관이었지만 그 당시에는 운영진 얘기가 맞는 것 같았다. 거기에 '이미 집을 산 입장에서 우리가 시공사를 문제 삼아봐야 뭐하나, 괜히 집값만 떨어진다.' 이런 정서도 한몫했다.

입주예정자 카페의 분위기는 점점 험악해져갔다. 회원들은 카페 운영진 측과 반대 측으로 나뉘고 반목이 이어졌다. 반대파는 '가만히 있으면 안 된다, 대책을 마련해야 한다'고 주장했고, 운영진 측은 '그럼 뭘 어쩌자는 거냐, 대안 있으면 얘기를 해봐라' 하고 반박했다. 지루한 싸움이 이어졌다. 강경파는 계약 무효까지 주장하면서 근거를 수집했지만 정작 상대해야 할 시행사나 건설사와는 싸워보지도 못하고 카페 안에서 서로 치고받는 형국이었다.

나는 방관자에 불과했다. 일단 회원들끼리 얼굴 붉히면서 싸우는 게 싫었다. '앞으로 같이 살 이웃끼리 왜 이러지? 왜들 이렇게 말이 안 통하지?' 지금 생각해보면 말이 안 통하는 게 당연했다. 운영진은 일방적으로 건설사 편을 들고 있었고, 반대파는 '그러면 어떻게 하자는 건데?'라는 물음에 구체적인 행동 방법을 제시하지 못했다. 뭉쳐서 뭔가 머리 맞대고 고민해보자는 분위기조차 없었다. 정말 입주자들을 위한 주장을 하는 사람이 누구인지 생각하지 못했다. 그때 나는 그저 서로 다른 생각을 가진 두 부류가 싸우고 있을 뿐이라는 양비론적인 시각에 빠져 있었다.

결국 카페 운영진들은 반대파를 강제 탈퇴시켜 버리고 말았다. 쫓겨난 이들은 비상대책위원회를 조직하고 다른 카페를 만들었다. <u>같은 아파트 단지에 각각 금호산업 지지파와 반대파가 운영하는 두 개의 카페가 생긴 것이다.</u> 그러나 비대위 쪽 카페는 사람이 잘 모이지 않았다. 카페 홍보도 미흡했고, 사람들도 거기까지 가입하기는 귀찮아했다.

비대위 사람들은 어려운 조건에서도 나름대로 열심히 활동했다. 자료도 수집하고 금호산업도 만나면서 해법을 찾아보려고 애썼다. 의욕은 있었지만 어떻게 풀어야 할지 방법은 잘 몰랐다. 비대위를 만들었어도 힘이 실리려면 상대가 대표성을 인정해주어야 한다. 건설사는 그들이 쉽게 요구를 들어줄 만큼 호락호락한 곳이 아니었다. 되돌아보면 참으로 순진하고 무의미한 행동이었다. 반 년 정도 열심히 활동하다가 결국 성과도 나지 않으니 그들은 지쳐서 포기하고 말았다.

나는 비대위가 만든 새 카페가 있다는 것 정도는 알았기 때문에 양쪽 다 가입했고 모임에도 얼굴은 들이밀어 봤지만 여전히 방관자에서 벗어나지는 못했다. 막연히 이쪽이 더 맞는 것 같긴 한데, 라는 생각은 했지만 '그래도 그렇지, 같은 입주자들끼리 왜들 그렇게 싸울까?'하는 생각이 더 많았다.

비대위가 만든 카페가 결국 싸움을 포기하고 흐지부지된 뒤로는 원래 있던 입주예정자 카페도 급격하게 활동이 시들해졌다. 운영진도 별다른 활동을 하지 않았다. 나도 그 후로 2년 정도는 카페에도 거의 들어가지 않았다. 그 사이에도 아파트 건물은 계속해서 올라가고 있었다. 나는 두 달에 한 번 정도 아파트 공사장을 둘러보았고 시간은 입주예정일을 향해 흘러가고 있었다. 여전히 나는 방관자였다.

: 아파트 입주예정자들의
  불안과 초조

시간이 흐르고 2010년이 되었다. 12월로 예정된 입주는 이제 반 년도 남지 않았다. 문득 '카페가 있었지?' 하는 생각이 들었고, 거의 2년 만에 카페에 다시 들어갔다. 전체 카페 회원들을 대상으로 총회를 한다는 공지가 떠 있었다. 비대위는 무너진 지 오래였고, 카페 운영진들은 천하태평이었지만 입주 시점이 다가오면서 입주자들의 걱정은 점점 커지고 있었다.

첫 번째 걱정거리는 건설사였다. 2009년 12월에 금호산업이 워크아웃을 신청했다. 과연 집은 제대로 지었을까, 부실공사라도 하는 것은 아닐까, 불안감이 더욱 커졌다. <u>금호산업의 신용도가 추락하면서 시중은행은 일제히 금호산업에 대한 대출을 거부했고, 중도금 대출 역시도 마찬가지였다.</u> 원래 스케줄대로라면 2010년 1월에 5차 중도금을 내야 했고, 중도금 대출이 필요한 사람들은 이때 은행에서 대출이 발생되어야 했지만 은행이 대출을 거부하니 시행사로서는 애가 탈 노릇이었다. 6차 중도금은 6월이었지만 이 시간을 넘기고 총회가 열릴 때까지도 시행사는 중도금을 대출해줄 곳을 찾지 못하고 있었다.

두 번째 문제는 돈이었다. 2010년에는 집값이 뚝뚝 떨어지던 시기였다. 값만 내려가는 게 아니라 내놓아도 집이 팔리지 않았다. 살던 집을 처분해서 남은 중도금이나 잔금을 낼 계획이었던 입주예정자들은 상황이 이렇게 되자 돈을 낼 여력이 없는 처지에 놓이게 되었다. '한번 모여서 대책이라도 논의해봐야 하는 거 아니냐'는 입주자들의 여론이 점점 들끓었다. 분양 당시 들었던 설명과 다르게 지어지고 있는 아파트와 금호산업의 워크아웃에 따른 입주민 피해, 부실공사 등에 대한 논의가 필요하기 때문이었다. 총회는 운영진들이 나서서 개최한 것이 아니었다. 입주자들이 계속해서 대책 마련을 촉구하다 보니 운영진들도 언제까지나 무시할 수는 없었던 것이다.

나는 총회 시작 시간보다 10분 늦게 장소에 도착했다. 강당은 사람들로 꽉 차 있었다. 여름인데도 에어컨을 틀지 않았다. 장소를 무료로 대여해준 것이라 에어컨까지 틀어달라는 건 너무 과한 요구였다. 정말 더웠다. 모인 사람은 500여 명은 되어 보였다. 회원들이 거의 다 온 것 같았다. 앞에서 점퍼 차림의 남자가 프레젠테이션을 하면서 마이크를 잡고 있었다. 아마도 건설사 직원인 것 같았다. 30분 넘게 이어진 일장연설의 내용은 한마디로 '이 아파트가 얼마나 좋은 아파트인가'였다. 욕실 타일이 어쩌고 친환경 자재가 어쩌고 하는 자랑을 주민들은 한동안 땀을 뻘뻘 흘리면서 듣고 있었다.

얘기가 다 끝났을 때, 갑자기 주민들 사이에서 고함이 터져 나왔다. "야 이 ×끼야, 너 프락치야?" 사람들이 술렁였다. 이게 도대체 무슨 상황이지? 늦게 도착하는 바람에 상황을 제대로 알 수 없었던 나로서는 더욱 어리둥절했다. 그때까지 나는 아파트 자랑을 늘어놓던 그 사람이 건설사 직원인 줄로만 알았다. 그런데 아니었다. 입주자였다. 알고 보니 카페의 운영진이자 입주예정자들의 임시 대표였던 것이다. 나중에야 알았지만 그가 연설을 할 때 썼던 멋진 파워포인트는 건설사에서 만들어준 것이었다.

그렇게 착각하고 있던 사람은 늦게 온 나뿐만이 아니었다. 여기저기서 웅성거리더니 "어? 건설사 직원 아니었어?" 하는 소리가 들려왔다. "지금 당신 건설사 사주 받아서 떠드는 거야?" 하는 고함도 터져 나왔다. 어르신으로 보이는 입주자 한 명이 일어섰다. "얘기 잘 들었소. 그런데 지금 그게 중요한 문제가 아니잖습니까? 무엇보다도 돈이 없어서 못 들어가는 사람이 많은데, 어떻게 할 겁니까?" 임시 대표는 당황한 표정이 역력했다. 그걸 도대체 왜 나한테 묻느냐는 식의 반응이었다.

"우리가 이 좁은 곳에서 땀 뻘뻘 흘려가면서 얘기를 듣고 있는 이유가 뭡니까? 입주대책에 대해서 논의해보자고 모인 거 아닙니까? 입주할 수 있는 방법에 대해서 얘기하자고 모였는데 당신 지금까지 30분 동안 뭔 얘기를 한 겁니까?" 어르신의 얘기에 사방에서 맞아! 맞아! 하고 맞장구치는 소리가 들렸다. 도대체 우리가 뭘 했으면 좋겠는지 얘기해보라는 임시 대표의 말에 어르신은 '그건 대표인 당신들이 생각해왔어야 하는 거 아니냐'고 받아쳤다. 그러자 다른 사람이 목소리를 높였다. <u>비슷한 사정의 다른 아파트들은 2년 무이자 혜택도 주고 잔금 납부도 1~2년 유예해주는 경우도 있던데 우리도 그런 정도는 요구해서 받아야 하는 거 아니냐는 얘기였다.</u>

임시 대표는 사람들 얘기를 열심히 받아 적는 것처럼 보였다. 또 얘기할 것 없냐는 그의 말에 현실적으로 입주할 수 있는 대책을 세워달라는 얘기에서부터 화단에 꽃 좀 심어달라는 분위기 못 맞추는 얘기까지 별의 별 얘기까지 나왔다. 아무튼 이미 분위기는 어수선해졌고 고성이 오갔다. 임시 대표는 시행사와 협의해보겠다고 하고 총회를 끝냈다.

: 아직 돈은
　우리에게 있다!

한 달쯤 뒤 총회가 다시 열렸다. 입주예정자대표회의 대표들이 시행사와 협의한 결과를 발표하는 자리였다. 결론은 간단했다. 시행사는 1차 총회 때 나왔던 건의 사항 중에서 돈 안 드는 것만 해주겠다고 했다. 예를 들어 소화전 주변을 너무 삭막하지 않게 장식해달라는 건의가 있었는데 받아들여졌다. 하지만 정작 입주자들에게 가장 중요한 중도금 이자 유예 혹은 대납, 잔금 납부 유예 같은 것은 전부 다 안 된다고 퇴짜를 놓았다. 한마디로 자기들 책임이 아니라는 것이다.

입주예정자들은 살고 있던 집이 가격도 떨어지고 팔리지 않아서 입주할 수 없다는 의견을 내놓았다. 단체행동이라도 해서 저항해야 한다는 주장도 나왔지만 임시 대표 회장은 그렇게까지 할 생각이 없다고 나섰다. 그러면서 하는 얘기가 더 가관이었다. "이 정도면 우리가 많이 받아온 거 아닙니까?"

1차 회의 때에는 그래도 사람들이 욕까지 하지는 않았다. 그런데 임시 대표 회장의 이 한마디에 여기저기서 쌍욕이 서슴없이 나왔다. 다시 험악해지는 분위기에 그는 당황했다. '나보고 어쩌라는 거냐'는 식이 되었다. '어차피 당신들 입주할 거 아닌가, 나 아니면 누가 대표할 건가.' 이렇게 생각하는 것 같았다. 어라 이건 협박인가 뭔가. '난 못 해먹겠으니 누가 할 사람 있으면 해봐라, 내가 돈이라도 받고 이 일 하냐?' 이런 식이었다. 이쯤 되면 거의 도발에 가까웠다.

그때 갑자기 어떤 중년의 남자가 나오더니 말을 꺼냈다. "이대로 입주하면 안 됩니다. <u>이대로 입주하면 아무것도 못 받아냅니다. 입주만 안 하면 돈은 우리에게 있습니다. 투쟁해야 합니다!</u>" 이 말에 입주민들로부터 박수가 쏟아졌다. 분위기 반전이었다. 임시 대표들은 졸지에 바보가 됐다. 누가 들어봐도 그 방법이 최선이었기 때문이다. 돈이 우리한테 있는데? 그 돈이 아쉬운 사람들은 건설사인데? 돈 안주고 버티면 결국 돈 받을 사람이 급해지는 거 아닌가? 그 얘기를 듣고 있던 나 역시도 '아! 바로 저거네!' 하고 무릎을 쳤다.

중년 남자에게 입주자들의 박수와 환호성이 쏟아지자 당황하던 임시 대표 회장은 갑자기 '그러면 당신이 하라'는 식으로 나오기 시작했다. "잘 됐네, 당신이 여기 와서 해, 회장 하고 다 하라고!" 그는 입주자들이 싸울 수 있는 방법을 얘기하고 싶어서 앞으로 나왔을 뿐이었다. 이렇게 하면 우리가 이긴다, 그 얘기만 하고 싶었던 건데, 대표 측의 반응이 "그러면 니가 해!"였으니, 그는 말을 흐리기 시작했다. "난 그런 뜻이 아니고······."

회장은 계속해서 직접 나서서 할 거 아니면 얘기도 꺼내지 말라는 식으로 밀어붙였다. 결국 중년 남자의 KO패였다. 곳곳에서 원색적인 욕설이 나오기도 했고, "저 인간들을 믿은 내가 잘못이지!", "돈이 없는데 어떻게 입주하라는 거야!" 하고는 중간에 자리를 뜨는 사람들도 있었다.

나는 끝날 때까지 기다렸다가 중년 남자를 만났다. 연락처를 줄 수 있냐고 물으니 선선히 적어줬다. 총회에 같이 갔던 아내와 집에 가서 머리를 맞대고 상의했다. "당신이 보기에 저 사람들이 대표하는 게 맞는 것 같아?" "아니, 아닌 것 같아." "내가 해도 저거보다는 훨씬 잘할 것 같은데. 내가 할까?" "당신이?" 그러고는 4일 동안 부부가 고민에 빠졌다. 주위 사람들에게도 사정을 설명하고 '내가 해보면 어떨까?' 하고 물어보았다. 그 반응은, 열 명에게 물으니 백 명이 반대할 정도였다. "미쳤냐", "네가 무슨 노조위원장이냐", "인생 포기하는 거냐" 등등 강력한 반대 일색이었다.

당시 나는 회사에서 꽤 승승장구하고 있었다. 대기업에서 일하고 있던 나는 두 번의 특별승급으로 회사 내에서 거의 최연소 과장으로 일하고 있었다. 출근해서 한 임원을 찾아가 상의했다. 결론적으로 말하면 그 임원은 그 이후로 20여 일 동안 나를 말렸다. 하지 말라니까, 해봐, 나중에 땅을 치고 후회한다, 나서봐야 늪으로 들어가는 거라니까 하면서, 나를 말리기 위해 커피숍으로 불러낸 것만 열 번은 족히 된다. 나보다 훨씬 연륜이 있는 분이니 내가 어떤 일을 겪을지 눈에 훤히 보였을 것이다. 나중에는 "너 그거 하면 내가 잘라버릴 거야?" 하면서 진심 반 장난 반으로 때리기까지 했다.

아무튼 나흘을 고민한 끝에 와이프가 말했다. "하세요. 당신밖에는 할 사람이 없을 것 같아." 총회에서 만난 중년 남자에게 전화를 걸었다. 그의 반응은 '전화 올 줄 알았다'였다. 총회가 끝나고 내가 전화번호를 물어보는데 눈에서 불이 나고 있더라는 것이다. 당연하지, 나도 돈 없는데 임시 대표라는 사람들은 '이렇게 집 잘 지었는데, 왜 입주를 안 해!' 하고 있으니 누군들 눈에서 불꽃이 안 튀겠는가.

지금도 아내에게는 미안하고 고맙기만 하다. 아내는 올바른 것, 정의로운 것에 관심이 많은 사람이다. 아닌 것에 대해서는 아니라고 말할 수 있는 용기를 가진 사람이다. 만약 아내가 나를 지지해주지 않았다면,

'도대체 왜 사서 고생을 하려 하느냐'고 말렸다면, 나는 감히 행동에 나서지 못했을 수도 있다. 고맙게도 아내는 나의 선택을 지지해주었고, 나는 용기를 내기로 했다. '방관'이라는 문을 열고 바깥으로 나가기로 했다. 나는 이 무대, 아파트라는 정글의 한복판으로 뛰어들기로 결심했다.

빗소리가 유난히도 크게 들리던 어느 날 밤, 나는 컴퓨터 앞에 앉아서 글을 쓰기 시작했다. 그 글은 이렇게 시작되었다.

필명 레벤톤입니다.

장문의 글이 될 것 같습니다.

**나는 이제 아파트라는 정글의
한복판으로 뛰어들기로 결심했다.**

: 길고 놀랍고 열 받고
  힘겨운 여정의 시작

2010년 9월 20일 새벽, 비가 추적추적 내리고 있었다. 첫머리의 말처럼 장문의 글을 쓰고 나서 읽어보고, 또 고치고, 읽어보고, 또 고치고를 되풀이하다보니 새벽 3시가 넘어 4시를 향해가고 있었다. 글을 올렸다. 이게 시작이라고 생각했다. 무언가 내 앞에 여러 가지 일들이 벌어질 것이라고 생각했다. 하지만 이것이 책 한 권의 스토리가 될 정도로 큰일이 될 거라고는 생각하지 못했다. 그 스토리는 생각했던 것보다 길고, 놀랍고, 열 받고, 힘겨운 여정의 시작이었다. 자, 부끄럽지만 장문의 글 일부를 한번 읽어보자.

● 누가 갑이고 누가 을인가

언제나 협상에서는 아쉬울 것이 없는 부류와 아쉬운 부류가 존재합니다. 흔히 아쉬울 것 없는 쪽을 '갑', 아쉬운 쪽을 '을'이라 표현합니다. 갑과 을이 존재하는 한 협상의 타결에는 '합리', '상식'보다 우선시되는 것이 있습니다. 그것은 바로 '실리'입니다. '실리'란 다시 말해 협상이 결렬된다면 누가 더 손해를 보느냐입니다.

목마른 사람이 우물 파는 것이 모든 협상 및 상거래의 기본입니다. 금호산업이 미분양되었을 때 왜 81블록(2단지) 전면 무이자를 내걸었습니까? 당연히 아쉬웠기 때문입니다. 목말랐기 때문입니다. 그 당시에 그들은 분명한 '을'이었기 때문입니다. 그들은 출혈을 감수하고서라도 분양완료를 시켜 자금을 확보해야 했기 때문입니다. 그들은 명백한 '을'이었고 무이자라는 적절한 양보를 통해 '실리'를 얻어내었고 분양을 완료하였습니다.

그로부터 3년이라는 시간이 흘렀습니다. 그런데 입주를 앞둔 지금 그들의 모습은 '갑'입니까, '을'입니까? 돈을 내고 사는 사람이 '갑'이 되는 것이 정상입니까, '을'이 되는 것이 정상입니까? 여러분들 시장에 가서 물건 사실 때 깎아달라고 덤 좀 달라고 사정하고 매달리십니까? 판매자가 "그렇게는 못 팔겠으니 당장 가시오!"라고 하는데도 제발 깎아달라고 부탁하고 애원하는 사람이 있습니까? 그냥 안 사면 그만 아닙니까? 통상적으로 돈을 내고 사는 사람이 '을'이 될 수는 없습니다. '돈'은 바로 '힘'이기 때문입니다. 지금 상황에 우리들이 금호산업에 제발 이것 좀 해달라고 떼쓰듯이 부탁을 해야 됩니까?

지금 돈이 누구에게 있습니까? 여러분들 대부분이 5차, 6차 중도금, 잔금 다 납부하셨습니까? 제 상식으로는 금호산업의 대처가 이해되지 않습니다. 930여 세대 총 분양금이 얼마입니까? 대충 계산해도 4,000억 아닙니까? 그렇다면 930여 세대의 5차 중도금은 400억입니다.

여러분들! 400억 원 주고 물건 사는 소비자가 '을'이 되는 것이 맞습니까, '갑'이 되는 것이 맞습니까? 그런데……. 여러분들이 불안하고 초조하신 이유는 무엇입니까? 지금의 상황에 뭔가 문제가 있는 것 같긴 한데 해결책이 보이지 않는 이유는 무엇입니까? 저는 이렇게 봅니다. (지금 상황이 5차 중도금 납부 기간이므로 이 금액만 가지고 예시합니다)

1. 내가 '갑'인지 '을'인지 잘 모르겠다.
2. 나는 400억짜리 물건을 사는 사람이 아니다. 3~5억짜리 물건을 사는 사람이다.
3. 소위 '계약'이란 것을 해놓고 일정 금액을 납부했는데 포기하기 아깝다. (그렇다고 입주하자니 현재 살고 있는 집도 떨어진데다 팔리지도 않는다.)

자…… 위와 같이 정리해놓으니 해결책은 이렇게 되겠습니다.

1. 나는 명백한 '갑'이다.
2. 하나의 힘으로 모으면 5차 중도금만 400억이다. 나는 400억이라는 자금을 가지고 있는 '갑'이다.
3. 이미 납부한 계약금을 날려버려도 더 나빠질 것이 없다.

저도 여러분들과 마찬가지로 입주하고 싶습니다. 꿈을 안고 살아왔습니다. 그런데…… 부동산 시장이 이렇게까지 될 줄 상상도 못했습니다. 설령 계약금을 날리더라도 다른 신규 입주 아파트에 가면 그만큼 싸게 살 수 있는 실정입니다. 현재 살고 있는 집이 계약 당시 3억이었습니다. 3년 뒤면 4억 될 줄 알았습니다. 그런데…… 현재 2억이 되어 있습니다. 이마저도 거래가 될지 안 될지 모르겠습니다. 이미 더 나빠질 것도 없습니다.

물론 부동산 폭락에 따른 탓을 금호산업으로 돌리는 것은 절대 아닙니다. 하지만…… 이렇게 되어 버린 걸 어떻게 하겠습니까? 어떻게든 저도 저에게 필요한 '실리'를 찾아야 하지 않겠습니까? 앉아서 멀뚱멀뚱 바라보다 망할 수는 없지 않겠습니까. 현재 금호산업이 제시하는 입주 촉진안들을 보면 힘을 쥐고 있는 전형적인 '갑'의 모습으로 밖에 보이지 않습니다. 아쉬울 게 없어 보입니다. 들어올 테면 오고 싫으면 말라는 것 같습니다. "이렇게 해줄 테니 들어와주세요"라는 의도는 어디에서도 찾아볼 수 없습니다. 금호산업은 아마도 여러분들이 별 말 없이 입주할 것으로 예상하고 있는지도 모르겠습니다. 저는 여쭈어보고 싶습니다. 여러분들! 지금 현재의 이 조건으로도 정말 별 문제없이 입주가 가능하십니까?

여기까지가 글의 전반부다. 핵심을 요약하면, '같이 살자'였다. 부동산 값이 계속 떨어지는데 살고 있던 집이 팔리지 않아서 입주에 필요한 자금을 마련하지 못하는 세대가 많은 실정이었다. 빠른 시일 안에 집값이 다시 오르거나 거래가 살아날 것으로 보이지도 않았고, 전망은 점점 나빠지고 있었다. 이런 상태에서는 많은 세대가 입주를 포기할 수밖에 없다. <u>더 심한 문제는, 돈이 없어 입주를 포기하고 싶어도 계약서에 따르면 중도금을 한 번이라도 내고 나면 마음대로 계약을 해지할 수 없다는 것이다.</u> 5차 중도금을 낼 시한이 다가오고 있는 시점에서 돈이 없기 때문에 계약금 10%를 버리고 입주를 포기하고 싶어도, 시행사와 건설사는 계약 해지를 받아주지 않는 것이다.

집값 떨어진 걸 누군가의 탓으로 돌릴 수는 없지만 그렇다고 앉아서 망하기만 기다릴 수도 없다. 시행사와 건설사 측에서는 아무리 사정이 힘들어도 입주를 포기하는 세대는 얼마 없을 것이라고 안이하게 생각하는 것 같았다. 대부분은 울며 겨자 먹기로 빚을 내서라도 중도금과 잔금을 지불할 것이고, 몇 세대 정도가 끝내 입주를 포기한다고 해도 큰 타격은 되지 않을 것이라고 생각했을 것이다.

그러나 입주예정자들이 똘똘 뭉쳐서 중도금과 잔금 납부를 거부한다면? 5차 중도금만 해도 400억 원이나 되는데 이 돈이 들어오지 않는다면, 업체로서는 자금 흐름으로 볼 때 엄청난 타격이다. 한 사람 한 사람 떼어놓으면 힘없는 소수지만 뭉쳐 있으면 정말로 무시무시한 '갑'이 될 수 있다. 도대체 우리는 갑인가 을인가, 어떻게 하면 우리가 갑으로 대접 받을 수 있을까, 나는 그 점을 일깨우고 싶었다.

: 저는 ○○ 건설에
아래와 같이 요구합니다

장문의 글을 통해 나는 입주율을 올리기 위해 시행사와 건설사가 내놓아야 할 대책으로 두 가지를 주장했다.

첫째는 '잘 지어놓은 아파트'였다. 우리가 낸 돈으로 아파트를 짓는 만큼, 업체는 돈값을 하는 잘 만들어진 아파트로 고객에게 보답할 의무가 있다. 그건 기본 중에 기본이고 그들의 의무다. 그런데 금호산업이 워크아웃에 들어가면서 이 기본 의무라도 제대로 지킬 수 있을지에 대한 불안감조차 날로 증폭되어 가고 있었다.

둘째는 '돈(입주 촉진금)'이었다. 자금 사정이 어려워서 입주가 힘든 사람들이 많으니, 고통 분담을 하자는 것이다. 당시 부동산 거품이 빠지기 시작하면서 완공을 앞둔 전국의 많은 아파트 단지의 입주자들은 곤경에 빠져 있었다. 분위기가 심상치 않다 보니 입주율을 높이기 위해서 중도금 무이자나 잔금 1~2년 유예와 같은 조건을 먼저 제시하는 시행사와 건설사도 적지 않았다. 그런데 여기는 '안 된다'는 대답뿐이었다.

이 글에서 내가 제안한 방안은 다음과 같았다.

여러분, 저는 금호산업에 아래와 같이 요구합니다. 또한 입주예정자대표회의에게도 아래의 의견에 대해 검토 후 대표회의 공식 의견으로 내세워주실 것을 제안합니다.
1. 현재 공유된 내용대로 좋은 아파트를 짓는 데 최선을 다할 것.
2. 분양가의 8%를 입주 촉진금으로 책정해서 환급해줄 것. (40평형 기준 약 3천만 원/상기 금액에 상당하는 혜택을 개별 제공해도 무방)

3. 위 두 가지 사항에 대한 협의가 원만하게 진행되지 않을 경우, 5차 중도금 납부 거부를 입주예정자대표회의 공식사안으로 진행해줄 것.

글의 말미에는 다른 아파트 단지의 입주대책을 다룬 신문 기사를 인용해서 이와 같은 요구가 무리한 것이 아니라는 점을 강조했다. 그날 나는 잠도 제대로 못 자고 출근할 수밖에 없었다.

사람들의 반응은 정말로 뜨거웠다. 반응은 크게 두 가지였다. 많은 사람들이 '희망이 보인다'면서 지지와 성원을 보내주었다. 임시 대표들도 댓글을 달면서 '깊이 새겨듣도록 하겠다'고 밝혔다. 또 한 가지 반응은 '지금까지는 뭐하다가 이제야 나타났느냐!'는 식이었다. 내가 한동안 아파트를 둘러싼 온갖 일들에 대해서 방관자였던 것은 사실이다. 좀 더 일찍 활동을 시작했더라면 어땠을까? 어쨌거나, 이 글은 지금부터라도 본격적으로 나서서 활동을 하겠다는 나, 레벤톤의 선언이기도 했다.

그때까지도 나는 많은 것을 모르고 있었다. 내가 얻고자 했던 것은 그저 어려움을 겪고 있는 입주예정자들을 위해 상생할 수 있는 대책을 모색하는 것, 건설사의 부실화에 따른 사람들의 불안과 걱정을 덜어주는 것이었다. 당시의 임시 대표들은 단지 생각이 다르고 방향이 다를 뿐 나와 똑같은 입주자라고만 생각했다. 이 아파트 안에 수많은 거짓과 위선이 숨겨져 있다는 사실도, 입주자들 사이에 정체불명의 입주자 엑스(X)가 섞여 있다는 사실도 그때는 까맣게 몰랐다. **진짜 싸움은 그렇게 막이 올랐다.**

: 아파트 이미지 광고가
　당신을 노린다

바야흐로 광고의 홍수시대다. 웬만한 광고로는 사람들의 기억 속에 남기는커녕 찰나의 관심조차 끌기 어렵다. 광고는 더욱 기발하고, 자극적이고, 세밀하고, 집요해지고 있다. 적절한 비유를 통해 제품의 효과를 부각시키는 것이 아니라 제품 자체에 없는 기능을 마치 있는 것처럼 착각하게 만들기도 한다. 이런 허위광고뿐만 아니라 원래의 기능이나 효과를 부풀려 포장하는 과대광고도 적지 않다. 아파트도 예외는 아니다.

대형 건설사들을 중심으로 아파트의 브랜드화 경쟁이 불붙으면서 이미지 광고 경쟁도 치열하게 벌어졌다. 인기 여배우가 나오는가 아닌가를 기준으로 브랜드의 영향력을 가늠하기도 했다. 요즘은 건설사 경기가 좋지 않아 아파트 광고에서 특급 여배우의 모습은 뜸해졌지만, 여전히 건설사들은 아파트 이미지 광고에 상당한 돈을 들이고 있다.

이미지 광고를 계속해서 보는 소비자의 머릿속에는 어느샌가 브랜드의 이미지가 자리 잡는다. 길을 지나다가 브랜드 아파트를 보는 순간, 광고에서 보았던 고급스럽고 쾌적한 이미지를 저절로 떠올리게 된다. 대기업 건설사에서 오래 전에 지은 아파트의 주민들이 '우리 아파트에도 새 브랜드를 쓰게 해달라'고 소송을 벌이는 일도 생겨났다. 같은 건설사가 지은 아파트라 해도 새 브랜드가 붙은 아파트에는 프리미엄이 붙었으니 그럴 법도 하다.

아파트 이미지 광고에 세뇌된 소비자 마음속에는 한 가지 크나큰 착각이 생기게 된다. 브랜드가 같은 아파트는 모두 광고 속 이미지와 같을 것이라는 착각이다. 예를 들어, A라는 브랜드를 가진 서울시 강남에 있는 아파트와, 수도권 외곽 신도시에 있는 A 아파트가 과연 똑같을까? 보통 그렇게 생각할 수도 있겠지만 실제로는 그렇지 않다. 아파트의 입지 조건이 다르고, 평형이 다르다. 주변 환경이나 생활 수준이 다르다. 그리고 무엇보다 분양 가격이 다르다.

같은 브랜드라고 해도 지역이 다르면 전혀 다른 상품이다. 일단 시행사가 다르다. 건설사는 외주 납품 업체일 뿐이다. 만약 어떤 시행사가 아파트를 계획할 때 시공사(건설사)에게 평당 건설비 200만 원짜리로 주문하면 그 가격에 맞춰서 지어준다. 다른 시행사가 같은 건설사에 300만 원짜리로 주문하면 또 그 가격에 맞춰 지을 것이다. 이 두 아파트가 똑같은 브랜드라는 이유로 같은 품질일 리가 없지 않은가.

하지만 우리는 아파트의 품질을 결정하는 수많은 진짜 요소들을 제쳐

놓고 브랜드에 더 집착하는 경향이 있다. 자동차에 빗대서 생각해보자. 현대자동차의 이미지 광고만을 계속해서 본 나머지 소형차인 액센트와 고급 세단인 에쿠스를 구별하지 못하면 어떻게 될까? 현대자동차 로고만 붙어있으면 똑같은 고급차라고 착각한다면 코미디 아닌가. 자동차에 대해서는 이런 착각을 하는 사람이 거의 없을 것이다. 그런데 많은 사람들이 아파트에 대해서는 이런 어이없는 착각을 한다. 건설사들의 브랜드 광고가 효과를 발휘하는 순간이다.

광고 이미지에 속지 말자. 같은 건설사, 같은 브랜드의 아파트라고 해도 실제 제품은 천차만별임을 기억하라. 아무리 브랜드가 같아도 다른 지역, 심지어 다른 단지라면 전혀 다른 아파트라고 생각하라. 그 사실을 잊고 착각하는 순간, 우리는 아파트라는 정글에 놓인 거대한 함정들에 속수무책으로 끌려들어가게 될 것이다.

: 분양 광고는
   아파트 화장발과 조명발의 최고봉

이미지 광고로 사람들에게 브랜드에 대한 좋은 인상을 심는 과정을 밭갈이라고 하면, 분양 광고는 본격적으로 씨를 뿌리는 단계라 할 수 있다. 아파트 브랜드를 큼직하게 내세운 분양 광고를 보면 사람들은 건설사에서 하는 광고라고 생각하기 쉽다. 하지만 분양 광고를 내는 곳은 시행사다. 분양 광고의 내용 일부에 허위 사실이 있어 항의를 하게 될 경우, 건설사에 아무리 따져봐야 소용없을 것이다. 건설사는 시행사로부터 주문을 받고 제품을 생산해 준 것이니 자기들은 광고에 대해 아는 바 없다고 할 테니까.

아파트 분양 광고는 곳곳에 허위와 과장이 도사리고 있는 경우가 많다. 가장 대표적인 예가 편의시설이나 공공시절이 들어설 것이라는 문구다. 분양할 때에는 단지 안에 초등학교와 중학교가 들어선다고 광고했는데 나중에 가서 계획 자체가 철회되는 사례가 있었다. 수도권 아파트 분양 광고에 '도시고속도로 개통으로 서울까지 40분!'이라는 문구를 믿고 집을 샀는데 막상 입주해보니 고속도로의 상습 교통 체증 때문에 출퇴근이 두 시간이나 걸린다면 황당해질 것이다. 그밖에도 다음과 같은 허위 과장광고가 만연하고 있다.

- 단지 옆에 백화점이 들어선다고 했으나 취소된 사례
- 단지 근처에 해양생태공원이 들어선다고 했으나 백지화된 사례
- 아파트 앞으로 새 도로가 들어온다고 했는데 기존 도로를 확장하는 수준에 그치는 사례
- 친환경 시스템으로 벽지까지 친환경 자재 시공을 하겠다고 했는데 합판마루와 실크벽

지로 처리한 사례

• 확 트인 조망권을 강조했으나 입주 후 창밖으로 돼지우리가 보이는 사례

심지어는 아파트 옆 산에 사격장이 들어선 사례도 있었다. 계약 전에 될 수 있으면 현장을 찾아가 보거나 관공서에서 개발 계획을 직접 확인해야 하는 이유다.

허위 과대광고로 소비자를 현혹했을 경우, 소송을 통해 손해 배상을 받아 내거나 확률이 낮지만 계약을 해지할 수도 있다. 그러나 처음부터 광고 문구에 속지 않는 것이 더 나은 것은 두말할 나위가 없다. 문제는 현재와 같이 소비자에게 불리한 선분양제도 속에서는 완벽한 검증이 거의 불가능하다는 점이다. 분양 광고가 나오는 시점과 실제 아파트를 볼 수 있는 시점 사이에는 적어도 3년이라는 간극이 존재하기 때문이다.

분양 광고에서 생태공원이 들어선다고 했다면 그것은 '예정'이다. 다시 말해서 지금은 없는데 앞으로는 생길 것이라는 얘기다. 분양되는 시점에서는 이게 정말인지 아닌지, 조성된다고 해도 광고에서 자랑하는 것만큼 규모가 크거나 시설이 좋은지 어떤지 알 수가 없다. 관할시청이나 구청 등을 통해서 실제 계획이 있는지 알아볼 수도 있지만 그 정도로 열심히 알아보는 사람은 매우 드물다.

3년 동안에는 수많은 상황들이 달라질 수도 있고, 없던 문제가 생길 수도 있다. '도시고속도로 개통으로 서울까지 40분!'이라는 광고를 생각해보자. 시행사 쪽에서는 이렇게 주장할 수도 있다. "분양 당시에는 분명히 서울까지 40분 걸렸는데 그 동안에 교통량이 크게 늘어 두 시간이 걸리게 되었다. 교통량이 늘어나는 것까지 어떻게 예측하라는 것인가?" 이렇게 주장한다면 지루한 법정공방을 통해서 허위 과장 여부를 가려야만 한다.

기업과 개인이 법정에서 맞서면 개인이 절대적으로 불리하다. 소송을 전담하는 법무팀을 거느리거나 잘 나가는 로펌을 동원하는 기업에 맞서서 개인이 이기는 것도 만만치 않을 뿐더러, 소송 과정에서 들어가는 비용과 시간, 마음고생은 상상 이상이다. 1심에서 이겼더라도 상대가 항소하면 2심, 3심까지 가야 한다. 그러다 보면 이기더라도 '상처뿐인 영광'으로 막을 내리는 경우가 많다. 중간에 배겨내지 못하고 포기하거나 상대방이 제시하는 쥐꼬리만 한 보상금에 도장을 찍는 사람들도 많다.

심지어는 허위 과장이 인정되는데도 '광고의 관행을 감안하면 인정되는 수준'이라든가 '계약 여부를 결정하는 데 중요한 요소가 아니'라는 이유로 패소하는 경우도 적지 않다. 물론 어떤 제품이든 광고에서 어느 정도 과장이 있을 수 있다는 것에는 동의한다. 장점은 부각시키고 단점은 가리는 것이 광고의 기본이라고도 하니까. 그러나 제품도 제품 나름이다.

아파트는 기본적으로 몇 억 원이나 된다. 최상류층이라면 모를까, 대한민국의 절대 다수에게 아파트는 몇 십 년을 피땀 흘려 아끼고 모은 전 재산을 털어 넣어야 하는 상품이다. 아파트는 아무리 짧아도 몇 년, 길게는 수십 년을 살아야 하는 생활의 기반이고 터전이다. 이런 아파트를 허위 과장광고에 속아서 산다면 그 피해는 정말 치명적이다. 따라서 법원에서 말하는 '광고에서 인정되는 허위 과장' 또는 '계약 여부를 결정하는 데 중요한 요소'를 판단하는 기준도 다른 제품에 비해 훨씬 엄격해야 한다.

: 당신이 꼭 알아야 할
   아파트 정글의 등장인물들

아파트 구입을 결정할 때 사람들은 보통 시공사, 곧 건설사를 본다. 계약도 건설사와 하는 것이라 생각한다. 이는 엄청난 착각이다. 아파트를 사는 과정에 대해 당신은 아마도 이렇게 생각할 것이다.

건설사를 보고 아파트를 결정하고,
설명은 모델하우스에 있는 건설사 직원에게 듣고,
계약도 건설사와 한다.

틀렸다. 진실은 이렇다.

시공사(건설사)를 보고(믿고) 아파트를 결정하지만,
설명은 모델하우스에 있는 분양대행사 직원에게 듣고,
계약은 (익히 알고 있는 건설사만이 아닌) 시행사, 시공사와 함께 한다.

당신이 산 아파트는 ○○건설의 것이 아니라 시행사의 것이다. 그래도 ○○건설이 지은 아파트 아니냐고? 문제가 그리 간단하면 왜 우리가 속아서 내 집 사고도 우는 경우가 생기겠는가. 단순할수록 속임수가 끼어들기 힘들고 복잡할수록 장난칠 여지가 많아진다. 소비자는 건설사만 보고 아파트를 사는데 사실은 시공사, 시행사, 분양대행사 등이 끼어있는 상황에서부터, 뭔가 수상한 낌새를 느껴야 한다. 이들은 아파트라는 정글의 주요 등장인물들이다. 아파트 정글에서 살아남으려면 무조건 알야야 한다.

시행사

시행사는 겉으로는 잘 드러나지 않지만 아파트 정글의 키를 쥐고 있는 주인공이라고 할 수 있다. 앞서 말했듯이 우리는 아파트를 시공사, 즉 건설사를 보고 산다. 현대건설이든, GS건설이든, 금호산업이든, 국내 굴지의 대기업 계열 건설사가 주는 신뢰감 때문이다. 또한 거액을 들인 광고를 통해서 구축된 아파트 브랜드의 이미지, 이런 것들이 결정을 내리는 데 큰 역할을 한다. 하지만 시행사를 보고 아파트를 사는 사람은 없다. <u>계약을 하기 전까지는 대부분의 사람들이 시행사란 게 따로 있는지도 잘 모른다.</u>

시행사란 어떤 존재인가? 아파트 또는 아파트 단지를 만드는 사업을 계획하고 진행하는 실제 주체다. 사업 계획을 수립하고, 아파트를 지을 땅을 확보하고, 관공서로부터 필요한 각종 인·허가를 받아내는 일이 모두 시행사의 몫이다. 우리가 아파트를 계약하고 대금을 지불하는 대상도 시행사다.

최근 분양하는 대부분의 아파트는 시행사와 시공사가 다른 회사다. IMF 건설사 부실 사태를 계기로 법이 그렇게 바뀌었다. 건설사의 상징성을 지닌 일부 예외(건설사와 비슷한 이름의 계열사 또는 관계사가 시행을 맡는 경우)를 제외하고 거의 모든 분양 아파트는 시행사와 시공사가 다르다고 생각하면 틀림이 없다.

시행사는 아파트 소비자들에게는 많은 부분이 베일에 가려져 있다. 시행사는 시공사와는 달리 그 규모도 적은데다가 회사의 연혁, 심지어는 이름마저도 모호한 경우가 적지 않다. 나의 경우에도 아파트 시공사는 금호산업이었지만 시행사는 '이앤조○○○'와 '꿈을짓는○○○'이라는, 듣도 보도 못한 이름이었다.

시행사들 가운데는 사업을 추진할 때에만 반짝 나타났다가 모든 일이 끝나면 사라지는, 마치 신기루 같은 회사들도 상당수 있다. 아파트가 완공되고, 분양을 받은 모든 입주민들이 대금을 치른 후 입주하여 등기를 마치면, 시행사의 역할은 그것으로 끝난다. 그 이후에 분양 및 계약 과정에서 숨기고 있던 문제점에 발견되어 시행사를 찾아도 이미 회사는 사라져버린 일도 비일비재하다.

시공사

앞에서도 얘기했지만, 우리는 아파트를 살 때 건설사만 본다. 하지만 건설사는 아파트라는 정글의 등장인물 가운데 하나일 뿐이다. 건설사, 즉 시공사는 쉽게 말해 시행사의 주문을 받아서 아파트를 납품하는 회사다.

시행사가 땅을 마련하고 필요한 인·허가를 받아서 사업 계획을 세우고 시공사를 선정한다. 그 계획에 맞춰서 건물을 짓는 것이 시공사가 하는 일이다. OEM(주문자 상표 부착 생산)과 비슷하면서도 뭔가 다르다. 보통 OEM은 제품에다가 주문한 회사의 브랜드를 붙인다. 그런데 아파트는 (주문자인 시행사의 브랜드가 아니라) 주문을 받아서 제작한 회사(시공사인 건설사)의 브랜드가 붙는다.

애플의 아이폰을 실제로 생산하는 곳은 중국의 팍스콘이라는 회사다. 아파트는 아이폰에 애플 로고가 아닌 팍스콘 로고를 박아서 파는 꼴이다. 아이폰은 팍스콘에서 생산한 제품이지만 사후 서비스를 맡는(책임지는) 회사는 애플이다. 그러나 아파트의 경우에는 하자 보수와 같은 사후 서비스를 시공사에서 맡는다. 하자 보수에 대한 보증 기간은 최대 10

년까지로, 건설사가 아파트에 대한 책임을 지게 된다. 입주를 하고 등기까지 마치면 의무가 끝나버리는 시행사보다 시공사가 아파트에 대한 책임이 훨씬 길다. 사람들이 시공사의 역할을 착각하게 만드는 원인 중 하나다.

분양대행사

분양 과정의 업무를 대행하는 일을 전문으로 하는 회사다. 분양 홍보, 모델하우스에서 안내와 설명, 계약 상담과 같은 일들이 분양대행사의 몫이다. 모델하우스에서 만날 수 있는 직원들을 우리는 건설사 직원으로 착각하기 쉽지만 사실은 분양대행사 직원들이다. 이들은 시행사와 계약을 맺고 일을 하며, 시행사와 마찬가지로 그 정체는 건설사 뒤에 가려져 있다.

모델하우스에서 분양대행사 사람들이 내미는 명함에는 건설사 로고만 큼직하게 박혀 있고, 분양대행사의 이름은 한구석에 조그맣게 쓰여 있다. 건설사 로고에 꽂힌 사람들에게 그 조그만 이름이 눈에 들어올 리가 없다. 자기 이름을 내세우지 않고 누군가의 뒤에 숨는 이들이 대체로 그렇지만, 시행사와 마찬가지로 분양대행사도 회사의 정체가 어딘가 수상쩍은 경우들이 적지 않다. 모든 회사가 그렇다는 것은 아니지만 나중

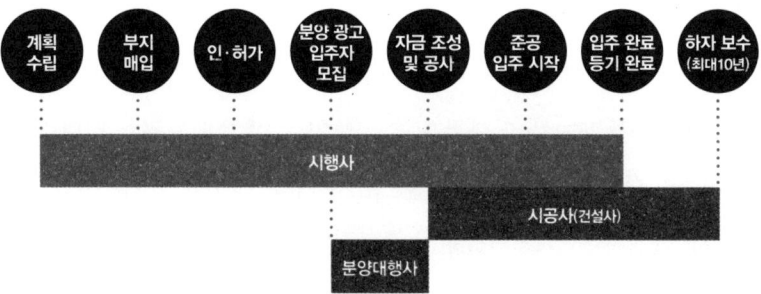

에 분양대행사 직원들이 거짓말을 했다는 사실을 알게 되어 만나고 싶어도 회사가 없어졌거나 하는 일들 역시 비일비재하다.

사업 계획 시작부터 하자보수 기간 완료에 이르기까지 주요 단계들과 등장인물들의 라이프 사이클은 그림과 같다. 각 등장인물들은 자신의 라이프 사이클만 무사히 마치면 문제가 생겨도 시치미를 뚝 뗀다. 심지어는 회사가 아예 공중분해되기도 한다.

입주자 엑스(X)

이 등장인물에 어떤 이름을 붙일까를 고민하다가, 정체불명이라는 뜻의 '엑스(X)', 그리고 이들이 보여주는 행태를 뜻하는 '엑스(X)맨'에서 따와서 '입주자 엑스(X)'라고 이름 붙이기로 했다.

입주자 엑스는 일단 '입주자'다. 입주예정자, 또는 입주자 모임에서 은 밀히 활동하며, 실제 그 아파트 단지에 사는 주민이기도 하다. 그런데 보통 입주자들과는 뭔가 다른 모습을 보인다. 초기에는 잘 드러나지 않는 입주자 엑스가 있는가 하면, 분양 직후부터 입주예정자를 대상으로 인터넷 카페나 모임을 만들면서 주도적인 활동을 하는 입주자 엑스도 있다. 입주 전에는 거의 활동을 안 하다가 입주가 이루어지고 입주자대표회의(입대의)가 만들어질 때 그 정체를 드러내는 입주자 엑스도 있다.

보통 입주자들 사이에 섞여 있는데다가 그 유형도 다양하다보니 누가 보통 입주자들이고 누가 입주자 엑스인지 가려내는 것은 정말 쉽지 않다. 그러나 어떤 유형의 입주자 엑스든 적어도 한 가지 공통점이 있다. 어느 시점에선가는 건설사 편에 선다는 것이다. 처음부터 건설사 편에 서서 건설사를 옹호하는 발언을 하든, 처음에는 입주민 편인 척하다가 어느 시점에 '우리는 건설사를 이길 방법이 없다'는 식으로 입주자들을 몰고 가든, 결국은 건설사 편에 서서 입주자들 이익에 반대되는 행동을 한다.

<u>아파트를 둘러싼 분쟁이 벌어져서 시행사 또는 건설사와 입주자들이 맞설 때, 입주자 엑스는 눈부신 활약(?)으로 입주자들을 패배의 길로 몰고 간다.</u> 입주자들에 가장 까다로운 상대는 확실히 반대 방향에 서 있

는 시행사 혹은 건설사가 아니다. 어느 편인지 쉽게 분간할 수조차 없는 입주자 엑스들이다. 이들은 무척이나 끈질기기 때문에 틈만 나면 끊임없이 입주민 편에 서서 활동하는 사람들을 갖가지 방법으로 괴롭힌다. 은밀하게 치사하게.

입주자대표회의

입주자대표회의(입대의)는 말 그대로 아파트 단지의 입주자들을 대표하는 단체로서 법적인 권한과 책임을 가진다. 아파트 단지에는 사람들이 생각하는 것보다 훨씬 많은 이권과 돈이 엮여 있다. 이를 어떻게 활용하느냐에 따라서 많은 것들이 달라진다. 입대의 활동에 따라 주민들이 권리를 제대로 누리는, 살기 좋은 아파트가 될 수도 있고, 주민들은 까맣게 모르는 검은 돈이 소수의 주머니로 굴러들어가는 아파트가 될 수도 있다. 그래서 입대의는 그냥 등장인물 정도가 아니라 명실상부한 주인공이다.

만약 입대의가 입주자 엑스에게 장악당한다면? 앞으로 이 책을 통해 많은 사례를 알게 되겠지만 매우 심각한 일이 벌어진다. 그래서 그런지 입주자 엑스의 주요 목표 가운데 하나가 입대의 장악이다. 입대의가 얼마나 제대로(정직하고 투명하게) 운영되는가, 누가 장악하느냐에 따라서 입대의는 주민들의 삶의 질을 높여주는 일등공신이 될 수도 있고, 온갖 거짓말과 비리의 온상이 될 수도 있다. 사실상 이 책은 그와 관련된 나의 경험과 안타까움에서 시작되었다.

관리사무소장

마지막으로 얘기할 등장인물은 관리사무소장(관리소장)이다. 입대의와 함께 아파트를 둘러싼 온갖 이권과 돈에 가장 깊숙이 접근할 수 있는 사람이라 매우 중요하다. 입주민과 관리소장의 관계는 국민과 공무원의 관계와도 같다. 국민의 세금으로 월급을 받으면서 국민들에게 서비스를 제공하는 사람이 공무원이듯이, 입주민으로부터 관리비를 받아서 월급을 받으며 입주민들에게 서비스를 제공하는 사람이 관리소장이다.

공무원과 마찬가지로 관리소장의 경우에도 부패한 인물이 들어앉으면 '해먹을 수 있는' 것들이 어마어마하게 많다. 입대의와 관리소장이 결탁하게 되면 그 결과는 '무엇을 상상하든 그 이상'이다. 만약 그들의 검은 결탁관계와 이권들에 대해서 알고 나면 당신은 아파트 단지의 나무 한 그루, 보도블록 하나도 그냥 넘어가지 못할 것이다.

: 우리는 그동안
　모델하우스에서 무엇을 보았나?

사람들이 모델하우스에 가는 이유는 여러 가지가 있다. 정말로 집을 살 마음을 먹고 아파트 구조를 알아보기 위해서 가는 사람만 있는 것은 아니다. 아직 집을 살 형편은 안 되지만 요즘 아파트는 어떤가 싶어서 가는 사람도 있고, 친구가 집 보러 갈 건데 같이 가자고 해서 따라 나서는 사람도 있고, 길을 가다가 우연히 모델하우스를 보고 '시간도 남는데 구경이나 해볼까?' 하고 들어가는 사람도 있다.

모델하우스를 운영하는 대행사도 어떻게든 사람들을 끌어들이기 위해 별별 방법을 다 동원한다. 라면, 마스크팩, 키친타올 등 주부들이 좋아할 만한 상품들로 유혹한다. 주부가 먼저 보고 남편을 데리고 오라는 속셈이다. 심지어는 네일아트 서비스까지 해주는 곳도 있다. 네일아트를 받으려면 앉아서 손을 내밀고 기다려야 하는데, 그 시간에 직원들이 옆에 붙어서 열심히 영업을 한다.

어떤 이유로 가든 일단 모델하우스에 들어서면 사람들의 마음은 흔들리게 마련이다. 당장 집을 사야겠다고 결심하지는 않았더라도 대다수 사람들은 내 집 마련의 꿈과 더 좋고 넓은 집으로 이사하는 소망을 가지고 있다. 모델하우스는 이러한 바람을 극한까지 자극하기 위한 '꿈의 무대'이다. 게다가 분양시점에 내는 돈은 수천만 원 수준이고 나머지는 몇 년 동안에 나눠서 내면 된다는 것 아닌가. 친구 따라 모델하우스에 갔다가 덜컥 계약을 하는 경우도 있다. 마치 카드 할부를 믿고 값비싼 명품을 덜컥 사는 사람들의 심리와도 비슷하다. 모델하우스에서 보았던 많은 것들이 환상이라는 것을 알았을 때에는 이미 늦었다.

모델하우스에 들어서는 순간, 많은 사람들이 시선을 빼앗기는 것은 최고급 벽지와 최고급 가구다. 일단 이 대목에서 사람들은 속된 말로 맛이 간다. '이야, 정말 내가 이런 곳에서 살 수 있는 거야?' 하고 이런 집에 살고 있는 자신의 모습을 상상하면서 마음은 벌써 아파트 꼭대기 층만큼이나 붕 떠서 최면 상태에 빠진다. 그게 사람들의 본능이다. 어느 집이든 들어가면 벽지나 가구에 눈이 먼저 간다. 그게 그 집을 가장 먼저 말해준다.

2007년 겨울, 아파트 모델하우스에 들어섰을 때 내 느낌도 마찬가지였다. 눈앞에 펼쳐진 광경을 멍하니 둘러보던 내 머릿속에는 이곳에서 펼쳐질 꿈같이 아름다운 미래의 모습이 생생하게 그려졌다. 은은한 조명 아래의 깔려 있는 양탄자와 온 몸을 파묻고 책에 푹 빠질 수 있을 것 같은 가죽 리클라이닝 체어까지. 모든 것은 완벽해 보였고 아내와 딸아이의 행복한 모습만이 눈앞에 그려졌다. 대부분의 사람들과 마찬가지로 그때 모델하우스에서 나는 달콤한 환상에 빠져 있었다.

이 시점에서 곰곰이 생각해 보자. 내가, 그리고 우리가 모델하우스에서 보았던 것은 과연 무엇인가. 벽지, 창틀, 침대, 가구, 거실의 소파와 대형 스마트TV, 싱크대, 대형 냉장고, 조명……. 이런 것들이다. 다 합쳐봐야 몇 천만 원 정도 수준의 물건들이다. 실제로 우리가 몇 억 원의 큰돈을 주고 사게 되는 것은 그 물건들이 아니라 집이다. 쉽게 말하면 콘크리트와 철근으로 만든 '돌덩이'다.

모델하우스에 들어간 사람들은 그 몇 천만 원짜리에 홀려서 몇 억짜리 돌덩이를 쉽게 산다. <u>맞선으로 말하자면 사람 자체는 보지도 못하고 그 사람이 입은 옷만 보고 배우자를 고르는 꼴이다.</u> 대기업 건설사니까 집은 잘 지었겠지, 이런 식으로 덜컥 믿어버리고 별 신경을 안 쓴다. 건설사의 실적이나 사용한 자재, 이런 것들이 중요한데도 5억 원짜리 집이 아니라 수백만 원짜리 TV에 우와~ 하고 있는 게 사람들의 모습이다. TV는 결국 자기 돈으로 사야 하는 건데…….

벽지가 마음에 안 들면 뜯어내고 새로 도배하면 된다. 그런데 집, 다시 말해 '돌덩이'가 문제라면? 돌덩이에 금이 간다든가 물이 새거나 해서 하자가 발견되면 어떻게 할 것인가? 돌덩이를 들어내고 다시 공사를 할 수도 없는 노릇이다. 잘해봐야 하자보수를 받는 것이지만 그조차도 문제를 완벽하게 해결해주지는 못한다. 최근 들어 살인사건의 원인으로까지 비화되고 있는 층간소음 문제도 건축 구조나 건축 자재에 따라서 그 정도가 다르다.

모두 알다시피 아파트에서 주차장은 중요한 요소 가운데 하나다. 차량 한 대가 주차할 수 있는 공간의 폭과 길이, 통로에서 한두 번 안에 쉽게 주차를 하거나 나갈 수 있는지, 여러 차례 전진과 후진을 되풀이해야만 하는 구조인지도 중요하다. 주차가 불편하면 시간도 걸리지만 그만큼 연료도 소모된다. 지하에서 물이 배어나오거나 눅눅해서 곰팡이가 쉽게 피지는 않는지, 조망권이나 일조권을 비롯한 입지환경은 어떤지, 옆 아파트나 건물에서 우리 집이 쉽게 들여다보이는 구조는 아닌지, 주위에 유해시설이나 환경파괴시설 같은 혐오시설은 없는지, 그밖에도 아파트의 품질을 좌우하는 요소들은 무수하게 많다. 불행하게도 이 모든 것들은 모델하우스에서는 볼 수 없는 것들이다.

물론 우리가 실제의 돌덩이를 본다고 해서 앞서 말한 모든 요소들을 정확하게 확인하기는 힘들 것이다. 적어도 진짜를 눈으로 보는 것과 보지 않고 막연히 기대하는 것 사이에는 큰 차이가 있다. 자동차를 살 때 내가 차에 대해서 잘 모르면 차를 잘 아는 친구를 데리고 갈 수 있듯이, 건축에 대해서 전문적인 지식을 가진 사람과 함께 집을 보러 가면 된다. 하지만 모델하우스를 통해서는 전문가를 데리고 가더라도 진짜 제품의 모습을 거의 확인할 수가 없다.

몇 억 원짜리 돌덩이는 그렇다 치고 인테리어라도 정확히 볼 수 있는가, 하면 반드시 그런 것도 아니다. 예를 들면 보일러는 부착 장소만 표시되어 있는 경우가 많다. 어떤 제품이 달릴지 사실상 알 수가 없다. 모델하우스와 완공된 아파트 사이에는 적어도 3년 정도의 시간 차이가 있기 때문이다. 실제로 내가 살고 있는 아파트는 열효율 3등급짜리 보일러가 설치되어 있다. 당시에는 1등급 보일러가 비쌌겠지만 2년만 지나면 누적되는 가스비 차이는 보일러 가격 차이를 뽑고도 남는다. 건설사는 예산에 맞춰서 1등급이든 3등급이든 달아만 주면 그만이고, 가스비를 내는 것은 입주자. 보일러는 시공할 때 한번 설치되면 쉽게 바꿀 수도 없다.

<u>모델하우스는 선분양이라는 제도가 낳은 기형아다.</u> 시행사 입장에서는 땅만 확보되면 착공과 동시에 입주자를 모집해서 자금을 조달할 수 있는 '아주 좋은' 제도지만 아파트를 사는 사람 입장에서는 완제품을 보지도 않고 주택 가격의 대부분을 완공 이전에 납부해야 하는 '모험에 가까운' 거래다. 게다가 모델하우스를 짓고 꾸미는 비용까지 모두 분양가

에 포함되어 있으므로 최대한 많은 계약을 성사시켜야 할 시행사로서는 모델하우스를 누구나 꿈꾸는 환상의 공간으로 꾸미기 위한 비용을 아낄 이유가 없다. 사람들은 일단 들어오면 혹할 수밖에 없다. 모델하우스가 가진 최대의 폐해는 진짜 중요한 것 대신 사소한 것에 현혹되어 큰돈 들여 아파트를 사게 만든다는 것이다. 모델하우스는 '인테리어 홍보관'일 뿐이다. 우리가 진짜로 사는 집 자체는 확인할 수 없다. 소비자가 모델하우스에서 볼 수 없는 것에 주목하고 확인할수록 현혹되거나 속을 가능성은 줄어든다.

: 미니어처는
   미니어처일 뿐이다

모델하우스에서 실제 제대로 볼 수 있는 것은 방의 인테리어뿐이다. 아파트를 이루고 있는 요소 중 극히 일부에 불과하다. 사람들은 집에 대해서 무지하다. 어이없게도 아파트를 고르는 결정적인 원인이 럭셔리한 수도꼭지나 싱크대 같은 것들이다. 아파트의 입지가 어떻게 되는지, 거실의 커튼을 열었을 때 뭐가 보이는 집인지, 모델하우스에서는 알 수가 없고 사람들도 별로 신경을 안 쓴다. 물론 업체 측에서는 단지의 조감도는 물론 미니어처를 제작해서 전시한다. 실제 입주 후에 집 안에서 보는 바깥 조망을 3차원 시뮬레이션으로 보여주는 모델하우스도 있다. 과연 이런 것들을 믿어도 좋을까?

쉽게 생각해보자. 광고에서 자기 상품이 좋지 않다고 한 줄이라도 나오는 건 담배하고 술밖에 없다. 모델하우스도 마찬가지다. 미니어처든 영상이든, 철저하게 자기들이 보여주고 싶은 것들만 보여준다. 미니어처를 만들 때 업체는 분양하는 아파트만 돋보이게 나타낸다. 그 주위에 어떤 혐오시설이 있든, 조망을 가리는 구조물이 있든, 도움이 안 된다고 생각하는 것들은 과감하게 빼버린다.

아파트에 영향을 미치는 외부 요소들은 셀 수 없이 많으며, 아파트 단지 바로 옆에만 있는 것도 아니다. 아파트 단지로부터 2~3 킬로미터 떨어진 곳에 쓰레기 매립장이 있다면 당신은 어떤 생각이 드는가? 일상생활에서 2~3 킬로미터라면 가깝게 느껴지지 않는 거리지만, 쓰레기 매립장과의 거리라면? 헉! 소리가 나올 것이다. 물론 이런 것들은 모델하우스에서는 절대로 얘기해주지도 않고, 미니어처에서도 볼 수 없다.

미니어처는 우리가 살게 될 집과 환경을 온전히 보여주는 모형이 절대 아니며, 플라스틱과 나무와 종이로 만든 허상에 불과하다. 미니어처를 보고 이 아파트가 물이 새는지, 층간소음이 얼마나 심한지 알 수 있을까? 만들어질 주차장이 차를 넣고 빼는 데 편리한지 아닌지 파악할 수 있을까? 주위 시설 또는 환경으로부터 나오는 냄새나 공해를 짐작할 수 있을까? 미니어처로 우리가 알 수 있는 것은 별로 없다. 그나마 별로 없는 정보라도 열심히 캐보면 좋으련만, 이미 벽지와 가구에 최면이 걸려 있는 사람들은 주의 깊게 관찰하지 않는다.

: 모델하우스의 직원들은 건설사 직원이 아니다

소비자들이 상기된 얼굴로 모델하우스에 푸욱 빠져 있으면 직원들이 본격적으로 접근해 공략을 한다. 이미 벽지와 가구에 맛이 가 있으니 최면이 걸린 꼴이다. 당장에라도 이 아파트를 사고 싶은 마음이 솟아오른다. 마침 직원이 건네준 명함에는 아파트를 시공하는 건설사의 로고가 박혀 있다. 이 명함을 받아들면 십중팔구는 그가 건설사 직원이거나 적어도 건설사에서 파견 나온 직원일 것이라고 생각할 것이다. 하지만 착각이다. 명함을 자세히 들여다보면 한쪽에 분양대행사의 이름이 박혀 있을 것이다. 건설사와는 아무 상관없는 회사이며 말 그대로 분양 업무를 '대행'하는 업체일 뿐이다. 똑같은 분양대행사, 똑같은 직원이 어느 날은 A 건설사의 명찰을 달고 있고 어느 날은 B 건설사의 명찰을 달고 있는 식이다. 이들은 건설사와 계약을 맺고 분양 대행 업무를 하는 것일까? 그렇지 않다. 분양대행사는 시행사와 계약을 맺는다. 그러나 <u>건설사는 자신들의 브랜드를 분양대행사 직원들의 명함에 쓸 수 있도록 허락해주며, 소비자들은 쉽게 받아들인다.</u>

분양대행사 직원의 말만 믿고 아파트를 계약했다가 모델하우스에서 설명한 내용과 실제가 다르다는 사실을 발견했다면? 건설사에 전화를 걸어서 항의를 할 것이다. 그러면 건설사는 당연히, 그런 사람 없다고 할 것이다. "분양대행사 직원이 그렇게 과장을 했나본데, 우린 그렇게 하라고 지시한 적이 없습니다." 십중팔구 이렇게 나올 것이다. 분양대행사? 그건 또 뭐야? 그럼 그 회사는 어디 있냐? 하고 물으면 없어졌다고 한다. 그 직원은 어디에 있는가? 모델하우스에서 나한테 아파트 옆에 생태공원 들어선다고 설명한 사람은 누군가? 나도 모르고 건설사도 모른다. 그런데 소비자는 그 사람 설명을 듣고 아파트를 산다.

어이없는 일이지만 지금도 모델하우스에서는 이런 일이 벌어지고 있다. 모델하우스에서 어떤 설명을 들었는지 입증할 증거가 없다면 당신은 꼼짝 없이 당하는 것이다. 물론 그 분양대행사 직원은 회사 이름도 전화번호도 바꾸고 어디선가 누군가에게 명함을 내밀고 있을 것이다. 이름만 대면 아는 건설사 로고가 큼직하게 박힌, 그런 명함을 말이다.

같은 모델하우스 직원들끼리도 말이 다를 경우도 있다. 나한테 설명해주는 사람이 누구냐에 따라서 얘기가 바뀌기도 한다. 실체는 알 수 없지만 부장 차장 상무 같은 직책에 따라 또는 사람에 따라 설명이 다르고 분양 조건도 조금씩 다를 수 있다. 시행사가 분양대행사 직원들에게 어느 정도 재량권을 주기 때문이다. 단순 안내직원들은 아르바이트로 고용되지만 분양대행사 직원들은 수당제로 고용된다. 계약서에 도장을 받아야만 그에 따른 수당을 받을 수 있다. 시장에서 콩나물 값 깎듯이 아파트도 흥정을 잘하면 깎아주고, 못하면 안 깎아준다. 이 대결은 대부분 대행사 직원들이 이긴다. 이런 사실을 아는 사람이 거의 없고, 혹시 운이 좋아서 특혜를 조금이라도 더 얻은 사람은 다른 사람들에게는 소문 내지 않기 때문이다.

최면 상태에서 직원들의 온갖 사탕발림에 흠뻑 젖어 모델하우스를 나서는 손에는 이것저것 한가득 들어 있는 쇼핑백이 들려 있다. 그 안에는 화려한 카탈로그는 물론 선물도 담겨있다. 그러나 그 쇼핑백에는 당신이 아파트를 살 때 꼭 알아봐야 할 정보는 들어 있지 않다. 인터넷 검색을 해보더라도 사실상 알아낼 수 있는 건 거의 없다. 대부분 계약하고 나서 얼마 지나고 나면 모델하우스에서 받았던 카탈로그도 다 버리게 된다. 속았다는 증거도 사라지는 것이다.

: 계약은 누구와 하는가?

일단 도장을 찍게 되면 계약서는 족쇄가 된다. 깨알 같은 계약서 안의 문구 하나가 언제 어떻게 나에게 화살이 되어 날아올지 모른다. 그런데도 처음부터 끝까지 제대로 읽어보고 계약서에 도장을 찍는 사람들은 드물다. 휴대폰은 잘못 사면 수십만 원이고 자동차는 수천만 원이다. 아파트는 최소가 억대다. 그런데도 계약서 제대로 안 읽어보기는 마찬가지다. 물론 나도 그랬고, 그 때문에 입은 손해를 따져 보면 수억 원에 이른다.

아파트 계약의 주체는 건설사와 시행사, 나, 이렇게 셋이다. 심지어는 둘 이상의 시행사가 공동으로 사업으로 추진하는 경우도 있어서 계약서에 갑, 을, 병, 정까지 표기되기도 한다. 내 경우에도 시행사가 둘이었다. 이럴 때 사업이 꼬이면 시행사끼리도 서로 책임을 떠넘기면서 치고받고 싸우는 수가 있다.

그동안 신경도 안 썼던 시행사의 정체가 처음으로 눈에 제대로 들어오는 단계도 바로 이때다. 테이블에 마주앉은 분양대행사 직원(절대로 건설사 직원이 아니다!)에게 물어보면 제대로 설명을 안 하고 대충 얼버무리려 한다. 가장 많이 쓰는 전통적인 레퍼토리가 "원래 다 이렇게 하는 거

예요"다. 시행사에 대해서 설명을 하면 할수록 사람들이 더욱 더 의심할 텐데 뭐 하러 긁어 부스럼을 만들겠는가. 계약하는 사람도 거의 대부분은 더 이상 물어보지 않는다. 이미 모델하우스에서 최면에 걸려버린 상태니까 이런 문제는 별로 중요하게 생각하지 않는다. <u>시공사가 대기업 건설사인데, 설마 날 속이겠어 하고 쉽게 넘긴다. 아파트 앞에서는 나이도 학벌도 직업도 다 무용지물이 되고 너무나 순진하고 바보스러워진다.</u>

시행사와 건설사의 차이도 잘 구별 못하고 대충 넘어가는 사람들이 계약서를 꼼꼼하게 읽어볼 리가 있을까. 계약서 안에 지뢰밭처럼 곳곳에 숨어 있는 독소조항들을 제대로 잡아내는 일은 거의 없다. 나중에 지뢰가 펑펑 터지고 나서 후회해봐야, 계약서에 도장을 찍고나면 대부분은 제대로 안 읽어본 자기 책임이란 것을 깨닫게 된다.

계약서는 백 번을 봐도 아깝지 않다. 은행에서 대출받을 때 쓰는 계약서는 그렇게까지 안 봐도 된다. 칼자루를 쥔 게 은행이기 때문이다. 내가 돈이 필요해서 대출을 받아야 하는데, 내가 계약서에 동의를 안 하면 대출을 받을 수가 없다. 계약 조건에 나에게 불리하다고 해도 아쉬운 사람은 나니까 선택할 여지가 별로 없다.

하지만 아파트 계약서는 어떤가? 계약서 안에 이상한 조항이 있으면 안 사면 그만이다. 돈은 나에게 있고 그 돈이 아쉬운 쪽은 저쪽이다. 그 아파트 아니면 절대로 안 되는가? 그런 경우는 별로 없다. 더구나 요즘처럼 아파트 가격이 하락기고 미분양이 속출하는 상황에서는 더더욱 나에게 주도권이 있다. 사회 생활에서는 늘 설움 받는 '을'로 살았다고 해도 아파트를 살 때에는 내가 '갑'이다. 왜 스스로 을이 되려고 하는가. <u>계약서를 몇 번이고 제대로 읽고 의심스러운 부분들을 찾아내는 당당한 '갑'으로서의 소비자가 많아져야 한다.</u>

: 계약 해지, 내 마음대로 할 수 없다

아파트 계약서마다 들어 있는 조항 중에 이런 게 있다. 실제 계약서는 더욱 어렵고 복잡한 문구로 되어 있지만 단순화시켜 보면 이렇다.

입주자는 10%를 계약금으로 내야 하며, 입주자가 계약을 해지하면 이는 돌려받을 수 없다.

99%의 사람들은 이 조항을 '계약금 10%만 포기하면 내가 원할 때 계약을 해지할 수 있다'는 뜻으로 생각하고 해석한다. 그러나 틀렸다. 저

문구가 뜻하는 것은 '계약금을 포기하면 계약 해지를 할 수 있다.'가 아니라 '계약이 해지될 경우에는 계약금을 날린다'는 것이다. 계약 해지를 해주고 말고는 건설사 마음이지 내 마음대로 되는 게 아니다. 나 역시도 아파트를 계약하고 나서 분양 때 광고하던 내용과 실제가 다르다는 사실을 알았을 때, 10% 계약금을 포기하고 계약을 해지할 수 있었다면 그렇게 했을 것이다. 그런데 아니었다. 계약 해지는 내 마음대로 할 수 있는 게 아니었다.

집값이 오를 때야 계약자가 10%를 포기하고 해지하겠다면 시행사 쪽에서는 받아주는 경우가 많았다. 어차피 집 살 사람들은 줄을 서 있고 집값은 오르니 더 비싸게 팔 수 있는데. 게다가 10% 계약금까지 챙기니까 시행사 쪽에서는 꿩 먹고 알 먹는 것 아닌가. 지금 같은 하락기에는 얘기가 다르다. 계약금 10%를 포기하고 계약을 해지시켜달라고 해도 시행사 쪽에서 안 받아준다.

그래서 계약을 할 때는 정말 신중해야 한다. 계약을 하는 시점과 실제 입주하는 시점은 3년 이상의 시차가 있다. 그 사이에 인생사가 어찌 될지 누가 알겠는가. 가족 중에 누가 갑자기 큰 병이 나서 목돈을 들여야 할 일이 생길 수도 있다. 심지어 내 주변에서는 아파트 계약을 마치고 입주할 날만 기다리던 가장이 갑자기 세상을 등진 일도 두 번이나 있었다. 이런 경우라면 계약 해지를 해준다. 중도금 잔금 낼 사람이 이 세상에 없어 돈 받을 방법도 없으니 어쩌겠는가. 물론 계약금 10%는 포기해야 한다.

이렇듯 계약서 문구라는 것은 아 다르고 어 다르다. 내 편의대로 해석해서는 절대로 안 된다. 흔히 계약서에 도장을 찍을 때에는 '지금 내가 일을 하고 있으니까 지금처럼 수입이 유지되면 대출금 이자나 원금도 충분히 갚을 수 있을 거야'라고 생각한다. 다시 한 번 얘기하지만 인생사는 알 수 없다. 앞에서 말한 극단적인 경우가 아니라고 해도 언제 구조조정의 칼바람이 몰아쳐서 직장을 잃을지 모르는 게 요즘 시대다. 혹시 집값이 오르는 시기라고 해도 3년이면 그 사이에 하락세로 반전될 수도 있다.

내 경우에도 살고 있던 아파트보다 좀 더 넓고 쾌적한 새 집을 원해서 집값이 오르는 시기에 분양을 받았지만 그 이후에 부동산이 하락세로 돌아섰다. 살고 있던 집도 가격이 떨어졌고, 분양 받은 아파트도 건설사가 경영부실로 워크아웃에 들어가고 처음과는 다른 문제점들이 발견되어 가치가 크게 떨어졌다. 그렇게 양쪽으로 본 손해를 따져보면 3억 원 가까이 된다. 기가 막힐 일이 아닌가.

3년 이상의 긴 시간을 절대로 쉽게 생각해서는 안 된다. 게다가 계약은 한 번 하면 내 마음대로 해지도 못한다. 몇 억 대의 대출은 고스란히 가계를 짓눌러서 원금은커녕 이자 내는 것조차도 등골이 빠진다. 내 집 마련의 꿈을 이루어줄 계약서가 반대로 집안을 풍비박산 내는 칼날로 돌아올 수도 있다. 단지 지금의 수입이나 저축만 생각하고 무리하게 대출까지 받아서 아파트를 사는 것은 위험하다. 앞으로 예상하지 못한 일이 생겼을 때에도 상당 기간을 버틸 수 있는 여유자금이 있는지, 반드시 심사숙고해보자.

: 면피성 문구 하나가 10년을 좌우한다

요즘 TV에서 보험광고를 보면 그 보험이 왜 좋은지 실컷 설명한 다음에 화면 한가득 보이지도 않을 만큼 깨알 같은 글자들이 뒤덮이면서 빠른 속도로 뭔가를 읽어 내려가는 장면이 꼭 나온다. 보험에 관한 유의사항을 알리는 내용이다. 법률 때문에 광고에 넣기는 넣어야 하는 내용인데 보험 파는 데 도움이 될 내용은 아니고, 그래서 후루룩 넘어가는 것이다. 보험사로서는 될 수 있으면 소비자가 신경쓰지 않고 넘어갔으면 하는 내용들이다.

아파트 계약서의 깨알 같은 글자에도 이렇게 계약자들이 그냥 지나치고 넘어갔으면 하는 내용들이 있다. 그 중에 하나가 '면피성 문구'다. 예를 들어서, 입주자에게 좋지 않은 환경에 대해서는 광고나 모델하우스에서는 싹 숨기고 계약서 중간쯤에 은근슬쩍 끼워 넣는 식이다. 만약 멀지 않은 곳에 하수도 처리 시설이 있다면 '하수도 처리 시설이 근처에 있어서 냄새가 날 수도 있다'는 식으로 계약서 어딘가에 쓱 끼워 넣는다. 거의가 이런 문구가 있는지 없는지도 모르는 상태에서 계약서에 도장을 찍는다. 나중에 아파트 단지 근처에 하수도 처리 시설이 있다는 사실을 알고 항의해 본들, 혹은 법에 호소해 본들, 계약서를 제대로 확인하지 않은 자신의 책임으로 돌아갈 확률이 높다.

반대로 계약 전에 계약서를 꼼꼼히 읽다가 이와 같은 면피성 문구를 발견했다면 당연히 헉! 소리가 나올 것이다. 하수도 처리 시설이 있다는 것을 감수하고서라도 그 집을 사야 할 이유가 있지 않은 한 마음을 돌리게 될 것이다. 그렇다면 얼마나 다행인가? 깨알 같은 글자의 계약서를 꼼꼼하게 읽는 게 쉬운 일이 아니라는 것은 안다. 그 수고 한 번이 당신의 10년, 20년을 행복 또는 불행으로 만들 수도 있다.

계약서 문구 하나를 소홀히 했다가 바람이 불 때마다 악취에 시달리고, 시도 때도 없이 비행기나 사격장 소음에 시달리면서 살아야 한다면, 그러면서도 제대로 보상조차도 받지 못한다면 내 집 장만하고도 두고두고 우울하다. 참다못해 다른 곳으로 이사를 가고 싶어도 집이 잘 팔리겠는가. 큰 손해를 감수하고 대폭 가격을 깎아서 팔아야 한다. <u>계약서는 두 번 세 번, 열 번을 읽어도 아깝지 않다.</u> 한강에서 바늘이라도 찾겠다는 각오로 문장 하나도 놓치지 않는 정성이 당신의 10년 생활을 좌우한다.

> **일단 도장을 찍게 되면
> 계약서는 족쇄가 된다.**

3. 아파트 정글의 법칙
; 아파트의 진실 속에 입주자 엑스(X)가 있었다

: 건설사의 잘못도
  소비자가 뒤집어쓴다

입주예정자 카페에 올린 '금호산업에 요구한다'라는 글을 시작으로 나는 입주 거부를 제안한 중년 남자(여기서부터는 J라고 하자)와 함께 전면에 나서게 되었다. 비록 이 글로 여러 입주자들에게 지지를 받았지만 그것만으로 분위기를 바꿀 수는 없었다. 여전히 주도권을 가지고 있는 쪽은 임시 대표들이었고 이들은 입주자를 위한 최선의 수단을 쓸 생각이 없었다. 그러던 중, 입주자들의 분노에 기름을 붓는 상황이 벌어졌다. 중도금 대출 때문이었다.

아파트 계약 당시의 조건은 계약금 10%, 중도금 1~6차 각각 10%(합계 60%), 그리고 잔금 30%였다. 자신의 돈으로 중도금을 내는 경우(자납)가 아니라면 중도금은 이자 후불제 조건으로 제1금융권인 은행에서 대출을 받았다. 내가 글을 올릴 당시엔 4차 중도금까지 집값의 절반을 낸 상태였다.

중도금 대출은 건설사와 협약을 맺은 금융기관에서 받게 된다. 완공되어 입주 및 등기를 하기 전에는 돈을 냈어도 그 아파트는 법적으로 입주자의 소유가 아니다. 중도금 대출은 엄밀히 말하면 주택담보가 아니라 건설사의 신용을 담보로 한 대출인 셈이다. 그런 상황에서 금호산업이 워크아웃에 들어가면서 회사의 신용도가 추락하니, 시중은행들은 일제히 금호산업에 대한 대출을 거부했다.

원래대로라면 1월에 5차 중도금, 6월에 6차 중도금을 위한 대출이 발생되어야 했지만 은행이 모두 거부했기 때문에 시행사는 새 금융기관을 찾느라 혈안이 되어 있었다. 입주자 가운데 일부는 불안한 마음에 자기가 알아서 돈을 구해다가 중도금을 내기도 했다. 결국 9월에 가서야 시행사는 대출을 해줄 곳을 구했다. 그곳은 시중은행이 아니라 경상도 어딘가에 있는 신용협동조합이었다.

제2금융권에서 거액의 대출을 받으면 개인 신용이 떨어질 수 있다. 우리나라의 신용평가 시스템이 그렇다. 게다가 건설사 신용도가 추락해서 보증 자격이 안 된다는 이유로 개인 신용대출을 받아야 하는 상황이었다. 더 황당한 일도 일어났다. 신협에서는 중도금 대출을 위해 개인 소득증빙자료와 재직증명서를 요구했다. 직장을 옮기는 중이거나 창업을 준비하는 등 서류상으로는 무직인 사람, 또는 은퇴한 어르신들은 필요한 서류를 모두 구비하지 못해 심사 결과 대출이 거부되는 어처구니없는 일이 벌어진 것이다. 이런 세대가 100여 가구는 족히 되었다. 분양받을 당시 어느 입주자가 이런 일을 예상했을까?

입주자들이 항의를 했지만 신협 측에서는 금호가 워크아웃으로 신용도가 하락했기 때문에 개인 신용을 심사할 수밖에 없다는 대답만 했다. 신용대출을 위한 재직증명서 같은 서류를 제출할 수 없는 세대는 어떻게 하냐는 질문에는 알아서 하라는 답변뿐이었다. 분양 계약을 할 때에는 시행사와 시공사가 1차에서 6차에 이르는 중도금 대출을 책임져준다고 호언장담을 했는데, 그들의 상황이 변하면서 대출 거부를 당하는 세대가 생기는 것을 개인의 문제로 치부했다. 입주자들의 분노는 극에 달했다. 잘못은 건설사에게 있는데 왜 우리 입주자들이 피해를 뒤집어 써야 하는가. 엄연히 아파트가 지어지고 있는데 그 아파트를 담보로 대출을 발생시켜야지 왜 입주민들의 신용을 담보로 대출을 발생시키는가.

: 시행사와 건설사는
요지부동의 달인

다시 총회가 열렸다. 많은 입주예정자들이 자금 마련에 어려움을 겪고 있었다. 입주를 하기 위해서는 입주 시점에 잔금을 완납해야 한다. 집이 팔려야 30%의 잔금을 낼 돈이 마련될 텐데 언제 팔릴지 알 수가 없으니 입주를 언제 할 수 있을지 기약도 없는 실정이었다. 만약 아파트 완공 후 입주 기간에 입주하지 못하면 늦어진 만큼 높은 연체 이자를 물어야 한다. 기간이 길어지면 재산 가압류와 같은 갖가지 불이익을 당할 수도 있다. 총회 분위기는 그만큼 무거울 수밖에 없었다.

총회에서 가장 많은 입주자들이 요구했던 사항은 중도금 이자 대납과 잔금 납부 2년 유예였다. 당시 전국적으로 돈이 없어서 입주를 못하는 세대가 속출하자 다른 시행사와 건설사들은 입주율을 높이기 위한 대책들을 내놓았다. 비슷한 시기에 위시티 일산 자이는 중도금 60%에 대해서 이자 1년 대납을 내걸었고, 가좌 한화 꿈에그린은 60% 중도금 이자대납 및 잔금납부 유예 2년을 내놓았다. 심지어는 공기업인 경기도시공사의 김포 양촌 자연앤도 50%에 대한 이자 2년 대납과 취등록세 전액 지원을 입주 촉진책으로 제시했었다.

시행사와 건설사는 이러한 입주 촉진책을 내걸면 그만큼 손해를 보게 된다. 그러나 입주율이 추락하면 더 큰 손해가 된다. 입주율이 떨어지면 인기척을 보기 힘든 썰렁한 '유령 아파트'가 된다. 사람이 없으니 아파트 내 상가나 그밖에 주변 시설도 텅텅 비게 되고, 아파트의 이미지나 브랜드의 가치에 큰 타격을 입는다.

그들은 미입주 세대에게 계속 압박을 가하겠지만 돈 없어서 못 낸다는 사람들을 압박만 해봐야 무슨 소용이 있겠는가. 결국 계약이 해지될 것이다. 이럴 경우 금융기관에서는 회수하지 못한 대출금을 보증을 섰던 시행사와 시공사에게 대신 갚으라고 요구한다. 그래도 돈이 없으면 미분양 물량을 금융기관에서 가져가고, 이 물량은 공매로 넘어간다. 보통 공매 낙찰가는 원래 분양가의 반토막 수준이다. 실제로 금호산업에서 이전에 완공한 영종어울림도 적지 않은 세대가 끝까지 입주를 하지 않아서 남은 물량이 반토막 난 가격으로 공매 처분되었다. 좀 손해를 보더라도 입주율을 높이는 쪽이 업체들에게는 훨씬 이득이다.

우리 아파트에 대한 금호산업과 시행사의 태도는 주위 다른 아파트 단지에 훨씬 못 미쳤다. 물론 그들도 사정은 있었을 것이다. 금호산업은 워크아웃에 들어가 있었기 때문에 채권단이 목줄을 쥐고 있는 상태였다. '자금난 때문에 워크아웃에 들어갔는데 다른 곳처럼 입주 촉진책을 제시할 여력이 어디 있겠느냐'는 식이었다. 영종어울림의 사례를 겪고 나서도 금호산업은 왜 그렇게 고집을 피웠을까? 그건 지금 생각해도 의문이 남는다.

입주자들이 살고 있던 집값이 떨어진 게 금호산업의 책임이 아니듯, 금호산업의 워크아웃은 입주자들의 책임이 아니다. 대다수 언론은 위기 원인으로 무리한 대우건설 인수를 지목했다. 또한 건설사의 워크아웃과 관계없이 많은 입주예정자들은 돈이 없어서 입주할 수 없는 상태였다. 입주를 못하면 이는 입주자만이 아니라 시행사와 건설사에게도 큰 타격으로 돌아온다. 총회에서 나온 얘기들은 버티다가 공멸할 것인가, 양보해서 공생할 것인가, 현실적으로 같이 살 수 있는 방법을 마련하자는 것이었다.

시행사와 건설사는 요지부동이었고, 임시 대표들은 뜨뜻미지근했다. <u>나와 J는 업체 측에서 우리의 요구사항을 계속 거부한다면 5차 중도금 자필서명을 거부해야 한다고 주장했다. 개인 신용으로 대출을 받을 수 없다는 이유에서였다.</u> 임시 대표 회장은 카페에 '자신 있으면 당신들이 해보라'는 투의 글을 쓰고 댓글도 못 달게 막아버렸다. 대부분의 사람들은 그런 말을 들으면 움츠러든다. 원래 옆에서 훈수 두는 건 쉬워도 직접 선수로 나서는 건 힘든 법이다. 그들도 우리가 움츠러들 것이라고 생각했을 것이다. 그런데 나와 J는 '그럼 우리가 할 테니까 회장 자리 내놓으라' 하고 받아주었다.

나는 강하게 밀어붙였다. 우리에게 카페도 넘기고 운영진 권한도 넘기라고 말했다. 당신들이 한 말 아닌가, 자신 있으면 해보라고, 그래서 해보겠다고 했는데 대답은 '노'였다. 시행사와 건설사의 협상 채널을 알려달라고 요청했다. 대답은 또 다시 '노'였다. 뭐 이런 사람들이 다 있나? 이유도 없었다. 그저 '당신들을 어떻게 믿느냐?'는 것이었다. 자신 있으면 해보랄 때는 언제고, 할 테니까 권한을 넘기라고 하니까 싫다고 했다. 나는 계속해서 임시 대표들에게 전화를 해서 권한을 넘기라고 압박했다.

결국 그들은 백기를 들었다. 자기들이 뱉어놓은 말이 있으니 언제까지나 우리 요구를 거부할 수도 없었겠지만, 우리를 우습게 보았기 때문이기도 했다. 이미 그네들은 2년 전에 미분양 할인 판매에 맞서서 행동에 나설 것을 주장했던 입주자들을 축출한 적이 있었으니까. 어쨌든 문제의 임시 대표단은 사퇴하고 J가 회장에, 나는 부회장에 임명되었다. 그때까지만 해도 문제의 초점은 아파트 입주대책에 맞춰져 있었다. 이 아파트라는 정글에 더욱 거대한 함정이 도사리고 있었다는 사실은 꿈에도 몰랐다.

: 우리는 거부한다, 중도금 납부

입주대책을 위한 싸움에 미온적이었던 대표단을 몰아낸 J와 나는 각각 입주예정자대표회의 회장과 부회장 자리를 맡게 되었다. 누군가는 권력 투쟁이니, 감투니 하는 생각을 할지도 모르겠지만 당시의 상황은 한마디로 '기쁨 0%, 부담감+책임감 100%'였다. 입주자들은 '이제 뭔가 희망이 보인다'고 기대에 부풀어 있었지만 입주예정일까지 남은 시간은 얼마 없었다. 짧은 시간 안에 운영진을 새로 구성하고 입주자들을 단결시키는 한편, 업체들과 협상을 하고 유리한 결과를 얻어내야 했다. 이 모든 것을 회사 일과 병행해야 했다. 물러난 전임 운영진들은 '얼마나 잘하나 보자'면서 눈에 불을 켜고 있었다.

이제부터 뭘 하지? 조금 막막했다. 나는 어쨌거나 총회에서 J가 내놓았던 대응이 맞다고 생각했다. 전략은 단순했다. 똘똘 뭉쳐서 돈 안 내면 된다. 끝! 문제는 어떻게 돈을 안 내게 만드느냐였다. 나는 안 냈는데 다른 사람들이 내면 나만 손해를 보게 되는 상황, 딱 '죄수의 딜레마'인 것이다. 어떻게 하면 이 딜레마를 극복하고 남아 있는 중도금 납부를 거부하게 만들 것인가?

일단 내가 할 수 있는 방법으로 최선을 다해보자고 마음먹었다. 입주예정자 카페에 열심히 글을 썼다. 사람들을 설득하고 뜻을 한곳으로 모으기 위해서 하루에 몇 개고 글을 올렸다. 혹시 꼬투리를 잡힐까 싶어서 글을 쓴 다음 몇 번씩 검토를 한 후 글을 올렸다. 이 일 때문에 직장을 소홀히 할 수도 없으니, 집에 돌아와서 밤을 꼬박 새워가면서 글을 써야 했다. 그때는 하루에 눈 붙이는 시간이 두세 시간 남짓에 불과했다. 궁금한 게 있으면 무엇이든 물어보라고 입주자들에게 내 전화번호를 공개하기도 했는데, 물어보는 사람이야 한 번 물어보는 거지만 받는 나는

100명, 200명에게서 전화를 받았다. 전화를 주고받다 보니 휴대폰 요금이 한 달에 20~30만 원씩 나왔다. 뭐든 물어보라고는 했지만 나도 아파트 전문가가 아니니 모르는 게 많았다. 시간을 쪼개고 밤을 새워가면서 아파트에 대해서 공부를 해야 했다.

시중은행으로부터 대출을 거부당하고 지방의 신용협동조합을 연결한 시행사는 10월 초부터 입주자들 중 5차 중도금 대출을 원하는 사람들은 '자서'를 하라고 종용하고 있었다. 자서는 '자필서명'의 준말이다. 대출 신청서에 자필 서명을 하면 금융기관에서 대출금이 곧바로 시행사로 입금된다. 만약 납부기한까지 대출 자서를 하지 않으면 계약 위반에 해당되어 시행사에게 연체 이자를 물어야 하고, 시간이 지나면 재산 압류와 같은 불이익까지 당할 수도 있다.

시행사는 정해진 기한 안에 5차 중도금 대출 자서를 하지 않으면 5차 중도금에 대해서는 1월부터의, 6차 중도금에 대해서는 6월부터의 연체 이자를 물리겠다고 압박해왔다. 생각해보니 황당한 논리였다. 5차와 6차 중도금이 제때 들어가지 않은 것은 금호산업의 워크아웃 때문에 벌어진 일이었다. 우리가 잘못해서 대출이 안 된 게 아니라 시공사의 잘못인 것이다. 그런데 왜 우리가 1월부터의 연체 이자를 내야 하나? 말도 안 되는 협박이었다.

입주자들에게 무조건 중도금을 내지 말라고 강요할 수는 없었다. 업무 방해죄가 성립할 수도 있고, 납부 거부 때문에 어떤 문제가 생기면 모든 책임을 입주예정자대표회의가 져야 한다. 또한 중도금을 낼지 말지는 개인의 선택이다. 무조건 내지 말라고 외쳐봐야 사람들이 그 필요성을 절감하지 못하면 안 냈을 때 받게 될 불이익이 더 커 보일 수밖에 없다. '나를 믿고 돈 내지 마세요'라고만 외친다면, 사람들이 나를 언제 봤다고 내 말을 믿고 따르겠는가. 그래서 나의 가장 큰 고민은 '어떻게 하면 사람들이 나를 믿도록 할 것인가'였다.

<u>왜 우리가 돈을 내면 안 되는지 입주자들에게 확실히 알려주기 위해서 40평형을 기준으로 가상의 시나리오를 제시했다.</u> 경우의 수는 세 가지, 시행사나 건설사가 요구하는 대로 중도금을 내고 정상 입주를 할 경우, 중도금 납부를 거부하고 싸울 경우, 마지막으로 끝까지 중도금과 잔금 납부를 거부해서 계약이 해지될 경우였다.

먼저 중도금을 내고 정상 입주를 할 때 손실 금액은 약 7,000만 원에서 1억 원으로 계산했다. 여기에는 1~4차까지의 중도금 이자 1,300만 원, 취·등록세 약 1,000만 원이 포함되어 있었고, 입주 뒤에 내야 할 대출이자는 포함시키지 않았다. 시세 하락에 따른 손실도 포함되어 있었다. 인근 검단 사거리의 신규 아파트 시세는 평당 850만 원 수준에서 형성되

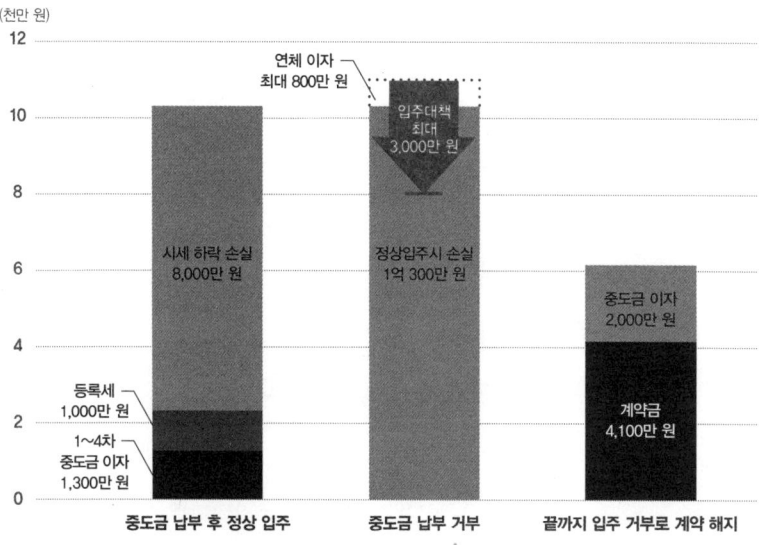

어 있었다. 그나마 거래도 잘 안 되는 형편이었지만 검단 사거리보다 주거 환경이 열악한 우리 아파트가 평당 1,000만 원이 넘는 가격으로 분양되었던 것이다. 평형에 따라 다르지만 주위 시세와 비교한 시세 하락 손실은 최저 5,000만 원에서 최고 8,000만 원 정도로 잡았다. 시행사에서는 이사비 및 청소비 100만 원, 전·월세를 놓을 경우에 중개비 150만 원을 지원하는 것을 입주대책이랍시고 내놓았다. 중개비는 세를 놓지 않고 자기가 들어와 살 사람에게는 아무 의미가 없다. 이사비와 청소비도 나한테 오는 게 아니라 대행업체로 가는 돈이다. 어쨌거나 이사비 청소비를 포함해봐야 전체 손실액에 비하면 새 발의 피다.

중도금 납부를 거부했을 때에는 얼마나 손실을 볼 것인가. 만약 아무런 입주촉진 대책을 받지 못하고 빈손으로 싸움을 끝내면 앞서 정상적으로 입주했을 때의 손실 금액에 더해서 중도금을 제때 내지 않아서 물게 될 연체 이자 150만 원(실제 대출이 발생된 10월부터 이자를 물 경우)에서 800만 원(시행사의 위협처럼 1월부터 연체 이자를 물 경우) 정도가 추가될 수도 있다. 반면 납부 거부를 통해서 업체로부터 적게는 1,000만 원 많게는 3,000만 원의 입주촉진 대책을 받아낼 경우에는 그만큼 손실이 줄어든다.

계약을 해지하게 되면 계약금 10%인 4,100만 원을 잃게 되고, 1~6차까지의 중도금 이자 약 2,000만 원이 손실이 된다. 합치면 6,100만 원 정도다. 앞서 말했듯이 계약서 문구에 따라 시행사가 동의를 해줘야만 계약이 해지되므로 해지가 될지도 의문이지만 된다고 해도 아주 오랜 시간이 걸릴 것이다.

<u>세 가지 경우의 수를 놓고 이익과 손실을 따져보면 업체가 원하는 대로 하는 게 제일 나쁜 시나리오다.</u> 중도금 납부를 거부하고 싸우다가 아무 것도 얻어내지 못할 때 입게 되는 추가 손해는 1,000만 원도 안 된다. 거기에 입주촉진 대책을 받아내면 추가 손해를 만회하고도 남는다. 이 정도면 더 물어보나 마나 아닌가.

: 작지만 큰
　첫 승리

900세대가 넘는 단지의 입주자들 중에는 여러 분야에서 전문성을 가진 사람들이 있었다. 입주예정자 카페 운영을 위해 이들의 도움을 받는다면 건설사와 시행사의 논리를 효과적으로 반박하고 싸움을 좀 더 유리하게 이끌어갈 수 있겠다는 판단을 했다. 일단 약사 한 사람, 통신업계 종사자 한 사람, 건설회사에서 일하는 한 사람이 자발적으로 참여해주었다. 또한 다양한 직업을 가진 수십 명의 서포터즈가 운영진을 뒷받침해주었다.

'빨리 가려면 혼자 가고 멀리 가려면 함께 가라'는 말이 있다. 아무리 개인 능력이 뛰어나고 아는 게 많아도 혼자는 약한 개인일 뿐이다. '집단지성'이라는 말도 있지 않은가. 거대한 기업에 맞서서 싸우는 우리들의 무기는 단결뿐이었다. 험난한 길을 기꺼이 함께 가 준 운영진과 서포터즈가 아니었다면 나의 의지도 업체와 입주자 엑스의 갖가지 공세 앞에서 결국 꺾이고 말았을 것이다. 특히 몇몇 분들은 함께 싸움을 이어나간 결과로 갖은 고초를 겪었다. 결국 입주를 포기하고 계약 해지가 되어 이제는 연락이 닿지 않는 분도 있다. 하지만 함께 하나가 되어 싸웠던 그 시간만큼은 가슴 뭉클한 기억으로 남기고 싶다.

입주예정자대표회의가 다시 구성된 직후인 2010년 11월, 영종어울림 아파트 단지를 방문해보았다. 금호산업에서 영종도에 지은 아파트였다. 단지 분위기는 한마디로 썰렁했다. 바깥에는 인기척이 거의 없어서 마치 유령 도시에 온 기분이었다. 세 시간 동안 단지 주변에서 만난 주민은 겨우 세 명 뿐이었다. 주민들의 얘기는 더욱 심각했다. 입주 후 1년 6개월이나 지난 시점인데도 적지 않은 집이 비어 있었고, 시공사와 시행사는 입주를 포기한 세대들을 잡지 못하고 결국 엄청난 손실을 감수하며 공매로 아파트를 처분할 수밖에 없었다. "입주를 포기한 세대들은 계약금 10%를 날리고 끝났지만 입주한 세대들은 공매로 60% 수준까지 추락한 시세 하락을 다 뒤집어썼다"는 말은 정말 충격적이었다. 이러한 공멸의 시나리오가 남의 일이 아니라 앞으로 우리의 일이 될 수도 있다는 섬뜩함도 느껴졌다. 이 싸움은 반드시 이겨야 하는 싸움이었다.

그해 11월 20일, 중도금 문제에 대해 우리의 전략을 설명하는 총회를 개최하기로 했다. 입주예정자들을 마주보면서 설득할 수 있는 거의 유일한 기회였다. 며칠 동안 밤을 꼬박 새워가면서 프레젠테이션 준비를 했다. '입주대책이 없으면 입주 포기'가 대전제였다. 입주를 포기하면 계약금 10%를 날리지만, 미분양이 속출하고 있는 상황이라 분양가보다 훨씬 싼 가격으로 다른 집을 살 수 있었다. 손실 10%가 아까울 게 없는 것이다. 협상을 통해서 상생 가능한 타협안이 제시된다면 입주자들은 잔금을 치르기 위해서 기존 주택을 헐값에 급처분할 필요가 없다. 시행사와 시공사는 입주율을 높일 수 있으므로 결과적으로 그들에게도 좋은 시나리오다.

타협에 실패하면 입주한 세대는 대규모 미입주에 따른 공매 처분 등으로 집값이 큰 폭으로 떨어지므로 그만큼 손해를 보게 된다. 영종어울림의 사례를 대입해보면 손해의 폭은 집값의 40%에 이를 수 있다. 입주율이 낮기 때문에 유령 아파트에서 살아야 하는 손해는 플러스 알파다. 반면 입주를 포기한 세대가 보는 손해는 계약금 10%다. 상생할 수 있는 입주대책 합의에 성공하든 아니든, 시행사나 건설사가 원하는 대로 입주하는 것이 가장 손해보는 시나리오다.

입주자들은 나이대, 직업, 성향이 천차만별이기 때문에 모두를 설득하는 일은 쉽지 않았다. 최대한 쉽게, 내용에 집중할 수 있게 프레젠테이션을 구성했는데 파워포인트 슬라이드만 80장이 넘었다. 총회 당일, 회의장은 입주자들로 발 디딜 틈이 없었다. 500명은 족히 넘어 보였다. 두 시간 넘게 마이크를 잡고 발표했다. 총회는 성공적이었고, 입주자들의 분위기는 우리 쪽으로 완전히 넘어왔다.

전체 934 세대 중에는 자기 돈으로 중도금을 납부한 사람도 있었고, 시행사에서 제때 대출을 발생시키지 못하자 불안한 마음에 다른 금융기관에서 돈을 구해서 낸 사람도 있었다. 이런 세대들을 빼고 나면 절반 정도인 450 세대가 5차 중도금을 내지 못한 것으로 파악됐다. 과연 이들 중 몇 세대가 납부 거부에 동참할 수 있을까? 혹시 받을지도 모르는 불이익을 감수하면서 실제로 동참할지 불안한 마음을 감출 수는 없었다.

결과는 기대 이상이었다. 며칠 만에 100여 세대가 동참하겠다고 선언했고 시간이 갈수록 그 수는 늘어갔다. 초조해진 시행사와 건설사 쪽에서는 마치 300 세대, 400 세대가 대출 자서를 한 것처럼 소문을 냈지만 이는 거짓말이었다. 대출 대상으로 추정되는 약 450 세대 중에서 자서 거부를 선언한 입주자가 200 세대를 넘겼는데 어떻게 300 세대 이상이 자서를 했다는 것인가. 납부 거부 현황 조사는 카페 회원들만을 대상으로 했기 때문에 비회원까지 합치면 거부한 세대 수는 더 많았을 것이다. 심지어는 뒤늦게 제출했던 서류를 회수하고 대출을 취소한 세대, 자기 돈으로 충분히 낼 여력이 있는데도 납부를 거부한 세대도 있었다.

<u>다급해진 시행사는 추가 자서 기간을 마련했지만 무려 400세대가 대출이든 자납(자기 돈으로 내는 것)이든 중도금 납부를 거부했다.</u> 놀라운 성과였다. 평형에 따라 다르지만 5차 중도금은 세대당 3,000만 원이 넘는다. 400세대면 시행사와 건설사로서는 120억 원 이상이 펑크 난 것이다. 시

행사는 프로젝트 파이낸싱(PF) 대출로 사업을 벌였기 때문에 이렇게 자금 조달에 대규모로 구멍이 생기면 PF 대출 이자 및 원금 상황에 큰 차질이 생긴다.

이 과정에서 얻은 교훈은 단결의 힘이었다. 충분한 근거와 논리를 가지고 설득하면 사람들을 뭉치고 동참시킬 수 있다는 사실이었다. 이것이 가장 큰 수확이었다. 5차 중도금 납부 거부는 시작에 불과했다. 앞으로 더욱 길고 지루한 싸움들을 치러야 할 것이다. '할 수 있다'는 사실을 확인하고 실감하니 모두들 자신감을 가질 수 있었다. 똘똘 뭉쳐서 싸울 수 있는 준비가 되었다. 단결할 수 있다면 두려울 것은 아무것도 없다.

: 나는 지금
누구와 싸우고 있는가?

지금까지 수많은 아파트 단지에서 업체와 입주자들이 분쟁을 일으켰지만 거의 대부분은 업체 측의 승리로 끝났다. 뜻있는 사람들이 문제를 제기하고 앞장서도 업체와 입주자 엑스의 파상공세 앞에서 결국 마음에 상처만 잔뜩 입은 채 두 손 들고 나자빠지는 게 보통이었다. 처음에 그들은 우리도 그럴 거라 생각했을 것이다. 그런데 입주예정자대표회의

대표들을 밀어내고 그 자리를 차지하더니 입주자들을 규합해서 중도금 납부 거부 투쟁을 이끌고, 무려 400여 세대가 이에 동참하는 결과를 낳았다. 전무후무한 일이었을 것이다.

중도금 납부 거부를 위한 총회에는 전임 대표들도 참석했다. 전임 대표들은 우리와 정반대의 태도를 가지고 있었다. 그들은 한마디도 하지 않았다. 질문조차 하지 않았다. 오프라인에서는 입에 자물쇠를 채우고 있었던 그들은 온라인에서 공격을 하기 시작했다. '저 사람들을 어떻게 믿고 엄청난 불이익을 감수해가면서 따라간다는 건가', '대한민국 건설사들이 그렇게 돈 주다가는 다 망한다. 말이 되는 소리를 해라' 등등. 계속해서 카페에 글을 올렸다. 공격과 반박, 반박에 반박이 이어졌다. 그야말로 피 말리는 전쟁이었다.

상대방의 주장을 깨기 위해서는 사실 관계와 증거가 필요했다. 다만 우리와 같은 싸움을 해서 이긴 사례를 찾을 수 없었다는 것은 문제였다. 그렇다고 시행사와 건설사에 그냥 무릎 꿇어야 할까? 생각하면 생각할수록 더욱 단결해서 중도금과 잔금 납부를 거부하고, 입주 포기까지도 불사하는 것만이 해결책이었다. 분명 5차 중도금 납부 거부는 400세대나 참여한 승리였다. 앞으로 있을 싸움들도 충분히 해볼 만했다. 하지만 전임 대표들은 끊임없이 '이길 수 없는 싸움'으로 낙인찍으려 들었다.

400여 세대가 5차 중도금 대출 납부 거부에 동참하자 시행사와 건설사는 당황하는 빛이 역력했다. 프로젝트 파이낸싱(PF) 대출 이자 등 금융비용은 물론이고 각종 건설비, 하청 업체 비용 등이 줄을 서 있는데, 100억 원이 넘는 돈이 펑크가 나버렸으니 엄청난 차질이 생긴 것이다. 그러나 그들은 여전히 입주대책에는 관심이 없었고, 여전히 '얼마 그러다가 말겠지'라는 식의 태도를 보였다. 그들에게는 아직 여러 가지의 압박 카드가 있었기 때문이었다.

대출금 납부기한이 지나자 시행사로부터 내용증명 우편이 날아들기 시작했다. 최고장이 사흘이 멀다 하고 우편함에 꽂혔는데, 내가 받은 것만 해도 열 통은 된 것 같다. '최고장이면 마지막 경고 아닌가? 뭔 마지막 경고를 이렇게 많이 해?' 싶을 정도였다. 보통 사람들은 '법적 조치', '가압류'와 같은 무시무시한 단어들이 박힌 최고장을 받으면 겁을 먹게 마련이다. 하지만 우리는 흔들리지 않았다. 이런 정도 협박에 무너질 것 같으면 애초에 시작도 하지 않았을 것이다.

업체의 압박 카드에 대항하는 우리의 전략은 단순했다. A는 돈을 내고 입주했다. B는 버텼다. 그 이후 입주대책이 나오면 B는 받지만 A는 못 받는다. 입주대책이 끝까지 안 나오면 B는 입주를 포기한다. 그러면 무더기 공매 사태로 집값은 폭락하고 유령 아파트가 된다. 입주 안 한 B

는 계약금인 10%를 버리고 반값에 공매 물량을 사도 남는 장사다. 두 경우 모두 A는 손해가 막심하다. 그렇다면 무엇을 선택할 것인가? 답은 매우 간단했다.

돈 내고 입주해야 한다는 사람들도 이 논리를 끝까지 깨지 못했다. 대신 흠집 내기에 열을 올렸다. '웃기지 마라. 누가 그렇게 자기를 희생하나? 저 운영진들 조금 있으면 도망갈 거다. 야반도주한다.' 그들의 단골메뉴였다. 이런 공격은 리더에 타깃이 맞춰져 있었다. 리더만 날리면 몸통은 그냥 주저앉는다. 그들은 그 점을 정확하게 꿰뚫고 있었다.

카페 분위기는 점점 험악해졌고, 나에 대한 갖가지 루머가 퍼지기도 했다. "저 인간들 한탕 해먹으려고 저런다." "입주자들 선동해서 자기들 몸값 끌어올리고 업체한테 한밑천 받고 튀려고 한다." 어이가 없긴 했는데 생각해보니 그럴듯한 시나리오다. 시행사와 건설사는 이대로 가면 수백억을 날릴 판인데 5억~10억 쯤 쓴다고 해서 손해볼 장사는 아니지 않겠는가. 포섭된 리더는 한밑천 잡고 카페를 폐쇄하든 그냥 잠적해버리면 그만이다. 소문 낸 사람들은 이런 검은 커넥션을 잘 아는 사람들인 듯했다.

'레벤톤이 돈 먹었다.'는 소문은 기본이었고, 아내가 가출을 했다, 회사에서 잘렸다, 별의 별 소문이 다 돌았다. 어떤 입주자들은 그런 뜬소문을 믿고 전화를 걸어서 정말이냐고 추궁을 하는가 하면 다짜고짜 욕부터 퍼붓는 사람도 있었다. 극히 일부이긴 했지만 기분이 좋을 리는 없었다. 하루에 네 시간 이상을 자본 적이 없었고, 주말이니 휴일 같은 건 사치스러운 얘기였는데 돌아오는 건 의심과 욕설이었다. 아내에게도, 딸에게도 미안했다. 그래도 포기할 수 없었다. 이런 걸로 무릎 꿇을 것 같으면 시작도 안 했다니까.

그때부터 마음 한구석에 뭔가 의심이 들기 시작했다. 전임 대표단을 중심으로 입주를 찬성하는 쪽에 선 사람들을 그전까지는 그저 나와 '생각이 다른' 사람들이라고만 생각했다. 그런데 지금까지 흘러온 경과를 다시 한 번 찬찬히 살펴보니, 그들은 일방적으로 시행사와 건설사 쪽에 유리한 주장을 하고 있었다. 더욱 이해할 수 없었던 것은 입주대책이 마련되면 자신들도 이득을 보기는 마찬가지인데도 앞에서 싸우는 우리를 흠집 내기에 몰두하는 태도였다.

만약 내 주장이 잘못되었다면 무엇이 잘못되었는지를 근거와 논리를 가지고 깨부수면 될 것이다. 그런데 해야 할 일은 하지도 않고 레벤톤을 믿을 수가 없네 뭐네 하면서 공격하는 모습을 보면서, 내가 지금 같은 입주자와 다투고 있는 것인지, 건설사 혹은 시행사와 싸우고 있는 건지 헷갈리기까지 했다. 물증은 없었지만 '이 사람들 뭔가 이상하다'는 생각이 점점 들기 시작했다.

그들은 허술하게도 어이없는 말실수까지 저질렀다. 전임 대표단 중에 한 명이 '시행사에서는 이미 레벤톤에 대해서 이런 저런 준비를 하고 있다'라는 내용으로 카페에 글을 올린 것이다. 한마디로 내가 조만간 시행사한테 작살날 테니까 같이 망하지 말라는 의미였다. 나는 간단하게 응수했다. "그걸 당신이 어떻게 알았는데?" 그는 아무 답도 못하고 도망가 버렸다. 도대체 시행사와 교감이 있지 않고서야 그들이 나를 보낼 준비를 한다는 걸 어떻게 안다는 건가? 그의 실언은 오히려 나에게 역공의 기회가 되었다. 입주 찬성파에 대한 대다수 입주예정자들의 신뢰는 더더욱 바닥까지 떨어졌다.

: 정체불명의 입주자 엑스, 그들은 누구인가?

'입주자 엑스'는 같은 입주자들 중에서 유난히 시행사 또는 건설사 쪽에 유리한 말이나 행동을 하고 다른 입주자들을 그와 같은 방향으로 이끌어가려는 사람들을 뜻한다. 단정적으로 말할 수는 없지만 적어도 모든 아파트 단지에 입주자 엑스가 있는 것만큼은 분명하다. 이들은 남자일 수도 있고 여자일 수도 있다. 직업도 직장인에서부터 자영업자, 무직까지 가지각색이다. 성격이나 행동하는 패턴도 다양하기 때문에 누가 입주자 엑스인지를 판단하기란 쉬운 일은 아니다.

내가 처음 입주자 엑스의 정체를 눈치 채게 되었을 때에는 저 입주자들, 혹시 시행사나 건설사한테 매수를 당했거나 약점을 잡힌 건 아닐까? 뭔가 은밀한 거래가 있었던 건 아닐까? 별의 별 생각과 의심을 다 했다. <u>계속해서 입주자 엑스를 관찰한 후 내린 결론은 아파트 분양이 시작될 때부터 '준비된' 입주자 엑스가 '투입'되었을 가능성이 높다는 것이다.</u> 심지어 아예 입주자 엑스를 직업으로 삼는 전문가(?)가 있다는 의심까지 들 정도다. 실제로 어떤 사람은 한 아파트 단지에서 입주자 엑스로 활동하다가 결국 쫓겨난 뒤 다른 아파트 단지에서 입주자 엑스로 활동하는 것을 목격했다. 직업적인 입주자 엑스가 존재한다는 가설은 충분히 근거가 있다.

단지의 규모나 지역에 따라서 입주자 엑스의 수에는 차이가 있겠지만 보통은 5~10명 정도가 하나의 그룹을 형성하는 것으로 보인다. 그리고 그 주위에는 '입주자 스몰 엑스(x)'가 있다. 이들은 입주자 엑스처럼 업체들과 모종의 관계가 있는 것으로 보이지는 않는다. 입주자 엑스와 친하고 이들에게 동조하는 입주자 정도로 보면 될 것이다. 입주자 엑스의 논리에 부화뇌동하면서 앞에서 나대는 선무당들이 '스몰 엑스'다. 입주자 엑스는 이들을 총알받이로 활용하기도 한다. 입주자들 사이에 주장이 엇갈리면서 충돌이 벌어질 때에는 입주자 엑스가 직접 나서기보다는 스몰 엑스를 내세우고 이들이 앞에서 설치면서 싸우게 만든다.

물론 사람들마다 생각이 다르고 관점이 다르니 한두 번 건설사 편을 드는 주장을 한다고 해서 무조건 입주자 엑스로 볼 수는 없다. 계속해서 지켜봤는데 단순한 의견 차이 정도가 아니라 일관되게 업체 입장과 입맛에 맞는 주장을 하는 사람이라면 입주자 엑스라고 판단하는 게 나을 것이다.

: 입주자 엑스는 한 발 먼저 분위기를 이끈다

입주자들끼리 인터넷 카페를 만들어 모이는 과정에서 유난히 주도적으로 활동하면서 사람들을 모으는 입주자들이 있다. 신기하게도(?) 연락처까지 알아내어 전화를 걸고 카페 가입을 권유하기도 한다. 시행사나 건설사에서 명단을 건네주지 않고서야 어떻게 알 수 있을까. 이것만으로도 일단 입주자 엑스와 업체 사이에 모종의 관계가 있다는 의심은 충분히 할 수 있다.

생각해보면 전화를 받았을 때부터 '내 번호를 어떻게 알았지?' 하고 의심할 수도 있을 것이다. 분양받은 직후에야 다들 기분이 무척 좋을 때니 그런 '사소한' 문제로 의심하거나 전화 건 상대를 추궁할 사람은 별로 없다. 혹시 물어본다고 해도, "앞으로 서로 친하게 지내면서 얘기도 나누고 하면 좋을 것 같아서요. 건설사에 물어보니까 연락처를 알려주더라고요" 정도로 둘러대면 대부분 넘어가게 마련이다.

입주자의 커뮤니티가 형성되면 처음에는 분위기가 화기애애하게 흘러간다. 아파트가 완공되면 같은 동네에서 살 이웃들인데, 친하게 지내서 나쁠 건 없으니까. 서로 분양 받은 것을 축하하면서 앞으로 살 집에 대한 기대도 나누고, 살아가는 이야기도 나누다 보면 서로 친해져서 만나서 한 잔 하기도 하고, 입주하고 나서도 본명보다는 인터넷 카페에서 쓰던 닉네임으로 서로를 부르기도 한다.

<u>이런 과정에서 입주자 엑스는 은근슬쩍 리더가 된다. 주도적으로 사람들을 모았고 가장 열심히 활동하는 사람들이니 리더가 되는 건 어렵지 않다.</u> 입주자들도 다들 먹고 살기 바쁘고 집안 살림하랴 애 키우랴 바쁜

데 누군가가 열심히 활동해준다면 고마운 일일 것이다. 입주자 엑스 쪽에서 본다면 입주자 대다수를 하나의 커뮤니티 안에 묶어 놓고 자신들이 이끌어 나간다면 입주자들의 여론을 자신들이 원하는 방향으로 몰고 가기가 훨씬 손쉬울 것이다.

분양 직후 입주자들이 모이는 초기부터 열성적으로 활동하면서, 특히 '뭐 저렇게 설치나' 싶을 정도로 활동하며 분위기를 주도해나가는 사람들은 일단은 주의 깊게 관찰할 필요가 있다. 물론 열성적으로 활동하는 쾌활한 입주자를 근거도 없이 무조건 의심하고 입주자 엑스 취급을 하면 곤란하다. 그들의 언행을 유심히 관찰해본다면 정말 좋은 마음을 가지고 열심히 활동하는 사람과 수상쩍은 입주자 엑스의 차이점을 찾아내는 것이 아주 어려운 일은 아니다. 그동안 우리들이 무관심했기 때문에 지나쳤을 뿐이다.

: 입주자 엑스의 특징과 임무

입주자 커뮤니티에서 열성적으로 활동하는 사람이 정말 선의를 가진 사람인지, 입주자 엑스인지를 구별하는 가장 좋은 방법은 그들의 논리를 주의 깊게 살펴보는 것이다. 특히 업체와 입주자들 사이에 트러블이 생겼을 때에 입주자 엑스의 특징이 더 잘 드러난다.

입주자 엑스가 가장 흔하게 활용하는 전술은 '패배주의'다. 우리가 어떻게 대기업 건설사를 이기겠냐, 건설사는 절대 갑이다, 우리가 저쪽하고 싸우면 100% 진다, 이런 식으로 분위기를 몰고 간다. 계란으로 바위 치기니까 업체와 적당히 타협해서 조금이라도 받아내는 것으로 만족하자, 그런 식이다. 싸우고자 하는 사람들에게 겁을 줘서 의지를 꺾어버리고 모이지도 못하게 한다. <u>어느 아파트든 업체와 입주자들 사이에 크고 작은 문제는 있게 마련이고, 입주자들은 불만을 가지고 목소리를 높이려고 한다. 이 목소리를 꺾는 게 입주자 엑스의 주요 활동 가운데 하나다.</u>

사실 '계란으로 바위를 쳐서 바위를 깨는 것'은 쉽지는 않지만 결코 불가능한 일은 아니다. 입주예정자들이 똘똘 뭉쳐서 한 방향으로 행동만 하면 시행사나 건설사는 절대로 '절대 갑'이 아니다. 무엇보다도 입주자들이 돈을 가지고 있을 때 아쉬운 쪽은 저쪽이다. 입주자 엑스의 방해공작과 이간질만 없으면 결코 불리한 싸움이 아니다. 입주자들이 쉽게 단결할 수 있으니까.

입주자 중에 누군가가 맞는 얘기를 하면 입주자 엑스는 초기에 눌러버리기 위해서 교묘한 반박에 나선다. 이럴 때 그들이 주로 하는 말이 "뭘 잘 몰라서 그러시나 본데요……"이다. 입주자 엑스 중에는 건설업계와 관련이 있는 사람들이 많다. 이들이 "제가 건설업계 쪽에 있어서 좀 아는데요……"라는 식으로 반박을 하면 사람들은 아무래도 그 말을 더 믿게 된다.

어떤 경우에는 곧바로 반박을 못하다가, 며칠이 지나서야 이런저런 전문용어와 법률용어를 늘어놓으면서 반박을 한다. 어디선가 상담이라도 받고 온 것처럼 말이다. '그렇게 싸우다가는 이렇게 저렇게 되어서 결국은 이런 결과가 된다'는 식으로 결과까지 친절하게 예측해준다. 누구한테 상담 혹은 조언을 들었을지 예상이 가능하다.

심지어는 말이 안 통한다 싶으면 '깡패 짓'을 하기도 한다. 쉽게 말해서 '맞짱 한번 뜨자. 니 배에는 칼이 안 들어가냐'는 식으로 섬뜩한 소리까지도 해댄다. 이쯤 되면 미친놈인 거다. 어지간한 사람들이라면 불안해질 것이다. 혹시라도 이 인간이 정말 칼 들고 오면 어떻게 하지? 상대방이 작정하고 미친 짓을 하면 아무리 논리가 강해도 이쪽은 겁을 먹게 된다. 결국 피하게 되는 경우가 많다. 목적이 있는 입주자 엑스라면 상대가 자신을 미친놈으로 보든 말든 상관없다.

입주자 엑스의 행동을 유심히 지켜보면, 마치 어디선가 임무라도 받은 것 같다. 그것을 위해서 수단방법을 가리지 않는 첩보원과도 같은 모습 때문이다. 이들의 대표적인 미션은 입주예정자들이 모두 입주를 마치는 것이다. 입주가 완료된다는 것은 입주자들이 잔금을 다 치러서 시행사와 건설사로서는 받을 돈을 다 받고 여러 가지 책임에서 해방되는 것을 뜻한다.

무사히(?) 입주가 마무리 되면 입주자 엑스의 행보는 둘로 나뉜다. 하나는 시간이 흐른 다음에 조용히 이사를 가는 것이다. 또 하나는 이사를 가지 않고 남아서 아파트(입주자대표회의)를 장악하는 것이다. 입대의를 장악하면 아파트에 관한 거의 모든 것을 떡 주무르듯이 주무를 수 있고, 각종 이권에 개입해서 뒷돈을 챙길 수도 있기 때문이다.

: 입주자 엑스에 맞서는 리더는
   각오가 필요하다

자신들의 임무를 위해 전심전력을 다 하는 입주자 엑스에게 평범한 입주자들이 맞서 싸우기란 여간 힘든 게 아니다. 그들은 이 방면에 '프로'인 반면, 보통의 입주자들은 '아마추어'에 불과하다. 입주자 엑스를 이기려면 저들보다 더 많이 활동해야 한다. 그들이 100줄짜리 글을 쓰면 우리는 200줄짜리 글로 맞서 싸워야 한다. 본업 이외의 시간을 써가면서 때로는 밤늦은 시간까지 대응하다보면 시간도 축나고 몸도 축나고 마음고생도 하게 된다.

처음에는 정의감에서, 혹은 분노 때문에 입주자 엑스에 맞서지만 그들의 수단방법을 가리지 않는 공격 전술에 시달리다 보면 결국 무서워서 피하고 더러워서 피하는 식으로 포기하기가 쉽다. 이것이 입주자들끼리 의견 충돌이 벌어지면 대부분 입주자 엑스의 승리로 끝나고, 반대파들은 커뮤니티에서 쫓겨나게 되는 이유다.

아파트의 리더가 되어 입주자 엑스에 맞서려면 단단히 각오를 해야 한다. 그들은 자기 밥그릇을 지키려고 필사적으로 저항을 하기 때문이다. 입주자 엑스와 맞설 때 누구나 처음에는 단단히 각오를 한다. 하지만 장기전이 될 거라고 생각하는 사람들은 많지 않다. <u>입주자 엑스와의 대결은 반드시 장기전이 될 것이라고 처음부터 각오하는 것이 편하다. 그들이 무슨 짓을 하든지 너무 쉽게 놀라거나 분노하지 말라.</u> 일상적으로 대응하고 조건반사적으로 그들을 다룰 수 있어야 유리하다.

그들과의 싸움은 몇 달이 걸릴 수도 있고 해를 넘길 수도 있다. 한 번 이겼다고 해도 끝난 게 아니다. 입주자 엑스는 재기를 노리면서 끊임없이 발목을 잡는다. 악성 루머를 퍼뜨리는가 하면 고소 고발을 하기도 한다. 계속해서 물고 늘어지면서 사람을 지쳐 나가떨어지게 만들려는 것이다. 입주자 엑스와 맞서려면 더 미친놈이 되어야 하고 더 프로가 되어야 한다. 아파트에 대해서 더 많이 공부하고, 저들보다 더 활발하게 활동해야 한다. 저들이 겁을 줘도 겁먹지 않는 용기도 필요하다. 평범한 사람들에게는 사실 쉽지 않은 일이다.

: 입주자 엑스는 분열 조장과 이간질의 전문가

어떤 결정이나 선택을 하든 수백 세대 혹은 천 세대가 넘게 모여 있는 아파트 단지에서 모두를 만족시키는 해법을 찾기란 거의 불가능에 가깝다. 무엇을 선택하든 어떤 사람들은 좀 더 이득을 보고 어떤 사람들은 이득을 덜 보게 된다. 그러면 몇몇 사람들이 반발을 하게 된다. <u>입주자 엑스는 이 틈을 놓치지 않는다. 정말 귀신들이다. 기가 막힌 타이밍에 은근슬쩍 나타나서 반발심을 가진 사람들을 부추긴다.</u> 당신들 말이 맞다고, 저 대표들이 나쁜 놈들이라고 맞장구를 쳐준다. 그러면서 대표들이 그런 선택을 한 이유는 자기들이 이익을 보기 때문이라고 자극한다. 그런 이간질이 먹혀 틈이 벌어지고 단결력이 약해지면 입주자들의 힘은 급속도로 떨어진다.

아파트에서 리더로 나서는 사람들 중에는 입주자 엑스와 같은 속셈을 가진 사람들도 있지만 정말 좋은 뜻으로 나오는 사람들도 많다. 입주자들을 위해서 열심히 뛰어보겠다고 하니 사람들은 박수를 친다. 귀찮은 일에 누가 총대를 메어준다니 얼마나 고마운 일인가. 시간이 좀 지나고 나니 리더에게 마음에 안 드는 점이 하나 둘 보이기 시작한다. 의심을 하고 험담을 하는 사람이 생긴다. "저 사람 뭔가 좀 이상한 거 같아.", "가만 보니까 말도 잘하고 아는 것도 많은 게, 사기꾼 같이 생겼어." 입주자 엑스가 가만히 있을 리 없다. 지금은 업체와 싸우는 척하다가 돈 챙겨서 도망갈 궁리를 한다더라, 이혼을 했다더라, 직장에서 잘렸다더라, 있는 얘기 없는 얘기를 총동원해서 별의 별 소문이 나돌게 만든다.

이럴 때 리더가 터무니없는 소문을 진화하느냐 못 하느냐에 승부가 결정된다. 강력하게 반박하고 엄정하게 대응하지 못하면 소문에 압도당한다. 리더도 사람인지라 사람들에게 실망한다. 좋은 뜻으로 시작한 일인데 오히려 의심을 받고 있으니, 이 일을 계속해야 하나 말아야 하나 고민에 빠진다. 주위의 가족들도 가만히 있지 않는다. 왜 오지랖 넓게 나서서 시간 뺏기고 마음고생까지 하냐고 말린다. 굳었던 의지도 무너지고 결국 백기를 들고 만다. 뒤에선 입주자 엑스가 회심의 미소를 짓는다. 갑자기 리더가 사라지면 달리는 말의 머리를 날려버린 꼴이 된다. 그대로 주저앉는 것이다. 머리 없는 집단은 아무런 힘도 쓰지 못하고 금방 흩어진다. 대부분의 아파트에서 입주자 엑스(그리고 보이지 않는 손을 가진 업체)가 승리하는 것은 이런 전술이 먹혔을 때이다.

> **입주자 엑스, 그들은 프로다.**

4. 아파트 정글의 전투

입주를 앞두고 밀당을 벌이다

: 어디
건드리기만 해봐라!

가끔 농담으로 주위 사람에게 했던 얘기가 있다. "내가 시행사나 건설사였다면 나를 어디다가 파묻어버릴 생각도 했을 텐데. 나 하나만 날리면 몇 백억을 아끼는 거니까. 요즘 같은 세상이면 해볼 만한 거 아냐?" 농담치고는 섬뜩한 말이었지만 한창 업체들과 싸우고 있을 당시에는 농담만은 아니었다. "밤길 조심해라!"라는 말이 남의 말처럼 들리지 않았다.

남들 앞에 나서서 싸우고 사람들을 이끌어갈 때, 늘 마음속에 가지고 있던 생각이 그랬다. '날 죽이지만 않으면 이 싸움은 해볼 만하다. 설마하니, 날 죽이기야 하겠어?' 그까짓 아파트 단지 하나 놓고 싸우는데 뭘 죽네 마네, 오버하느냐 생각하는 분도 있을 것이다. 현장에서 부딪칠 때에는 정말이지, '나 죽이는 거 아냐?' 하고 겁이 나기도 했다. 저들이 노리는 바가 바로 그 공포심을 자극하는 것이기도 하다.

입주예정일로부터 한 달쯤 전에 사흘 동안 사전점검이 시작되었다. (사전점검에 대해서는 뒤에 좀 더 자세히 다룬다.) 이 절차가 끝나면 구청은 사용승인 여부를 결정하고, 사용승인이 나면 입주가 허가된다. 점검 첫날, 10월말이었지만 날씨는 쌀쌀해서 꼭 초겨울 같은 느낌이었다. 단지에 들어선 나는 기겁을 했다. '대한민국 깡패들 다 모였나?' 어디서 모아왔는지 모르겠지만 몸무게 200킬로그램은 되어 보이는 엄청난 덩치들이 검은 양복을 입고 서 있었다. 스모선수들이라도 단체로 수입해온 걸까? 시행사 측이 마련한 안전 대책이라고 했지만, 안전을 위한 것인지 겁을 주려는 것인지 구분이 되지 않았다. 공포 분위기가 거의 납량 특집 수준이었다.

우리는 덩치들은 무시하고 천막을 세웠다. 그들이 조장하는 공포 분위기와는 다르게, 단지 안쪽에서는 시행사와 건설사가 페이스페인팅에 풍선 불어주는 피에로까지 동원해서 축제 분위기를 만들고 있었다. 이들로서는 사전점검을 하자나 문제점, 애초 계획과의 차이점을 찾아내는 날이 아니라 '내 집'이 처음 공개되는 즐거운 날로 포장하고 싶었을 것이다. 그러나 누구 마음대로?

나는 아파트 천막 옆에 확성기를 갖다 놓고 떠들기 시작했다. "입주민 여러분들! 속으시면 안 됩니다." 말이 떨어지기가 무섭게 200킬로그램짜리 덩치들이 내 주위를 포위했다. 저 녀석들, 때리는 건 고사하고 배로 누르기만 해도 내 오장육부가 터지겠구나 싶었다. 하지만 나는 쫄지 않았다. "여기가 정육점도 아니고, 돼지야 뭐야? 이놈들!" 약을 올리니까 금방이라도 때려죽일 것처럼 노려보았지만 아랑곳하지 않고 계속약을 올려댔다. 속으로는 그렇게 생각했다. '제발 한 대만 툭 쳐줘라. 끝장을 보자.' 저 녀석들이 나를 한 대라도 때린다면 그야말로 '땡큐 베리 머치'다.

때로는 건설업자들이 용역깡패를 동원해서 철거민이나 세입자에게 폭력을 휘두르는 일도 있다. 하지만 여기는 다르다. 우리는 아파트를 돈 주고 산 고객이다. 우리를 털끝 하나라도 건드린다고? 곧바로 9시뉴스 감이다. 누구든 건드리기만 해봐라, 바로 언론 플레이다. 덩치들은 그냥 째려볼 뿐이었다. 보통은 이런 살벌한 풍경에 있으면 오싹해서 할 말이 있어도 움츠러든다. 그게 덩치들을 고용한 업체들이 노리는 바다.

덩치들한테 지지 않고 확성기를 들고 계속 떠들고 약을 올리니까 나중에는 덩치들이 질린 표정이었다. '뭐야? 저 놈한테는 왜 안 통하지?' 싶었을 것이다. 덩치들을 자세히 보니, 운동을 해서 근육이 좋은 것도 아니고 그냥 뚱보들이었다. 그저 겁주기용으로 동원된 뚱뚱하고 시커먼 스포츠머리 덩치들일 뿐이었다.

사전점검이 진행되는 동안 우리는 인터넷 카페에 가입되지 않은 사람들에게 입주예정자대표회의에 권한을 위임한다는 동의서도 받았다. 처음보다는 많이 늘었지만 카페 회원은 아직도 전체의 절반이 조금 못 되는 수준이었다. 카페에 가입되지 않은 사람들 중에는 지금 이 아파트가 어떻게 돌아가고 있는지 상황을 모르고 있는 사람들이 많았는데 그 자리에서 현실을 깨닫고 동의서를 써내는 사람들도 많았다.

시행사나 건설사로서는 사전점검을 '내 집을 처음 보는 날' 분위기의 축제쯤으로 만들어 설렁설렁 넘어가고 싶었을 것이다. 우리들 때문에 원하는 대로 일이 돌아가지 않자 입주대행사는 천막으로 다가와 불쾌한 감정을 드러냈다. 우리는 '건드리면 가만히 있지 않겠다!'고 맞받아쳤다. 권한 위임 동의서 말고도 사전점검을 통해서 거의 90%에 이르는 세대의 연락처를 확보했고, 입주예정자 카페 홍보도 했다. 덕분에 대표회의의 힘은 더 커졌다.

: 사용승인이
매우 중요한 절차인 이유

아파트가 완공되면 착실하게 중도금을 납부했던 사람들은 잔금을 마련하고 입주를 준비한다. 완공과 입주 사이에는 몇 가지 절차가 있는데 가장 중요한 것은 사용승인이다. 사용승인은 아파트 분양사업을 추진할 때 이를 허가해준 관할 구청에 건물이 예정대로 완공되었으니 원래 목적대로 쓸 수 있게 허락해달라고 승인을 받는 것이다. 사용승인이 나기 전까지는 아파트가 완공이 되어도 입주를 시작할 수가 없다.

업체 입장에서 보면 사용승인이 난 날짜, 혹은 입주일을 기점으로 해서 자신들과 입주자 사이에 맺어져 있는 권리와 책임이 많이 바뀌게 된다. 그 전까지는 법적으로 아파트가 아직 시행사의 것이므로 건물에 대한 책임이 시행사에게 있다. <u>사용승인이 나고 입주가 이루어지면 이 책임 가운데 상당 부분이 입주자에게 넘어간다.</u> 사용승인이 안 나서 입주가 원래 예정했던 것보다 미루어지면 그 책임은 업체 쪽에 있으므로 그에 따른 손해를 '지체상금'이라는 이름으로 입주자에게 지급해야 하지만 사용승인이 난 뒤에 입주가 미뤄지면 반대로 입주자가 잔금 미납에 따른 연체 이자를 물어야 한다.

그래서 건설사와 시행사는 건물이 완공되는 대로 어떻게든 빨리 사용승인을 받으려고 한다. 사용승인을 받기 위해서는 실제 아파트가 원래의 설계 도면대로 지어졌는지 하자는 없는지 점검하게 되는데, 이 과정에서 입주자들이 미리 아파트에 가서 실제 건물을 확인하는 절차가 있다. 이것이 앞에서 말한 '입주자 사전점검'이다. 사전점검까지 완료되면 시행사와 건설사는 관계 기관에 사용승인 신청을 할 수 있다.

사전점검을 하러 아파트에 가면 건설사에서는 검사표를 나눠준다. 문틀은 휘지 않았나, 수도는 잘 나오나, 마루에 벗겨진 곳은 없나. 이와 같은 항목들이 빼곡히 나열돼 있어 그 항목을 하나하나 확인하게 된다. 검사표 없이는 입주자가 검사를 제대로 하기 어렵다. 이전에 해본 일이 아니기 때문이다. 예전에 새 집을 사서 사전검사를 해본 경험이 있는 사람도 별로 없고, 알아서 검사할 만큼 아파트에 대한 지식을 가진 사람도 별로 없다. 인터넷을 이용하면 200가지 이상의 항목이 들어 있는 검사표를 어렵지 않게 찾을 수 있지만 건설사에서 나눠주는 검사표의 항목은 50개 안팎에 불과하다. 건설사가 제공하는 검사표에 의존하지 말고 미리 충분한 항목이 있는 검사표를 직접 만들거나 입주자들이 공동으로 만드는 게 좋다.

<u>집을 점검하는 과정에서 문제나 하자가 발견되면 포스트잇으로 하자의 내용을 적어서 그 자리에 붙여놓고 사진을 찍어두는 게 좋다.</u> 눈에 불을 켜고 아주 사소한 하자까지 찾아내는 사람들은 수백 개를 찾아내기도 한다. 그냥 적어만 놓으면 보수하러 오는 사람도 무슨 뜻인지 모르고, 나중에는 자기도 헷갈릴 때가 많다. 포스트잇을 붙이고 사진까지 찍어두면 나중에 하자의 내용을 쉽게 알아볼 수 있다.

: 사전점검에서는
　보이지 않는 것들

시행사와 건설사에서는 사전점검을 이벤트 업체까지 동원해서 각종 행사를 하고 축제 분위기로 만든다. 사전점검은 꼼꼼하게 제품의 하자를 찾아내는 조사를 하는 절차겠지만 마치 아파트 완공 축하행사인 것처럼 분위기를 몰고 가는 것이다. 분위기에 들뜨고 취해 있다 보면 문제점이 몇 개 발견되어도 대수롭지 않게 넘어가버리기도 한다. 정말 사소한 문제인지, 시간이 지나면 큰 하자로 악화되는 건 아닌지, 깊이 생각하지 못하게 된다. 그래도 많은 사람들은 내 집에 조그마한 하자라도 없는지 눈에 불을 켜고 찾는다. '이게 얼마짜린데!' 하는 심정은 누구나 마찬가지일 것이다.

그러나 사전점검 과정을 통해서 발견할 수 없는 문제점들이 훨씬 더 많은 게 현실이다. 사전점검이 가지는 한계 때문이다. 아파트에서 발견되는 큰 하자는 보통은 집 안보다는 공유 시설에서 나오는 경우가 많다. 사전점검을 하는 입주자들은 자기 집에만 관심을 가지고 공유 시설은 제대로 점검을 하지 않는다. 실제로 입주해서 살게 되면 공유 시설도 많이 이용하게 되고 생활에서 매우 중요한 부분을 차지하는데 사전점검 당시에는 별 관심을 갖지 않는다. 본인 집은 어디 문턱이라도 살짝 까진

데는 없는지 눈에 불을 켜고 찾아보는데, 지하주차장에 내려가 꼼꼼하게 보는 사람은 거의 없다. 이렇게 말하는 나도 그랬다.

뒤늦게 발견되는 대표적인 하자가 결로(이슬 맺힘) 현상이다. 처음에는 몰랐다가 어느 때부턴가 벽이 땀을 흘리고 바닥에 흥건하게 물이 고인다. 특히 아파트 지하 주차장과 같은 곳에 결로 현상이 많이 생기게 된다. 원인은 주로 부실한 단열재 시공 때문이다. 싸구려 자재를 썼거나, 단열재의 두께나 매수를 속였거나 해서 시공이 부실하게 되면 벽의 온도와 실내 기온 사이에 온도차가 커진다. 그러면 따뜻한 공기 중에 있던 수분이 차가운 벽에 붙어서 이슬이 맺힌다. 결로 현상이 생기면 시도 때도 없이 바닥이 물바다가 되는데다가 항상 눅눅하기 때문에 곰팡이가 슬고 퀴퀴한 냄새가 난다.

이러한 결로 현상이 사전점검에서 발견되는 경우는 거의 없다. 결로 현상은 집 안에 난방을 하거나 사람이 살아서 실내 공기가 바깥에 비해서 더워져야 비로소 나타난다. 아직 사람이 들어가서 살지 않고 난방도 안 하는 사전점검 과정에서는 결로 현상이 나타나지 않는다. <u>건설사에서는 개별 주택에 대한 시공은 설계대로 하는 편이지만 눈에 잘 뜨이지 않는 공유 시설이나 지하 공간은 상대적으로 부실시공을 할 확률이 높다.</u>

사전점검은 당장 눈에 들어오는 점검만이 대상이다. 짓는 과정에서 스크래치가 생겼다든가 석재의 모서리가 깨졌다든가 하는 것들은 찾아내기가 쉽지만 콘크리트 안에 들어가 있는 자재가 설계대로 제대로 쓰였는지 여부는 사전점검으로는 발견할 수가 없다. 주변 환경의 문제점도 사전점검 때에는 잘 알 수가 없다. 어떤 문제점은 특정한 조건에서만 나타나기 때문이다. 아파트 몇 킬로미터 바깥에 폐기물 처리장이 있다고 가정해보자. 산 너머에 있어서 아파트 단지에서는 눈에 보이지 않는다. 사전점검 때에는 바람이 마침 아파트 단지의 반대편으로 불고 있어서 아무 냄새도 안 났다. 입주해서 살아보니 아파트 단지 쪽으로 바람이 세게 불면 악취가 난다. 살아봐야만 알 수 있는 문제다.

: 로트 번호의 차이가
  복불복을 만든다

처음에는 눈에 잘 보이지 않다가 시간이 지나면서 점점 드러나는 문제들도 있다. 길쭉한 나무판들을 짜 맞춰 놓은 벽면이나 마룻바닥의 경우에는 나무판의 톤에 차이가 나는 수가 있다. 같은 제조공장에서 나온 제품이라도 로트 번호가 서로 다른 나무판을 같은 마룻바닥에 섞어 깔면 이런 일이 벌어진다. '로트 번호'란 똑같은 조건에서 제조된 제품끼리

묶는 번호다. 같은 공장에서 만든 같은 제품이라고 해도 제조에 쓰인 나무가 다르거나 그밖에 세세한 조건의 차이 때문에, 로트 번호가 서로 다른 나무판끼리는 톤이 다를 수 있다.

마룻바닥을 시공하던 업체에서 어떤 집은 같은 로트 번호에서 나온 나무판으로 다 마무리를 지을 수 있지만 또 다른 집에서는 그 로트 번호의 나무판이 중간에 다 떨어져버렸을 수도 있다. 전체 마룻바닥을 다시 새 로트 번호의 나무판으로 바꾸지 않고, 중간에 다른 로트 번호의 나무판을 쓴다면 이런 일이 벌어진다. 각자의 취향에 따라서 이런 톤의 차이가 좋을 수도 싫을 수도 있겠지만, 색깔이 연한 나무판인 경우에는 톤의 차이가 큰 문제가 되지 않더라도 색깔이 진한 나무판이라면 얼룩덜룩한 차이가 꽤 눈에 거슬린다.

<u>사전점검을 할 시기, 나무 바닥이 아직 새것일 때에는 톤의 차이가 눈에 잘 들어오지 않는다. 새것인 상태에는 어지간하면 멋져 보인다. 입주하고 나서 살다보면 이 차이가 점점 눈에 들어온다.</u> 시간이 지나면서 나무의 색깔이 조금씩 변하는데, 나무의 톤이 다르면 색깔이 변하는 속도나 정도도 다르기 때문에 차이가 더욱 심하게 나타날 수 있다. 역시 사전점검 때는 쉽게 알 수 없는 문제다.

벽지 역시도 비슷한 현상이 벌어진다. 같은 회사의 같은 종류의 벽지라고 해도 로트 번호가 다르면 색깔이 미세하게 차이가 난다. 벽지를 인쇄할 때 잉크의 농도 차이가 있을 수도 있고, 같은 종류의 종이라고 해도 제조사가 다를 수도 있다. 이런 미묘한 조건의 차이가 제품에서도 미세한 차이를 보인다. 처음에는 별 생각이 없었는데 살아가면서 벽지의 색깔이 조금씩 바뀜에 따라서 차이가 확 드러나 보일 수 있다. 이것 역시 사전점검에서는 쉽게 찾아낼 수 없는 것이고, 찾아낸다고 해도 과연 하자로 인정받을 수 있을지 의심스럽다.

입주자들은 사전점검을 할 때에는 이를 악물고 문제점을 찾아내려 애를 쓴다. 어떤 사람들은 새벽까지 남아서 이 잡듯이 뒤진다. 그렇게 하자를 이것저것 찾아냈다면, 건설사는 하자를 말끔하게 고쳐줄까? 마루에 스크래치가 났거나 문턱 표면이 까진 것을 발견해도 사실상 하자 보수는 페인트칠 쓱 하는 게 전부다. 하긴 문턱을 다시 뜯어내고 새로 문턱을 설치할 수는 없을 것 같다. 이 정도는 그래도 애교다. 사전점검에서 무척 드문 확률로 결로 현상을 발견했다 치자. 어떻게 할 것인가? 벽을 다 뜯어내고 단열재 시공을 다시 할 수도 없는 노릇이다. 만약 벽 안에 철근을 적게 썼다는 것을 알아냈다고 한들, 아파트를 때려 부수고 다시 짓게 할 수 있겠는가.

이 모든 상황은 후분양제로 아파트를 산다면 벌어지지 않을 광경이다. 집을 보다가 문제나 하자가 여기저기 있으면 안 사면 그만이다. 흠집이 있으니 가격을 깎아서 살 수도 있다. 마트나 인터넷 쇼핑몰에서 흠집이 있는 제품, 혹은 매장에 진열되었던 전시품을 싸게 파는 경우는 흔하게 볼 수 있지만 아파트는, 특히 선분양 아파트는 그럴 수 없다.

똑같은 돈을 주고 사도 누구네 집은 똑같은 로트 번호로 시공한 마룻바닥이고, 누구네 집은 로트 번호가 달라서 얼룩덜룩한 마룻바닥이다. 아파트 동호수는 미리 결정되며, 인기 좋은 층이나 입지가 좋은 동은 추첨으로 뽑는다. <u>몇 억 원을 주고 사는 집인데 내가 정할 수 있는 건 별로 없다. 그저 내 집을 흠집이나 하자 없이 잘 지어 주기를 기도하는 마음으로 몇 년을 기다릴 뿐이다.</u>

반대로 시행사나 건설사는 선분양제 덕분에, 심하게는 부실에 가까운 시공을 하면서도 배짱을 부리기 좋다. 들키지 않으면 그냥 넘어가는 거고, 사전점검 과정에서 들킨다고 해도 이미 집값 중에 상당 부분을 받아 낸 뒤이기 때문에 입주자가 대항할 수 있는 방법이 많지 않다. 이 모든 게 그 훌륭한(?) 선분양제에서 비롯된 일이다.

: 하늘이 무너져도 아파트만 안 무너지면 사용승인은 난다

사전점검 과정에서 문제를 발견하여 건설사를 압박할 수 있는 최선의 방법은 사용승인이 안 날 정도로 심각한 하자를 찾아내는 것이다. 평범한 사람들 중에 그런 하자를 찾아낼 수 있는 사람은 거의 없다. 사실 사용승인은 건물에 하자가 있는지를 보고 승인 여부를 결정하는 게 아니다. 승인을 해주는 입장에서는 심하게 말하면 건물이 무너질 염려만 없으면 사용승인을 내준다고 보면 된다. 몇 가지 하자가 있어도 아파트가 무너질 정도가 아니라면, 하자 보수를 하겠다는 확약서와 보증금을 내면 사용승인을 내준다. '고쳐 준다잖아. 일단 입주한 다음에 고쳐도 되잖아?' 이게 관계당국의 마인드다.

부실공사 논란이 벌어진 아파트가 사용승인을 받아낸 사례도 수두룩하다. 인천 청라지구의 대우 푸르지오 아파트는 일부 동의 구조 가운데 철근을 설계보다 적게 쓴 것이 발각되었다. 심지어 철근을 설계도의 절반만 쓴 구조물도 있었지만 인천경제자유구역청에서는 사용승인을 내주었다. 전문가들의 진단 결과 '구조물의 안전에는 문제가 없다'는 결론을 내렸다는 것이 이유다. 구조물의 안전만 보장되면 그만인가? 설계보다 철근을 절반만 썼다는 것은 설령 건물이 무너질 염려는 없다고 해도 품질이 원래 설계보다 떨어진다는 뜻이다. 설계도와 같은 품질의 아파트를 지어줄 것으로 믿고 이미 거액을 낸 입주자들을 속여먹는 짓이다. <u>햄버거를 샀는데 소고기가 원래 들어가야 할 양의 절반만 들어 있어 따졌더니 '먹어도 안전에는 문제가 없다'는 진단 결과가 나와서 환불도 못 받고 그 햄버거를 먹어야 하는 꼴이다.</u>

아파트에 문제가 많을 때 입주예정자들은 어떻게든 사용승인을 막아보려고 노력하게 된다. 사용승인 권한을 가진 구청에 입주민들이 집단으로 몰려가서 며칠씩 몇 주씩 농성을 하기도 한다. 일단 주민들이 몰려온다는 소리만 들으면 대개 구청장은 도망가기 바쁘다. 주민들의 투표로 선출된 사람이니 주민들하고 맞서서 싸우기도 난감하고 일단 자리를 피하고보자는 식이다. 그러다가 계약서에 명시된 사용승인 예정일이 다가온다. 이 예정일을 넘기면 시행사는 지금까지 입주자가 낸 돈에 연체 이율을 곱해서 하루 단위로 계산한 지체상금을 줘야 한다. 기간이 길어지면 계약 해지 사유가 될 수도 있다. 주민들의 눈을 피해서 게릴라 작전이라도 하듯 밤 12시에 사용승인이 나기도 한다. 결국 건물이 무너지지 않는 한, 사용승인은 난다고 봐야 한다.

선분양제가 가진 모순, 부실공사를 해도 무너지지만 않으면 사용승인을 내주는 제도의 허점을 시행사나 건설사들은 최대한 활용한다. 못 찾아내고 넘어가면 돈 굳는 것이고 찾아내면 그때 땜질식으로라도 고쳐 주면 된다. 우리는 사전점검에서 땀 뻘뻘 흘리면서 한강 모래사장에서 바늘 찾듯이 하자나 문제를 발견하려고 노력하지만 그조차 빙산의 일각에 불과하다. 그래도 어쩔 수 없다. 그 한계 안에서라도 최대한 찾아내고 수리해달라고 할 수밖에.

: 기대를 저버리지 않는
   부실과 허무한 사용승인

우리 아파트는 도처에 크고 작은 하자가 즐비했다. 워크아웃 중인 건설사답게, 역시 기대(?)를 저버리지 않았다. 하자가 있는 곳에 붙여놓고 사진을 찍으라고 준비해놓았던 포스트잇은 동이 났다. 어느 집을 가보니 잘 나가는 맛집 저리가라 할 정도로 엄청난 양의 포스트잇이 붙어 있었다. 업체 쪽은 바깥에다가는 이벤트 회사까지 동원에서 축제 분위기를 만들어놨지만 정작 집 안은 청소조차 제대로 해놓지 않을 정도로 무성의했다. 우리는 주차장과 커뮤니티센터 같은 공유 공간에 대해서도 입주자 중에 몇 사람을 미리 정해서 점검을 진행했다. 미리 생각해서 정하지 않으면 공유 공간은 대충 넘어가는 경우가 많다는 걸 알았기 때문이다. 앞에서도 말했지만 큰 하자는 오히려 공유 공간에서 많이 발견된다.

사전점검 결과 엄청난 양의 하자가 발견되었고, 모델하우스의 견본주택이나 분양 광고의 내용과 다르게 시공이 된 곳도 한두 군데가 아니었다. 내가 입주할 집도 예외는 아니었다. 가장 어이없는 것은 화장실 천장이 삐딱하게 기울어진 모습이었다. 업체 측과 협상을 통해서 11월 하순까지 하자를 최대한 보수한 다음에 추가 사전점검을 하기로 합의했다. 그러면서 우리는 사용승인을 막기 위해서 구청에서 항의 시위를 벌이기도 하고 인천시장과 면담을 하기도 했지만, 사실 사용승인 저지에 대한 기대는 그다지 하지 않았다. 시행사와 시공사를 상대로 한 싸움에 전력투구해도 모자랄 때에 구청까지 상대하는 것은 너무 힘에 부치는 일이었다.

반면 이웃의 다른 아파트 단지에서는 구청 앞마당에 진을 치고 늦가을 싸늘한 날씨에 드럼통에 장작불까지 피워가면서 밤을 새워 자리를 지켰다. 우리 단지의 일부 입주자들 사이에서는 불만의 목소리가 나왔다. '저 아파트 사람들은 사용승인을 막으려고 저렇게까지 하는데 우리는 대응이 너무 미지근한 거 아니냐!'는 이유였다. 리더는 수많은 판단과 결단을 내려야만 한다. 언제나 초강수만 쓸 수는 없다. 사람들이 쉽게 지치고 오래가지 못하기 때문이다. 어디에나 무조건 초강수를 두어야 한다고 생각하는 강경파들이 있다. 이들은 항상 초강수를 두어야 최대한 이득을 얻을 수 있다고 생각한다. 리더는 전체의 이익을 위해서 최선의 방법을 찾아야 하지만 그것이 반드시 강경책인 것은 아니다.

아파트를 둘러싼 싸움은 마라톤, 그것도 울트라 마라톤이다. 항상 전속력 질주만 하다가는 1킬로미터도 못 뛴다. 마라톤을 100미터 달리기 하듯이 뛰려는 사람들은 늘 있게 마련이고, 이들은 종종 리더를 힘들게 만든다. 이런 분위기를 놓칠 입주자 엑스가 아니다. 틈만 나면 리더를 헐뜯고 깎아내리기에 여념이 없는 입주자 엑스는 강경파들을 부추긴다. "거 보라니까, 저 사람들 믿으면 안 돼. 처음에는 당신들 위하는 척하다가 저렇게 슬금슬금 수그러든다니까. 저러다가 결국은 도망갈 거라고." 자신들이 주도권을 잡았을 때에는 강경책은커녕 업체의 편에 서서 그들에게 유리한 쪽으로 분위기를 몰고 가지만, 주도권이 없을 때에는 자신들이 강경파인 양 행세를 한다. 이런 강경파를 가장한 카멜레온 입주자 엑스에 관한 스토리는 뒤에 가서 자세히 얘기해보고자 한다.

결국 기한을 넘기고 나흘 후에 우리 아파트 단지의 사용승인이 나왔다. 사전점검을 다시 했지만 승인 직전까지 아파트는 마치 공사가 덜 끝난 상태의 너덜너덜한 모습이었다. 구청 건축팀장까지 현장에 방문해서 하자와 미시공 여부를 확인했지만 무슨 일이 있었냐는 듯 승인은 정상적으로 났다. 나흘 늦어진 만큼 몇 십만 원 가량의 지체상금이 나온 게 전부였다. 드럼통에 장작불까지 지피면서 싸웠던 이웃 아파트 단지도 사용승인이 같은 날 나왔다. 거기도 아파트가 무너질 수준은 아니었나보다. 어차피 사용승인이 안 날 거라고는 기대도 하지 않았다. 싸움은 계속될 것이다. 지금까지보다 더 힘들고, 더 긴 싸움일 테지만.

"
아파트를 둘러싼 싸움은 울트라 마라톤이다.
"

: 은행은 상대의 사정을
　헤아리지 않는다

입주자들의 앞에 나서서 시행사와 건설사를 상대로 하는 싸움을 주도하면서 가끔 겁이 날 때도 있긴 했지만, 설마하니 그들이 사람을 죽이기까지야 할까 하고 생각했다. 하지만 경제적으로 사람을 죽이는 건 얼마든지 가능한 일이었다. 사용승인이 나고 입주예정일이 지났지만 우리 아파트는 입주자 중에 상당수가 5차 중도금과 잔금 납부를 거부했다. 건설사에 맞서 싸우기 위해서 우리가 쓸 수 있는 유일하고도 효과적인 무기는 바로 돈이었기 때문이다. 대신 우리도 그만한 대가를 치러야 했다. 컸다. 무협 소설이나 영화에도 나오지만 필살기를 쓰려면 이쪽도 상당한 내상을 각오해야 하는 법이다.

앞서 말했듯이 사용승인이 나면 입주예정일이 확정되고, 기한을 넘기고도 잔금을 내지 않으면 그때부터는 시행사에게 연체 이자를 물어야 한다. 게다가 중도금에 대한 이자도 계속 발생한다. 입주예정자들 가운데 상당수는 잔금을 치를 즈음에 살던 집을 처분해서 중도금과 잔금을 치를 계획이었다. 그러나 집값이 뚝뚝 떨어지면서 팔리지도 않는 상태가 되었다. 입주대책을 요구한 것도 이런 형편에서는 입주에 필요한 돈을 마련하는 게 거의 불가능했기 때문이었다. 입주대책을 요구하면서 싸우기 시작한 이들은 살던 집을 내놓을 수도 없게 되었다.

우리 아파트 단지의 납부 스케줄은 그림과 같다. 계약금은 계약할 때에 자기 돈으로 내고, 모두 6차의 중도금 가운데 최대 네 번까지 계약 때에 은행으로부터 대출을 보장 받을 수 있었다. 대부분의 경우에는 1~4차 중도금을 대출 받는 것으로 정했다. 계약을 할 당시, 업체 측에서는 5~6차 중도금도 은행에서 대출 받도록 해주겠다고 호언장담을 했다.

게다가 당시 은행 대출은 이자 후불제였다. 원래는 대출이 이루어지고 나서 다달이 중도금 대출 이자를 내야 하지만, 이자 후불제는 이자를 시

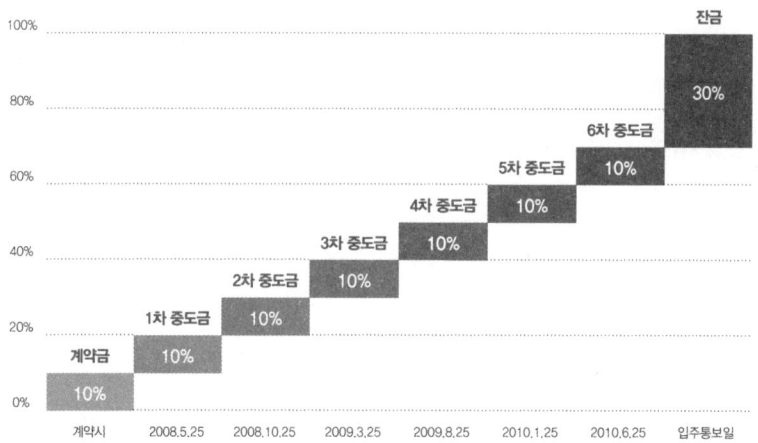

행사가 대납하다가 입주자가 잔금을 치를 때 그동안의 중도금 이자까지 한꺼번에 시행사에 내는 방식이다. 이제는 잔금 걱정을 해야 할 판에 후불제 이자도 엄청난 부담일 수밖에 없었다.

앞서 말했듯 금호산업의 워크아웃이 결정되면서 납부 예정일이었던 2010년 1월에서 한참이 지난 9월이 되도록 시행사가 은행 대출 문제를 해결하지 못해 제2 금융권의 개인 신용대출로 풀어보려 했으나 수십 명의 입주예정자가 서류 심사에서 탈락하는 황당한 사태가 벌어졌다. 그런데도 시행사는 중도금 납부를 거부하는 세대에게 원래 납부 예정일로부터 5차(2010년 1월)와 6차(2010년 6월) 중도금 연체 이자를 계산해 받겠다고 위협했다. 자기들이 대출을 못 구해서 일어난 문제를 입주자들에게 뒤집어씌우겠다고 횡포를 부린 것이다. 변호사를 통해서 확인해본 결과 법적으로 말이 안 된다는 의견을 받았지만 돈줄이 막힌 업체로서는 어떻게든 돈을 받아내는 데 혈안이 되어 있었다.

중도금 납부 거부에 동참한 입주민들은 거의 대부분이 입주 기한을 넘겼다. 이때부터는 입주자를 압박하는 데 은행도 가세하기 시작한다. 입주 기한 전까지는 시행사가 1~4차 중도금 이자를 대납했지만 그 다음부터는 입주자 책임이기 때문이다. 물론 원금도 있다. 은행은 개인에게 이자를 갚으라고 독촉하게 되고 시간이 지날수록 신용도 하락이나 신용카드 정지, 재산 압류와 같은 법적 조치 등 점점 더 강수를 쓰게 된다. 처음에는 은행에서 직접 독촉을 한다. 보통 최고장과 같은 내용증명 우편을 보낸다. 시간이 지나면 '○○ 신용정보'와 같은 채권추심업체로 넘어가는데 이때부터는 더 심하게 시달리게 된다. 전화를 걸거나 집 또는 회사에 찾아와 못살게 구는 것은 기본이다.

시간이 더 지나면 은행에서는 보증을 선 시행사와 건설사에게 '너희들이 보증을 섰으니 대신 빚을 갚아라' 하고 나온다. 이것을 '대위변제'라고 한다. 보통의 경우라면 시행사나 건설사에서 대신 빚을 갚아주고, 연체한 입주자에게 돈을 받아 내거나 계약금 10%를 몰수하고 계약을 해지해버린다. 집값이 오르던 시기에는 주로 이렇게 했다.

미분양이 속출하고 집값이 떨어지는 상황이 되면서는 얘기가 많이 달라져버렸다. 시행사는 자기들도 프로젝트 파이낸싱(PF) 대출로 사업을 벌인지라 제 코가 석자고, 건설사도 자금 사정이 많이 악화되었다. 워크아웃에 들어간 금호산업이야 말할 것도 없었다. 시행사와 건설사도 '돈 없어서 못 준다'고 버티고, 계약 해지도 안 해준다. 이러면 은행은 대위변제가 안 되기 때문에 두 가지 중에 하나를 선택한다. 돈 대신에 아파트를 받아서 공매처분하거나 끝까지 입주자들을 돈 갚으라고 들들 볶아대거나.

은행, 시행사와 건설사, 그리고 입주자. 돈과 계약으로 얽힌 삼각관계는 결국 누가 더 오래 버티느냐의 싸움이다. 개인 한 사람 한 사람이 회사를 상대하기는 지독하게 어렵다. 어느 정도 규모가 있는 회사는 대부분 법인이다. 법인이란 회사라는 조직 자체를 하나의 사람으로 간주하는 것이다. 법인이 빚을 못 갚았다고 해서 그 법인에 속한 사장이나 특정 누군가가 곧바로 피해를 보는 것은 아니다. 개인은 빚을 지면 혼자서 다 뒤집어 써야 한다. 일단 재산이 가압류된다. 내가 가진 계좌에 있는 돈이 가압류되면 내 통장인데도 돈을 뺄 수가 없다.

우리 아파트 단지에서는 절반 정도의 입주자들이 5, 6차 중도금 납부를 거부했다. 하지만 1~4차 중도금 이자는 계속해서 내고 있었다. 이자를 계속해서 내야 하나 말아야 하나를 고민하고 또 고민했다. 1~4차 중도금은 이미 대출이 이루어진 상태였고, 법적으로 본다면 이자를 내야 했다. 우리는 입주 포기를 각오하고 있었다. 고민 끝에 기왕 싸우는 거, 완전히 엎어버리자고 결론을 내리고 1~4차 중도금 이자까지 거부했다. 그러자 은행이 뒤집어졌다. 1~4차 중도금 대출은 아파트 단지에서 가까운 지점에서 발생되었는데, 집단으로 이자 납부까지 거부하자 그 지점이 전국에서 연체율 1위로 전락해버리고 지점장이 옷을 벗어야 할 판이 되었다.

: 신용등급 8등급, 그래도 나는 물러서지 않았다

어느 날 내가 가지고 있던 모든 신용카드가 갑자기 동시에 정지되었다. 은행에 알아보니 신용등급이 8등급으로 추락했다. 당시 나는 한 증권사의 팀장으로 일하고 있었다. 연봉 수준이나 그동안의 은행 거래, 신용카드 결제 실적 같은 것들을 보면 말도 안 되는 등급이다. 8등급이면 노숙자와 다를 게 없다. 금융권 종사자에게 신용등급은 매우 중요하다. 심하면 퇴사 사유가 될 수도 있다. 중도금 대출을 안 갚는 게 아니라, 이러이러한 이유로 싸우고 있을 뿐이라고 은행과 카드사에 항의했지만 들어주는 사람은 아무도 없었다. 돈을 빌렸으면 이자도 내고 때가 되면 원금도 갚아야 하는데 '무단'으로 안 갚은 거라고 여겼다. 이게 은행의 관점이었다.

나중에 알고 보니 은행 이자 납부를 거부한 모든 사람들이 나와 같은 꼴을 겪은 것이 아니었다. 앞에 나선 사람들을 시범 케이스로 압박하는 식이었다. 은행도 시행사나 건설사와 한통속이었던 것이다. 입주자들은 분노했고, 200여 명이 은행 지점으로 찾아가서 3일 동안 농성 시위를 했다. 경찰에 집회 신고를 하고 업무방해죄를 피하기 위해서 은행 고객이 드나들 수 있는 통로만 내주고 3일 동안 농성을 했다.

계약서에서는 1회라도 중도금을 내면 마음대로 계약 해지를 할 수 없도록 되어 있다. 해지시켜 주기 싫으면, 잔금유예 2년, 중도금 이자 면제를 해달라는 게 우리들의 조건이었다. 이것은 입주하기 위한 최소한의 입주대책이었다. 이것이 어렵다면 한 집 당 5% 정도 양보를 해달라고 요구했다. 공매로 넘어가서 반토막이 날 경우의 손해와 비교하면 우리의 요구 조건은 10분의 1 정도의 비용이다. 결코 과도한 요구가 아니었다. 그러나 업체들은 이것도 안 되고 저것도 안 되고, 무조건 계약서대로 이행하라, 네가 집을 사서 너 때문에 집을 지은 거니까 네가 다 책임져라, 이런 식이었다. 나중에 그들은 결국 30% 할인분양을 했다. 바보들이다.

입주 거부로 똘똘 뭉친 우리들의 의지는 정말로 눈물겹기까지 했다. 중도금과 잔금 납부를 거부하는 와중에 살던 집이 생각보다 일찍 팔려서 짐을 빼야 하는 사람들도 있었다. 어떤 세대는 그 바람에 살림을 이곳저곳에 맡겨 놓고 가족들이 두 달 동안 여관 신세를 져야 했다. 불이익을 감수하면서도 같이 싸우고 있는 사람들과의 의리를 지키기 위해서 기꺼이 험한 꼴을 마다하지 않은 것이다. 그런 분들을 보면 눈물이 난다. 내가 어떻게 이 싸움을 쉽게 포기할 수 있겠는가.

: 모델하우스 미니어처의 어처구니없는 진실

아파트를 고르는 입장에서 교통 편의성은 매우 중요하다. 특히 지하철역은 많은 영향을 미친다. '○○역에서 도보 5분'과 같은 표현은 부동산 광고의 단골 문구가 되었다. 드림파크어울림에서도 업체 측이 생태공원과 함께 내세운 장점이 경전철이었다. 아파트 바로 옆에 경전철인 인천지하철 2호선 역이 생긴다는 것이다. 그것은 드림파크어울림의 큰 장점으로 인식되었고, 나를 포함해서 상당수의 입주자가 이 아파트를 선택하게 된 중요한 이유 중 하나였다.

<u>분양 당시 모델하우스의 미니어처에는 아파트 옆으로 8차선 도로가 있었고, 그 건너편에 지하철 출입구를 표시하는 기둥이 서 있었다. 역 출입구도 길 건너편에 위치해 있었다.</u> 다음 사진과 같은 미니어처를 본다면 누구든 땅 밑으로 그것도 아파트 건너편에 지하철이 지나가는 것으로 생각할 것이다.

시간이 한참 흘러 아파트 공사가 막바지를 향해 가던 2010년 여름, 현장을 방문한 나는 이상한 광경을 발견했다. 아파트 단지 바로 옆을 따라서 커다란 콘크리트 기둥이 줄지어 올라가는 모습을 본 것이다. '뭐

지? 저 기둥은?' 얼마 지나지 않아서 그 기둥의 정체가 밝혀졌다. 그건 경전철의 고가선로 기둥이었다. 경악할 노릇이었다. 단지 옆으로 경전철이 지나가는 것은 알고 있었지만 거의 모든 입주자들은 경전철이 아파트 단지 앞 8차선 도로 건너편으로, 그것도 지하로 건설되는 줄로만 알고 있었기 때문이다.

분명히 모델하우스의 미니어처에는 고가 선로 따위는 존재하지도 않았고, 지하철역 입구 표지판은 길 건너편에 있었다. 누가 그걸 보고 경전철이 고가 선로로 단지 바로 옆에 바짝 붙어서 지나갈 거라고 생각하겠는가. 나는 당시 모델하우스에서 직원에게(물론 건설사 직원인 줄로만 알았다) 경전철 선로와 아파트 단지 사이 거리가 얼마나 되는지 물어보았다. 직원은 50미터라고 대답했다. '전철과의 거리 50미터'라고 적힌 메모지는 지금도 남아 있다. 나 말고도 직원들에게 경전철에 대해 물어본 사람들은 많았다.

경전철에 대해 설명해준 그들은 건설사 직원이 아니라 분양대행사 직원이었지만 분양 당시에는 그런 사실은 인식하지 못하고 있었다. 우리가 속았다는 것을 알았을 때는 이미 분양대행사 자체가 사라져버렸다. 아마도 간판을 바꿔달고 지금도 어디선가 순진한 사람들을 유혹하고 있으리라. 어쨌든 현실은 50미터, 100미터가 아니라 겨우 17미터였다. 그것도 지하가 아닌 지상으로 아파트 단지 담장 너머 바로 옆으로 붙어서 뱀처럼 단지를 휘감는 꼴이 되어 있었다.

시행사나 건설사 쪽에서는 모델하우스의 미니어처는 단순히 모형이므로 일부는 다를 수도 있다고 할 것이다. 하지만 입주자 쪽에서 본다면 '사기 당했다'는 생각이 들 수밖에 없다. 지상철로 건설될 계획이었다면 당연히 미니어처 옆으로 고가 철도를 만들어 놓았어야 했다. 달랑 출입구 기둥만 표시해 놓으면 누구나 지하철로 생각할 것이다. 도로 건너편이 아닌, 아파트에 바짝 붙어서 건설된다면 그 역시 제대로 표시되어 있어야 했다. 지하철이냐 지상철이냐, 도로 건너편에 있느냐 아파트 쪽에 있느냐는 소음이나 진동, 조망권에서 천지 차이의 결과를 가져온다. 창문을 열었을 때 고가 철도의 회색빛 콘크리트 덩어리가 떡 하니 앞을 가로막고 있다면 매일매일 얼마나 짜증나는 일이겠는가.

어처구니없는 사실에 입주자들은 분노했지만, 시행사와 건설사 측은 '분양 당시에는 선로가 이렇게 지나갈 줄은 몰랐다'는 변명뿐이었다. <u>인천시 도시철도건설본부에 알아보니 애초부터 노선이 아파트 바로 옆을 지나가도록 설계되어 있었다.</u> 이 문제가 불거질 당시는 2010년 여름이었기 때문에 아직은 내가 대표회의 운영진으로 나서기 전이었고, 초대 운영진이 입주예정자 카페를 장악하고 있었을 때였다. 그들의 반응은 '입주 후에 관심을 가지고 지켜보자'는 식이었다. 아파트가 거의 완공이 된 상태라 이미 때가 늦었고, 도시철도건설본부 쪽에서 최대한 단지를 배려하고 불편을 최소화하도록 노력하겠다고 했다. 또한 우리는 답답한 나머지 이 문제를 가지고 송영길 인천시장을 찾아가 만났다. 시장의 답변은 고가 위에 터널을 만들고 아파트와 고가 사이에 나무를 많이 심는 것을 적극 검토하겠다는 것이었다. 제발 그렇게 해주면 좋겠다.

어떤 식으로 대책을 마련하든 선로와 가까이 붙어 있는 동에 사는 주민들이 겪을 소음이나 진동은 불을 보듯 뻔했다. 소음, 진동도 문제지만 조망권도 문제 아닌가. 특히 3층부터 6층 사이의 입주민들은 거실 창문

바깥이 고가 선로와 기둥으로 꽉 막혀버린 모습을 날마다 보고 살아야 한다. 처음부터 이런 사실을 알았다면 과연 그 집을 샀을까? 시행사와 건설사에서는 '우린 몰랐으니 항의하려면 도시철도건설본부에 가서 하라'는 식이었고, 그쪽은 그쪽대로 서로 책임을 떠넘기고 있었다. 나는 '업체 쪽이 과연 경전철 노선을 몰랐을까?' 하는 의심을 했다. 만약 그들이 이 사실을 알고도 숨겼다면 사기 분양이라고 해도 좋을 문제였다. 그런데도 당시 대표회의 운영진의 대응은 뜨뜻미지근했다.

: 경전철의 거짓말, 카탈로그는 알고 있었다

'왜 분양 때에는 50미터 100미터라고 거짓말을 했냐'고 따져봐야 업체 쪽에서는 '분양대행사 직원이 한 말이니 우리는 모르는 일'이라고 잡아뗄 게 뻔했다. 모델하우스에 있던 분양대행사 직원들의 말을 녹음한 것도 아니고 사람들의 기억이나 내가 적은 메모지는 증거가 될 수 없었다. 전임 대표회의를 몰아내고 입주예정자대표회의 부회장이 된 뒤, 나는 업체 측에서 처음부터 경전철 노선이 단지 옆으로 지나간다는 사실을 알고 있었다는 증거를 잡기 위해서 자료를 이 잡듯이 뒤졌다.

분양 당시에 배포되었던 카탈로그를 찾을 수 있었다. 마치 아파트의 품격을 대변이라도 하듯 두툼한 양장지에 풀 컬러로 인쇄된 고급스러운 카탈로그. 거기엔 아파트의 장점에서부터 주변의 각종 편의시설에 대한 자랑까지 빼곡하게 채워져 있었다. 카탈로그를 들여다보고 또 들여다보던 나의 눈에, 희미한 무언가가 들어왔다. 다음의 그림을 보자.

멋지게 불을 밝히고 있는 아파트 바로 앞으로 뭔가 전깃줄 같은 것이 여러 개 가로지르고 있는 것이 보인다. '이게 뭐지?' 언뜻 봐서는 뭔지 알기가 어렵다. 그림을 좀 더 크게 확대해보자.

나무 사이로 마치 반투명처럼 아주 희미하게 지상철 기둥의 흔적이 있다. 워낙에 희미해서 한참을 들여다보지 않는다면 절대 알아볼 수 없다. 왜 기둥과 전깃줄의 흔적을 남겨두었을까? 나중에 문제가 되면 면피라도 하려고 그랬던 것일까? 왜 건설사는 '처음에는 몰랐다'고 잡아떼었을까? 어쨌거나 한 가지 분명한 점은 시행사와 건설사는 이미 분양 당시부터 경전철이 아파트 바로 옆에 건설된다는 것을 알고 있었다는 사실이다. 일부러 숨긴 것이다. 계약서 제16조(기타사항)에 경전철에 대해 언급되어 있는 문구는 이렇다.

"단지 남쪽 경전철이 완공되면 우리 단지 소음에 영향을 미칠 수 있음."

이게 뭔가? 아파트와는 어느 정도 거리인지, 지상철인지 지하철인지 그런 내용은 전혀 없이 그저 '소음에 영향을 미칠 수 있음'이라고만 되어 있었다. 단지 바로 옆을 휘감고 지나가는 철도는 단지 소음만이 아니라 조망권과 진동에까지도 큰 영향을 미칠 것이 분명하다.

카탈로그에서 발견한 증거를 공개하자 입주자들은 '사기 분양'이라면서 분노가 극에 달했다. 처음부터 경전철이 단지 바로 옆을 지난다는 사실을 알고 있었으면서 숨긴 사실과 카탈로그에 은근슬쩍 흔적만을 남겨 놓은 행태는 사기 분양이고 계약 해지 사유에 해당될 수 있다는 게 우리들의 판단이었다. 이 경전철에 얽힌 문제가 오히려 우리들의 싸움을 시행사와 건설사 쪽에게 유리하도록 비틀어버릴 줄은, 경전철 때문에 가장 큰 피해를 보게 될 전면동 입주자들이 입주자 엑스에게 철저하게 농락당할 줄은, 그때는 꿈에도 몰랐다.

: 전면동 소송 준비, 강경파(?)의 등장

경전철 노선 문제가 집중적으로 떠오르면서 대로변을 마주한 전면동 입주자들을 중심으로 적극적인 대응에 나서려는 움직임이 벌어졌다. '전면동'은 우리 아파트 단지 중에서 경전철 고가 선로가 지나가는 대로를 마주하고 있는 동을 뜻하고, 나머지 동은 '후면동'이라고 부른다.

전면동 입주자들은 소송을 강력하게 주장하면서 대표회의에 소송을 주도해줄 것을 요청했다. 그러나 나를 포함한 대표회의의 입장은 신중했다. 대표회의는 전체 입주자를 위한 입주대책 요구 문제에 총력을 기울이고 있었기 때문이다. <u>입주대책이 나오지 않으면 입주를 포기할 것이었기에 경전철 문제는 입주대책을 받고 난 이후의 문제였다.</u> 또한 대표회의 구성원이 각자 생업이 있고, 현재 상태로도 감당하기 힘든 일을 하고 있는데 여기에 전면동 입주자들을 위한 경전철 관련 소송까지 떠맡기에는 너무 힘들기도 했다.

소송을 주장하던 입주자들은 자신들이 직접 소송을 진행할 테니 카페 안에 소송팀을 만들 수 있도록 해달라고 요청했다. 대표회의에서는 이를 받아들여서 전면동 소송팀이 만들어졌다. 초창기에 소송팀을 주도하던 입주자는 개인적으로 친분이 있는 변호사를 알선했고 사기 분양에 대한 형사 소송과 계약 취소 또는 손해 배상을 요구하는 민사 소송을 동시에 준비했다.

2010년 12월, 변호사는 전면동 참여 세대를 대상으로 브리핑을 열었다.

그런데 그 결과가 썩 좋지 않았다. 변호사의 브리핑은 전략도 부실했고 질문에 대해서 엉뚱한 답을 하는 일도 있어서 사람들이 듣기에 그다지 믿음이 가지 않았기 때문이다. 사실 그 변호사는 이혼이나 의료 소송을 주로 하는 변호사로, 아파트 관련 소송에 대한 경험은 별로 없었다. 이들은 결국 전면동 입주자들에게 뭇매만 맞고 말았다.

브리핑 뒤에, 전면동 입주자 한 명(F라고 해두자)이 변호사를 믿을 수 없고 소송비용도 너무 비싸다면서 카페에 문제를 제기하고 나섰다. F는 대학교와 대학원에서 법을 전공했고, 사법시험 공부를 오래 했다고 자신을 소개했다. 법조계에 지인들이 많고 회사 법무팀에서 일한 경험도 있다고 밝혔다. 전면동 입주자들은 당연히 F의 얘기에 솔깃해 했다. F는 변호사 수임료를 낮추고, 부동산에서 잔뼈가 굵은 유능한 변호사를 선임해야 한다고 주장하면서, 자신이 소송팀을 조직하고 소송 작업을 주도할 테니 소송팀 운영진에게는 인지대와 변호사 선임 비용을 면제시켜주고 활동경비를 지원해달라고 요구했다.

소송팀은 다시 한 번 대표회의에 계약 해지와 손해 배상 소송을 진행해 줄 것을 요구했지만 우리는 이를 거절했다. 이를 두고 소송팀에서는 대표회의를 비난하기 시작했다. 피해는 전면동이 더 크게 받는데 대표회의는 전면동의 피해를 내세우면서도 모든 입주자가 똑같은 입주대책을 받는 방향으로 가고 있으니 한마디로 전면동을 이용해먹고 있다는 것이었다. 소송팀을 주도하고 있었던 F는 "레벤톤은 전면동 입주자가 아니기 때문에 전면동에 관심이 없다", "레벤톤은 피해가 큰 전면동을 이용해서 협상의 무기로 쓰려고 한다", "입주대책이 나오더라도 그건 기본이고 전면동은 플러스알파를 받아야 한다"라는 얘기를 줄기차게 하고 다녔다.

사실 대표회의에서도 이미 여러 변호사를 상대로 전면동에 관한 소송을 알아보고 있었다. 처음에 우리는 계약 해지로 끌고 갈 수 있을 것이라고 기대했지만 변호사들은 이구동성으로 승소 가능성이 희박하다고 답했다. 경전철은 혐오시설이 아니라 편의시설이기 때문이라는 것이다. 다시 말해서, 경전철이 가까이 지나감으로써 소음 진동이나 조망권 침해와 같은 피해도 받지만 단지 바로 옆에 역이 생기기 때문에 교통 편의성과 같은 이득도 얻게 되므로 계약 해지까지 갈 사유는 안 된다는 것이다. 그렇다면 경천철 피해에 따른 손해 배상 소송이 남는다. 우리는 일단 전체를 위한 입주대책을 받든, 전체가 입주 포기를 하든 그것을 먼저 정하는 것이 중요하다고 판단했다. 입주를 안 한다면 소송은 의미가 없고, 입주대책을 받게 된다면 전면동의 피해에 대해서 추가 대책을 얻어내거나, 아니면 입주대책을 받고 입주한 뒤에 살면서 입는 피해에 대한 손해 배상을 별도로 청구하거나, 이 두 가지였다.

이 점은 사실 소송팀도 알고 있었다. 그러나 F를 비롯한 소송팀 운영진들은 마치 계약 해지 소송에 승소할 가능성이 상당히 높은 것처럼 전면동 입주예정자들에게 안내했다. 결국 나는 소송의 승소 가능성이 별로 없다는 점을 설명한 글을 카페에 올렸다. 그러자 소송팀에서는 우리를 비난하고 나섰다. 소송을 방해한다는 것이었다. 대표회의와 소송팀의 사이는 급속도로 얼어붙었다. <u>급기야, 소송팀은 대표회의를 믿지 못하겠다면서 보안을 유지하기 위해 따로 인터넷 카페를 만들겠다고 선언했다.</u> 소송팀은 입주예정자 카페에는 소송 진행에 관한 어떤 글도 올리지 않고 오로지 소송비를 낸 사람만 참여할 수 있게 카페를 운영해 나갔다. 답답했지만 입주예정자대표회의조차 소송팀 카페에 가입할 수가 없으니 상황이 어떻게 돌아가는지는 간접적으로밖에는 알 수가 없었다.

: 강경파 덕분에
건설사와 시행사가 웃었다

대표회의와 소송팀 사이의 관계가 악화일로로 치달으면서 나는 소송팀의 행동과 주장을 자세하게 검토해 보았다. 몇 가지 분명한 의문점이 드러났다. 첫째로 소송비가 너무 낮았다. 소송비가 저렴하면 당장은 좋은 일이겠지만 사실 그건 피해배상금이 적다는 뜻이다. 손해 배상 소송을 할 때에는 배상 요구액에 비례해서 인지를 사야 하는데, 그 비율은 0.4%다. 소송팀이 참여자를 모집할 때 제시한 비용은 24만 5,000원이었다. 최초의 소송팀 대표가 제시했던 60만 원보다는 훨씬 저렴하기 때문에 전면동 입주자들은 솔깃할 수밖에 없었고, 약 180세대의 전면동 입주예정자 대부분이 소송에 참여했다. 그런데 24만 5,000원의 내역을 보니 인지대는 2만 원이었다. 계산해 보면 손해 배상 청구액이 한 집에 500만 원밖에 안 되는 수준이었다.

F는 초기 소송팀을 비판하는 글에서 많게는 200여 세대까지 참여할 수 있고 소송 가액도 60~70억 원에 이를 것이라고 예상했다. 그의 얘기대로라면 200여 세대가 참여해서 합계 60억 원 규모의 소송을 내므로 적어도 한 집당 배상요구 액수가 3,000만 원이고, 인지대만 12만 원을 내야 한다. 만약 소송팀이 주장하는 대로 계약 해지 소송을 걸겠다면 이는 한 집에 4억 원 규모이므로 인지대만 160만 원이 더 들어가야 한다. 피해 산정과 같은 절차를 위해서 감정평가비도 내야 한다.

소송 팀은 이런 사실은 전혀 얘기하지 않고 단지 당장 소송비가 싸다는 것만을 내세워서 사람들을 모았다. '고객 유인 마케팅'(?)으로는 좋을지 모르지만 참여자들에게 솔직한 얘기를 안 하고 있는 것이다. 게다가 F는 소송팀 운영진에게는 '인지대와 변호사 선임 비용을 면제시켜

달라'는 조건을 내걸었다. 소송 규모가 커지고 인지대가 올라갈수록 다른 입주자들이 운영진의 인지대까지 대신 내줘야 하는 규모도 덩달아서 커지는 것이다.

둘째, F는 초기 소송팀 대표가 추천한 변호사가 아파트 소송에 대한 전문성이 부족하다고 비난하면서 이 방면에 잔뼈가 굵은 변호사를 선임해야 한다고 주장했다. 그런데 F의 주도로 선임한 변호사의 프로필을 찾아보니, 2006년에 대학원을 졸업하고, 2007년부터 변호사 활동을 시작한 것으로 되어 있었다. 2011년을 기준으로 보면 겨우 4년 경력인 것이다. 이 정도 경력을 가진 변호사가 부동산 관련 소송에 잔뼈가 굵을 수 있겠는가.

<u>가장 이해할 수 없었던 것은 소송을 서두르려는 소송팀의 태도였다.</u> 처음에 소송을 주장했던 대표는 입주 기한이 얼마 안 남은 상황에서 민사 소송보다 결과가 빨리 나오는 형사 소송을 진행하려고 했다. 그런데 F를 중심으로 새롭게 구성된 소송팀 운영진은 형사 소송은 아예 생각도 안 하고 계약 취소와 손해 배상, 이 두 가지를 놓고 민사 소송만을 하려고 했다.

계약 취소 소송과 손해 배상은 본질적으로 함께 이루어질 수가 없다. 입

주를 해놓고서 입주 전에 알았던 사실을 가지고 계약 취소 소송을 하는 것은 말이 안 된다. 자동차를 사서 한참 타고 다닌 다음에 '나 이 차 안 살 테니까 계약 취소해 줘'라고 하는 게 말이 되는가? 반면에 손해 배상은 살면서 입게 되는 피해를 배상하라는 것이므로 입주를 해야만 성립된다. 따라서 두 가지 소송은 함께 진행될 수 없다. <u>소송팀 운영진은 마치 두 가지 소송을 동시에 진행할 수 있는 것처럼 주장했다.</u>

우리 대표회의가 알아본 변호사들은 이구동성으로 계약 취소 소송은 이길 가능성이 희박하다고 말했다. 입주대책을 놓고 싸워서 대책을 받아낸 다음에 입주를 하고 나서 손해 배상 소송을 진행해도 늦지 않다. 게다가 경전철이 완공되고, 실제로 전철이 다녀야만 소음이나 진동과 같은 피해를 정확하게 측정할 수 있고, 그래야만 어느 정도 피해를 보는지 정확하게 산정될 수 있다. 그 전에 조급하게 손해 배상을 청구하면 오히려 패소할 가능성이 높았다. 그런데 소송팀은 무엇에 쫓기듯이 민사 소송을 서둘렀다.

전면동은 만약 입주자들이 집단으로 입주 포기를 하면 가장 골칫덩이가 될 곳이다. 경전철 고가 선로가 바로 앞으로 지나가기 때문에 떨이로 재분양을 하든, 공매를 하든, 헐값으로 팔아도 잘 안 팔릴 게 뻔했다. 그런 곳을 소송을 위해서 입주를 해준다면 업체 쪽으로서는 이보다 좋은 일이 어디 있겠는가. 게다가 중도금과 잔금 납부 거부 때문에 자금 사정이 코너에 몰려 있는 업체로서는 100세대가 넘는 전면동 입주자들이 중도금과 잔금을 치르고 입주해준다면, 설령 나중에 가서 손해 배상 소송이 벌어지더라도 만세를 부를 일이었다. 시행사와 건설사 쪽에서 본다면 일석이조였다.

정말로 기가 막혔던 것은, 소송팀에서 소송 참여 입주예정자들에게 전화를 돌려서 이런 식의 얘기를 했다는 것이었다. "대표회의 말처럼 입주 포기까지 각오하는 세대는 실제로 많지 않다. 대표회의는 착각을 하고 있다." 이 말은 시행사에서 계속 주장하고 있던 내용과 똑같았다. 가장 강경파로 행동하고 있는 소송팀이 거꾸로 시행사 입장에 부합하는 얘기를 입주자들에게 대신 해주고 있는 것이다. 극과 극은 통하는 것일까?

: 입주자 엑스의 역습에
   치명상을 입다

입주예정자대표회의와 소송팀은 완전히 등을 돌리고 말았다. 심지어는 소송에 참여한 입주자들에게도 진행 상황을 거의 공지하지 않고 소송 착수에 올인을 해서 "F가 아무것도 알려주지 않는다"면서 대표회의에 소송이 어떻게 돌아가는지를 묻는 일이 속출했다. 우리로서도 F를 비롯한 소송팀 운영진과는 소통이 되지 않으니 갑갑할 따름이었다.

소송팀 운영진들은 입주를 거부하면서 소송을 진행할 것이라고 참여 세대에게 말하곤 했다. 그러나 소송을 제기하고 얼마 안 있어서는 '어차피 입주대책은 나오지 않을 것이므로 입주하고 편안하게 소송하는 것이 정답이다'라고 말을 바꾸기 시작했다. 그러고는 앞장서서 입주를 해버렸다. 소송 참여 세대 중에서 150여 세대가 이들을 따라서 입주를 했다. 시행사와 건설사가 만세 부를 일이 실제로 벌어진 것이다.

소송팀 운영진은 입주를 한 후에는 자신들이 만든 소송팀 카페 활동을 등한시하기 시작했다. 혼란에 빠진 전면동 입주예정자들, 그 중에서도 특히 입주를 거부하고 있는 사람들의 문의가 밀려들었다. 카페 문을 꽁꽁 걸어 잠그고 상황이 어떻게 돌아가는지 공개하려 들지 않는 소송팀을 우리인들 어쩌겠는가. 계속 문의해 오는 사람들에게 우리는 '고소장을 받아다 달라'고 했다. 대표회의 역시도 아파트 단지의 여러 가지 문제점을 놓고 소송을 준비해야 할 상황이 되었기 때문이다. 소송의 내용이 겹치는 부분에 대해 검토가 필요했다. 그런데 소장을 복사해달라는 소송 참가자들의 요구에 소송팀 운영진의 대답은 '노'였다. '소장은 변호사의 창조적이 예술품이며 지적재산권'이라는 궤변이 그 이유였다.

소송에 참가하는 사람들은 변호사에게 정당한 비용을 냈고, 어떤 내용으로 소장을 제출했는지 알 권리가 있다. 그런데 '창조적 예술품'이라면서 못 보여주겠다니.

F는 입주하지 않은 전면동 세대들에게 전화를 걸어서 '입주 안 하고 밖에서 싸우면 큰일 나니 빨리 입주하라'고 독촉까지 했다. 전철이 바로 앞에 지나가게 될 전면동은 오히려 후면동보다도 입주율이 높아져버렸다. F는 가장 입주 포기 확률이 높은 전면동의 낮은 층 세대들의 입주율을 높이는 데 혁혁한 공을 세운 1등 공신이 되어버린 것이다. 나중에 안 사실이지만 법을 전공했고, 사법시험 공부를 오래 했으며 법조계 지인이 많다고 주장했던 F는 그 당시 겨우 서른 한 살이었다. 남자가 대학교, 대학원, 군대까지 갔다 오면 대체 몇 살인가. 게다가 분양받았을 때는 20대 후반이었다. 정체를 알 수 없는 그는, 아직까지도 의문이 남지만 어쨌든 입주자 엑스의 1차 임무인 '무조건 입주시키기'를 성공적으로 수행한 셈이 되었다.

시행사와 건설사의 사기적인 분양의 증거라고 할 수 있었던 경전철 문제는 F가 중간에 끼어들면서 오히려 150여 세대를 입주 거부 투쟁에서 이탈시켜버리는 동력으로 변질되고 말았다. 건설사와 시행사는 쾌재를 부를 일이었지만 나로서는 가장 뼈아픈 일 중 하나였다. 우리로서는 타격을 당한 꼴이 되어 버렸다. 입주자 엑스의 역습이었다. 무력감을 느꼈다. 열심히 소송팀의 문제점을 설명하고 속지 말 것을 호소했지만 잘 통하지 않았다. '전면동이 더 큰 피해를 보게 되기 때문에 더 많은 것을 얻어야 하는데 대표회의가 방해하고 있다', '대표회의 리더는 후면동에 살고 있기 때문에 전면동의 고통을 이해 못하고 전면동을 이용해서 이득을 취하고 있다'는 소송팀의 선동에 많은 전면동 입주자들은 넘어가 있었다.

이들의 주장은 논리적으로 하나하나 따져 보면 허점투성이였지만 F는 전면동 입주자들의 피해의식을 실컷 자극해서 원하는 대로 이들을 끌고 나갔다. 그 결과 건설사와 시행사가 가장 원하는 방향으로 흐르고 말았다. 처음 전면동 소송을 준비했던 초창기 소송팀 대표조차도 이 지경이 된 사태에 울분을 토했다. 소송에 참여한 전면동 입주자 대부분도 F를 따라간 것에 대해서 나중에 가서 땅을 치고 후회했다. 심지어는 F에게 속아서 소송팀 운영진으로 활동했던 입주자도 나를 찾아와서 '정말로 잘못했다. 제대로 속았다'면서 하소연하는 사례도 많았다.

그렇다면 소송은? 2012년 말에 끝이 났다. 결론은 원고 패소, 곧 전면동 입주자들의 패소였다. 계약 무효는커녕 단 10원의 손해 배상도 받지 못했다. 법원이 밝힌 이유를 요약하자면 '아직 경전철이 다니지도 않는데 그 피해를 어떻게 측정할 수 있겠는가?'였다. 내가 카페에 수도 없이 얘기한 그대로였다. 그들은 이제 업체 쪽의 소송비용까지 물어줘야 하는, 혹 떼려다가 혹 붙인 참담한 결과를 맞았다. 게다가 한번 소송에서 패소했기 때문에 앞으로 경전철을 문제로 다시 거론하기가 어려워졌다. 건설사 입장에선 소위 '일타 쌍피'가 된 셈이다. 가장 골치 아픈 전면동 입주예정자가 대거 입주한데다 소송을 너무 서두른 결과 법적 분쟁도 자기들에게 유리한 쪽으로 결말이 나버렸으니 말이다. 이 소송을 주도한 F, 그리고 또 한 사람은 입주 뒤에는 동네에 코빼기도 보이지 않았다. 아마도 세를 주고 다른 곳에서 살고 있지 않을까. 150여 세대를 구렁텅이로 몰아넣었지만 그 장본인들은 잠수를 타면 그만이고, 그들에게 속은 세대만 가슴을 치고 후회하게 되었다. 이미 엎질러진 물이었다.

: 임시 입주자대표회의, 그들의 자해행위

사전점검과 사용승인이 마무리되고, 12월부터 입주가 시작되었다. 입주율이 좀처럼 오르지 않는 가운데 전임 입주예정자대표회의 운영진들은 기다렸다는 듯이 입주를 시작했다. 그리고 임시 입주자대표회의(임시 입대의)를 구성했다. 입대의는 입주율이 50%를 넘어야만 법적으로 대표성을 인정받지만 나를 비롯한 다수의 입주예정자들은 입주를 거부한 채로 바깥에 있었고 텅텅 빈 아파트 단지에서 임시 입대의는 대표 행세를 했다. 이런 모습에 화답이라도 하듯, 시행사와 시공사 쪽에서는 임시 입대의만을 대표로 인정하겠다고 발표했다. <u>업체 측에서 협상을 하고 문제를 풀어야 할 대상은 우리였지 유령 같은 아파트 단지에서 대표 행세를 하는 그들이 아니었다. 그러나 업체 측은 그들과 협상하겠다는 웃지 못할 일이 벌어진 것이다.</u>

업체와 입주 거부 세대 사이에 언제 끝날지 모르는 지루한 싸움이 계속되면서 사람들은 조금씩 지쳐갔다. 여기서 나까지 지친 모습을 보이면 결속력은 순식간에 무너질 것이다. 내가 할 수 있는 일은 계속해서 카페에 글을 올리고, 사람들의 결속력을 유지시키기 위해 노력하는 것이 전부였다. 한편으로는 시행사와 건설사를 대상으로 입주대책을 놓고 협상을 이어 나갔다. 그들은 겉으로는 '입주대책 같은 것은 나오지 않을 것'이라고 큰소리를 쳤다. 임시 입대의도 그 얘기에 맞장구를 치면서 입주를 거부하는 세대들이 헛된 고집을 부린다는 식으로 비웃었다.

입주 기한으로부터 반년이 지났다. 싸움에 지친 사람들, 특히 살던 집이 팔리는 바람에 어쩔 수 없이 입주를 해야 하는 사람들이 입주를 했고, 경전철 관련 소송을 위해 전면동 세대가 집단 입주를 했음에도 입주율은 여전히 40% 선에 머물렀다. 물론 시행사와 시공사는 겉으로는 '입주 대책 같은 것은 없다'고 여전히 큰소리를 치고 있었지만 물밑에서는 협상이 조금씩 진전을 보이고 있었다.

싸움이 길어짐에 따라 사무실이 필요했다. 수백 세대에 이르는 입주 거부 세대들은 날이 갈수록 '이길 수 있을까' 하며 불안해했다. 시행사와 시공사의 압박, 중도금 대출 이자의 부담과 같은 현실적인 문제와도 싸워야 했다. 커피숍을 전전하며 회의를 진행하고 자료를 만드는 데에도 피로감을 느꼈다. 입주예정자들로부터 5만 원씩 후원금을 받아 아파트 단지 근처의 반지하 창고를 얻어서 전화와 인터넷을 놓았다. J와 나는 여름 내내 에어컨도 없이 선풍기 하나로 버티면서 그 사무실을 지켰다. 입주자들 모두가 힘든 처지인데 에어컨 틀면서 쾌적하게 일을 보겠다고 돈을 더 달라고 할 수는 없었다. 습기와 곰팡이가 가득하던 그 공간……. 다시는 들어가기 싫은 장소다. 하지만 입주자들이 언제든지 문을 두드릴 수 있는 싸움의 아지트가 생겼다는 점에서는 길고 지루한 버티기를 이어나가는 데 큰 도움이 된 것도 사실이다.

이미 입주한 세대 중에는 우리와 뜻을 같이하고 싶었지만 이런저런 현실 때문에 어쩔 수 없이 입주를 선택한 세대도 상당수 있었다. 불가피하게 입주를 하면서 우리에게 미안하다고까지 말한 세대도 적지 않았다.

그들을 배신자라고 생각하거나 적대시하고 싶은 마음은 추호도 없었다. 비록 입주는 했지만 바깥에서 싸우는 사람들에게 힘을 보태주기를 바랐다. 문제는 전임 입주예정자 대표회의 운영진들, 그러니까 임시 입대의였다. 잽싸게 입주를 하고 대표 행세를 하던 그들은 바깥에 있는 입주자들이 빨리 들어올 수 있도록 입주대책을 세워줄 것을 촉구하는 현수막 몇 장만이라도 붙여 달라는 우리들의 요청을 일언지하에 거절했다.

입주를 한 세대 중 다수는 빨리 입주대책을 세우도록 시행사와 건설사를 재촉해야 한다고 임시 입대의에게 요구했다. 입주율이 형편없다 보니 텅 빈 집이 많았다. 이 상황이 계속되면 세를 놓고 싶어도 들어올 사람을 구하기도 힘들 것이고, 집값이나 전세값도 뚝뚝 떨어질 수밖에 없다. 무엇보다도 사람을 찾아보기 힘든 썰렁한 아파트에서 사는 게 불안했을 것이다. 우리가 영종어울림 아파트 단지에서 보았던, 마치 유령도시와 같은 풍경이 펼쳐지고 있었던 것이다. 임시 입대의는 이런 요구도 끝까지 거부하고 밖에서 싸우는 대표회의를 비난하는 데에만 열을 올렸다.

입주대책을 세우는 데에는 관심도 없던 이들 임시 입대의는 어느날, 시행사로부터 공문을 받았다면서 공지를 하고 나섰다. '입주대책은 없겠지만 만일 입주대책이 나온다면 이미 입주한 세대들에게도 똑같은 혜택을 주겠다'는 내용이었다. 사실 나를 포함한 대표단 운영진들은 법률 검토를 하다가, 입주하지 않은 세대가 혜택을 받을 경우에 같은 혜택이 이미 입주한 세대에도 적용된다는 판례들을 알고 있었다. 임시 입대의에서 뭔가 대단히 한 건 한 것처럼 떠들지 않아도 가만히만 있으면 똑같은 입주대책을 받을 수 있었다는 얘기다. 임시 입대의가 시행사로부터 받은 공문을 뿌리고 다니자 바깥에서 싸우던 입주예정자들의 결속력은 흔들렸다.

쉽게 생각해서 어차피 입주할 거라면 밖에서 피곤하게 싸우나 안에서 편하게 사나 똑같은 혜택을 받을 텐데 뭐 하러 버티겠는가. 실제로 임시 입대의가 공문을 뿌리고 다니자 입주예정자 카페에는 몇몇 입주자들이 '그러면 뭐 하러 밖에서 고생하면서 싸워? 지금 입주해도 똑같이 준다는데. 입주해서 무임승차하자'는 글을 올리기도 했고, 수십 세대가 마음이 흔들려 일부는 입주를 하기도 했다.

한 번만 더 따져 보면 이는 잘못된 생각이다. 먼저 입주한 세대한테도 똑같은 혜택을 주니까 우리도 입주하자, 그런 생각으로 하나 둘 입주하면 결국 결속력은 무너지고 백기 투항하는 꼴이 된다. 다수가 입주를 해 버리면 시행사나 건설사가 입주대책 같은 혜택을 줄 이유가 없다. 입주대책의 '입'자도 나오지 않을 것이다. 입주대책이 안 나오면 임시 입대의에게도 한 푼도 돌아갈 게 없다. 임시 입대의의 행동은 오히려 거위의 배를 가르는 자해행위에 가까웠다.

그래서 더 이상했다. 이 사람들의 행태는 단순한 의견 차이가 아니었다. 이들의 행동을 하나하나 따져보면 입주자들의 이익과는 정반대가 되는 행동이었다. 결국 자신의 이익까지도 잃게 되는데 왜 이런 행동을 하는 거지? 심증은 있지만 물증은 없는, 이상한 행태를 보이는 이 족속들을, 나는 '정체불명의 입주자 엑스'라고 볼 수밖에 없는 것이다.

: 협상 타결!
아쉽지만 이쯤에서 끝내자

여전히 입주율은 절반에 미치지 못하는 상태였으니 우리를 보고 얼마 가지 못할 거라고 큰소리치던 시행사와 건설사는 점점 코너에 몰렸다. 500세대 넘는 입주자들이 5, 6차 중도금과 잔금을 계속해서 거부하고 있었다. 이는 전체 아파트값의 절반이다. 평균 4억으로 보면 2억씩 500세대, 그러니까 1,000억 원이 회수가 안 되고 있는 것이다. 그들 입장에서는 보통 심각한 문제가 아니었다.

입주예정자들이 이 정도로 단단하게 뭉쳐서 버티리라고는 생각도 못했을 것이다. 지금까지 거의 대부분의 다른 아파트 단지에서는 그들의 장담대로 입주자들이 금세 무너졌기 때문이다. 계약서와 연체 이자를 무기로 한 갖가지 압박, 끊임없는 이간질, 정체불명의 입주자 엑스의 역습까지 이들의 공세에 무너지지 않은 아파트 단지는 거의 없었다. 그들의 눈에는 우리 단지의 입주예정자들이 한마디로 '미친놈'으로 보였을 것이다.

버티는 시간이 계속될수록 상황은 점점 우리에게 유리하게 돌아갔고, 협상이 급물살을 타기 시작했다. 여기서 임시 입대의가 또 한 번 뒤통수를 치고 말았다. 업체 측과 입주예정자 대표회의 측은 1차로 입주대책에 대한 합의를 보았지만 만족스럽지 않아 추가 대책을 얻어내기 위한 협상을 하고 있었다. 그런데 임시 입대의가 시행사와 멋대로 먼저 얘기 중이던 입주대책에 합의한 것이다. 이것을 '자기들이 협상해서 따냈다'면서 떠들고 다녔다.

황당했다. '입주대책은 없을 것'이라면서 시행사, 건설사와 한마음 한목소리로 떠들던 그들이 도대체 뭘 했다는 것인가. 그들은 협상에 눈곱만큼도 도움을 준 게 없었다. 만약 임시 입대의가 시행사와 건설사를 재촉해달라는 우리의 요구를 받아들여줬다면 입주대책을 더 많이 얻었을 것이다. 그들은 끝까지 입주자들에게 도움은커녕 오히려 손해를 끼치는 행태를 되풀이했다. 도대체 저들은 업체와 무슨 관계가 있어서 입주자의 이익과 반대되는 방향으로만 가는 건지, 말이 안 나올 지경이었다.

결국 대표회의는 입주대책을 확정짓고 협상을 타결하기로 했다. 합의안은 입주율에 따라서 입주 축하금을 차등 지급하는 것이었다. 지정한 기간까지 60%가 안 되면 아무런 혜택이 없고, 60%를 넘으면 입주율에 따라서 입주 축하금이 올라가는 식이었다. 원래 우리가 내걸었던 협상안은 '중도금 이자 면제 2년, 잔금 유예 2년'이었다. 잔금을 2년 늦춰서 받게 되면 자금 회수에 큰 차질이 생길 테니, 유예가 힘들면 그 혜택에 해당하는 만큼의 돈을 깎아주거나 돌려달라는 것이 우리의 안이었다. '중도금 이자 면제 2년과 잔금 유예 2년'에 상당하는 입주 축하금을 지급하는 것으로 협상이 거의 진행되었다. 그런데 난데없이 업체 쪽에서 입주율에 따라서 차등 지급을 하겠다고 조건을 달았다. 만약 요구한 대로 했다가 입주율이 생각보다 안 나오면 자기들은 손해만 본다는 얘기였다.

우리는 그런 식으로 얄팍한 수를 쓰면 오히려 입주율이 안 오를 것이라고 주장했다. 입주예정자 쪽에서 본다면 자신이 입주한 후에 입주율이 생각만큼 오르지 않으면 받을 게 없거나 쥐꼬리만 한 돈밖에 받을 수 없다고 생각할 것이 아닌가. 사람들이 망설일 수밖에 없다. 이것이 입주율을 올리기 위한 대책인지, 열심히 눈치를 보다가 막판에 적당히 결정하라는 대책인지, 도대체 이런 발상이 누구 머리에서 나왔는지 어이가 없었다. 그걸 좋다고 채택한 시행사와 건설사도 이해가 되지 않았다. 이러한 밀고 당기기가 이루어지는 와중에 임시 입대의가 멋대로 합의하고 자신들이 입주대책을 얻어냈다고 떠들고 다닌 것이다.

이 합의안은 우리가 처음에 내걸었던 협상안과 비교하면 대략 3분의 2 수준이었다. 많이 아쉬웠지만 여기서 타결을 할 수밖에 없었다. 우리 입주예정자들은 선택을 해야 했다. 우리가 원하는 것을 쟁취할 때까지 더 싸울 것인가 이 정도에서 합의하고 입주할 것인가. 운영진들 간에도 다양한 의견이 있었다. 이미 타결 소문도 나기 시작했고, 대표회의도 입주예정자들도 너무 많이 지쳐 있었다. 무엇보다 다시 한 번 임시 입대의 사람들과 일전을 벌여가며 판을 뒤집어야 하는 일도 피곤한 일이었다.

말만 들으면 쉬워 보이지만 1년 여에 걸친 시간 동안, 입주 기한을 반 년 이상 넘겨 가며 싸우는 것은 몸도 마음도 너무나 힘든 일이었다. 이 문제를 가지고 총회를 열자는 의견도 있었지만 사실상 총회를 연다는 것은 계속 싸우자는 것과 같았기에 실제로 총회를 열진 못하고 수차례의 회의를 반복했다. <u>비록 우리가 처음 요구했던 안에는 미치지 못했지만 그래도 얻어낸 게 있으니 입주를 하는 게 좋겠다는 사람들이 적지 않았</u>

다. 더 버티다가는 결속력이 급속도로 무너질 것이었다. 결국 우리는 협상을 마무리 짓고 입주를 하기로 결정했다.

: 전격 아파트
   입주 작전

입주예정자 대표회의가 협상 타결을 선언했을 때, 사람들의 반응은 두 가지였다. '비록 기대만큼은 아니지만 대표회의가 아니면 한 푼도 받아내지 못했을 텐데 정말로 수고했다'라는 격려와 '우리가 겨우 이걸 받아내려고 지금까지 싸웠나?' 하는 성토였다.

한 입주예정자로부터 전화를 받았다. 그간 카페에 나타나지도 않고 글 한 번 남긴 적도 없는 사람이었다. 그는 전화가 연결되자마자 다짜고짜 육두문자를 내뱉기 시작했다. 입주대책이 마음에 들지 않는다는 것이었다. 다시 말해 본인이 만족할 때까지 더 받아내라는 얘기였다. 그러면서 나에게 건설사에 회유당한 것 같다고 비난을 퍼부었다. 원하는 만큼을 전부 받지는 못했지만 3분의 2 정도 수준의 대책을 얻어냈는데 싸움에 적극적으로 참여하지도 않은 세대에게서 이런 욕까지 먹어야 하니, 가슴이 먹먹했다. 이런 일은 한 번으로 그치지 않았다.

서로 살아온 환경도 다르고 생각도 욕심도 다른 수백 명의 사람들을 한꺼번에 모두 만족시켜줄 수 있는 해답은 없을 것이다. 어느 한쪽이 100% 모두를 얻어내는 협상 결과도 아주 드물 것이다. 솔직히 협상 결과는 나조차도 만족할 수는 없었다. 다만 앞서 얘기한 현실적인 여러 가지 문제가 있었기에 더 이상을 얻으려 싸움을 이어나가지 않는 것이 유리하다고 판단했다. 이런 사정을 모든 사람들이 다 이해할 것이라는 기대는 하지 않았지만 만족스럽지 않다고 욕과 비난을 퍼붓는 일부 사람들의 반응은 정말로 참기 힘들었다.

합의된 입주대책에 의하면 입주율에 따라서 입주 축하금이 달라지기 때문에 이제는 입주율을 올리는 것이 관건이었다. 나도 입주를 할 때가 온 것이다. 이때 협상을 타결 짓고 나서도 우리는 업체 측으로부터 하나라도 더 얻어내려고 노력했다. 그래서 얻어낸 것이 전체 집값의 30%에 해당되는 잔금 가운데 3분의 1, 그러니까 전체 집값의 10%에 해당하는 돈을 1년 동안 납부 유예를 하는 것이었다. 연 5% 이자를 1년 뒤에 원금과 함께 주는 후불제 이자를 조건으로 했다. 어쨌거나 대략 4,000만 원 정도에 해당하는 돈을 1년 유예할 수 있었기 때문에 조금이나마 입주자들의 숨통을 틔워주는 추가 혜택이었다.

그런데 시행사와 건설사 측에 잔금 일부의 1년 유예를 공식적으로 확인해달라고 아무리 공문을 보내도 묵묵부답이었다. 결국 내가 이사를 하기로 한 예정일 전날까지도 아무 답이 없었다. 당장 내일 새벽에 이삿짐을 싸야 하는데 어쩌라는 건가. 황당하게도 입주 업무를 대행하는 외주 업체인 입주대행사는 며칠 동안 여관에라도 가 있는 게 어떻겠냐는 소리까지 했다. 그들이 이렇게 치사하게 나온다면 나도 생각이 있었다.

다음날 아침, 조용히 이삿짐을 쌌다. 이삿짐과 함께 드림파크어울림 단지로 가서 관리사무소를 방문했다. 이사 얘기는 꺼내지도 않고, 집을 좀 구경해야겠다고 말해서 아파트 열쇠를 받았다. 그러고 나서 이삿짐을 들여놓기 시작했다. 얼마 후, 관리사무소가 발칵 뒤집혔다. 관리사무소 직원들이 새 집에 들이닥쳤다. 지금 뭐하는 짓이냐, 무단침입죄로 경찰에 신고하겠다, 위협하면서 이삿짐을 들어내려고 했다. 나도 지지 않고 '내 물건에 손 하나라도 대면 절도죄로 신고하겠다'고 맞받아쳤다. 밑에서는 관리사무소 직원들이 이삿짐을 집으로 올리는 것을 막는 통에 이사는 중지되었고 나와 직원들의 대치가 계속되었다. 결국 그날 오후 4시가 되어서 금호산업 본사로부터 10% 잔금 유예 확정을 받았다. 나는 잔금 10% 유예를 적용받는 첫 입주자가 되었고, 그 이후에 입주한 사람들은 모두 같은 혜택을 볼 수 있었다.

: 기억하라,
   꼼수의 끝은 소탐대실이다

대표회의에서 입주를 결정하자마자 입주율은 빠르게 올라갔다. 어떤 입주자들은 잔금을 구하려고 백방으로 뛰어다닌 끝에 마감일이 다 되어서야 가까스로 입주할 수 있었다. 눈물겹기도 하고 미안하기도 했다. 가장 많은 입주 축하금을 받을 수 있었던 90% 입주율을 넘기지는 못했지만 그래도 원래 목표했던 요구의 3분의 2 수준의 결과를 얻을 수 있었다. 한편 130세대 정도 되는 입주예정자들은 끝까지 입주 포기를 원했고 다른 입주자들이 입주를 한 뒤에도 오랜 기간을 더 버텼다. 결국 이들은 계약금을 포기하는 것을 조건으로 계약이 해지되었다. <u>다른 아파트의 경우를 보면 이렇게 많은 세대가 계약 해지에 성공한 사례는 거의 없었고, 우리도 크게 기대하지 않았다.</u> 반대로 업체 쪽에서 볼 때에도 이렇게 많은 세대가 끝까지 오랫동안 버틴 적도 없었다. 워크아웃 상태에 있었던 금호산업은 채권단의 관리 아래에 있었고, 채권단은 결국에 가서는 대출금만 회수하자는 생각에 계약을 해지하고 공매처분을 하기로 결론을 내린 것이다.

되짚어 보면, 시행사와 건설사가 처음에 우리가 요구하는 조건을 들어줬더라면 그들에게도 훨씬 이익이 되었을 것이다. 1,000억 원에 이르는 중도금과 잔금이 제때 들어오지 않으니 연체 이자를 비롯한 금융비용이 눈덩이처럼 불어났고 각종 대금 지급에도 차질이 막심했다. 협상이 타결될 시점에는 이미 우리가 원래 요구했던 조건을 들어줬을 때의 비용보다 더 많은 손해를 본 상태였다. 그러나 업체 측은 막판까지도 얄팍한 꼼수로 더 큰 손해를 봤다.

만약 그들이 입주율에 따른 입주 축하금 차등 지급과 같은 꼼수를 부리지 않았다면 입주율 90%는 충분히 넘길 수 있었다. 이런 농간에 끝까지 업체를 불신하고 입주를 거부한 130여 세대의 집은 할인분양으로 넘어가서 최대 30% 할인된 값에 팔렸다. 한 채에 1억 씩만 따져보아도 130억의 추가 손해다. 업체들은 얄팍한 꼼수를 부린 덕에 더 큰 손해를 본 것이다. 이러한 결과는 다른 건설사나 시행사에게도 분명한 교훈이 되어야 한다. 만약 건설사나 시행사 관계자들이 이 책을 읽고 있다면, 적극적으로 입주자들과 상생할 방법을 찾지 않고 자신들의 이익만 찾으려다가는 오히려 더 큰 손해를 보게 된다는 사실을 똑똑히 기억하기를 바란다.

일찌감치 입주해서 대표 행세를 하던 임시 입대의는 입주율 50%가 넘자마자 기다렸다는 듯이 구청에 정식으로 입주자대표회의 설립 신고를 했다. 이제는 진짜 대표가 되어 버린 것이다. 역시나 그들은 입주예정자 카페를 장악하고 있을 때와 똑같은 행태를 되풀이했다. 몇 차례 그들의 행태를 성토했지만 쇠귀에 경 읽기였다. 모두들 너무나 지친 상태였고 입주자들도 오랜 싸움이 지쳐버린 진공 상태를 틈타 그들은 자신들의 기득권만을 추구했다. 입주대책은 자신들이 협상해서 따낸 것이라고 공을 가로채기에 바빴다. 심지어는 시행사로부터 자신들과 협상을 통해서 입주대책을 마련했다는 공문까지 받아다가 붙이고 다녔다. 어쩌면 그렇게 둘은 손발이 척척 맞는지!

나는 모든 것을 훌훌 털어버리고 안면도로 여행을 떠났다. 입주예정자 카페에 '필명 레벤톤입니다'라는 글을 쓰기 시작하면서 전면에 나선 뒤로, 지금까지 한 번도 싸움을 회피한 적이 없었지만 이제는 다 털어버리고 싶었다. 바닷바람을 맞으면서 내가 지금까지 무엇을 위해서 싸웠는지를 생각해보았다. 그 기나긴 싸움의 과정에서 나는 인간이 가진 모든 면을 본 듯했다. 다른 사람들을 위해서, 공동체를 위해서 불이익을 함께 감수하는 희생을 보았는가 하면, 나만 살겠다고 남이야 어떻게 되든 내 조그마한 이익이라도 더 챙기면 그만이라는 이기심의 끝도 보았다. 의리를 지키면서 서로를 격려하는 강한 의지와 단결의 힘을 보기도 했지만 논리적으로는 말도 안 되지만 감정을 자극하는 선동과 이간질에 쉽게 넘어가는 의지의 나약함도 보았다. 두 눈에서 눈물이 주르륵 흘렀다. 하염없이 울었다. 이제는 길었던 나의 싸움도 끝이 났구나, 그렇게 생각했다. 정말로 그때는 몰랐다. 이게 끝이 아니라는 것을. 내 앞에는 더욱 길고 긴 싸움이 기다리고 있었다는 것을. 그리고 나는 그 싸움을 피할 수 없다는 것을.

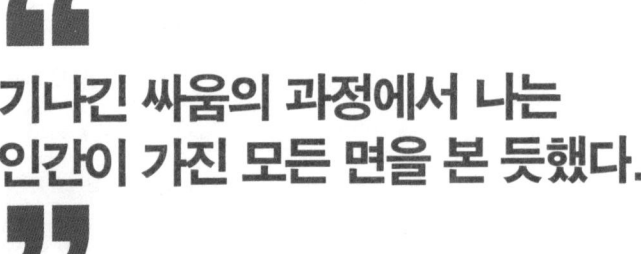

"
기나긴 싸움의 과정에서 나는
인간이 가진 모든 면을 본 듯했다.
"

6. 아파트 정글의 경영자들
; 입주자대표회의 그들을 알고 싶다

: 입주자 엑스의
입주자대표회의 장악 번개 작전

시행사와 건설사를 대상으로 입주대책을 타결 지은 뒤인 2011년 9월 24일, 나는 드림파크어울림 아파트에 입주했다. 자금이 가능한 사람들이 바로 입주를 하면서 40%에 머물던 입주율은 단숨에 50%를 넘었다. 초대 입주예정자대표회의를 장악하고 있다가 우리에게 밀려났던 사람들은 썰렁한 유령 아파트 신세였던 단지에서 임시 입주자대표회의(입대의)를 만들어 놓고 대표 행세를 하고 있었다. 입주율이 50% 안 되어 '임시'라는 접두사가 붙어 있었지만, 시행사는 협의가 필요한 사항이 있을 경우 임시 입대의하고만 협의하겠다고 공개적으로 천명하고 있었던 터였다. 어차피 그때까지는 그들이나 우리나 법적으로 보면 대표성이 없었다. 그런데도 그들하고만 협의를 하겠다는 것은 속이 뻔히 보이는 소리였다.

임시 입대의는 입주율이 50%를 넘자마자 기다렸다는 듯이 선거에 들어갔다. 나중에 안 사실이지만 법적으로는 '50%'의 기준이 실제 입주여야 하는데 임시 입대의는 잔금 납부를 기준으로 50%가 넘자 헐레벌떡 선거에 들어간 거였다. 그만큼 급했다는 뜻이다. 보통 잔금을 내고 나서 얼마 후에 실제 입주하니까 시차가 생기지만, 어떻게든 빨리 선거를 치르기 위해서 무리수를 둔 것이었다. 단지 안에서는 난리가 났다. 이들의 선거 준비 자체가 불법인 것은 몰랐지만 '왜 그렇게 급하냐. 아직 바깥에 있는 사람들, 레벤톤을 비롯한 입주예정자대표회의 사람들이 들어오면 그때 선거해라.' 하면서 항의가 빗발쳤다. <u>임시 입대의는 선거를 밀어붙였다. 속셈이야 뻔하지 않겠는가. 그들은 우리가 들어오기 전에 무조건 게임을 끝내버리는 게 목적이었다.</u>

정식으로 입주자대표회의를 구성하려면 먼저 각 동을 대표하는 동대표를 한 명씩 뽑아야 한다. 그 다음 이들 동대표 중에서 회장을 뽑고 임원 구성을 하는 것이다. 공교롭게도 내가 입주하는 날이 바로 입대의 회장 선거일이었다. 자기네들끼리 회장을 비롯해서 감사, 총무와 같은 임원을 선정해서 잽싸게 구청에 입대의 신고를 했다.

선거 투표율은 간신히 10%를 넘겼다. 임시 입대의 사람들이 집집마다 돌아다니면서 방문 투표까지 했는데도 겨우 이 정도에 그친 것이다. 어쨌거나 선거는 치러졌고 법적으로 본다면 아파트의 공식 단체는 입주자대표회의뿐이다. 아파트 단지 안에는 부녀회나 노인회와 같은 단체들도 있지만 이들은 '자생단체'라고 하고, 그 단체들은 입대의가 승인하는 방식으로 구성된다. 만약 아파트 단지 안에 봉사단체를 만들고 싶다면 입대의 승인을 받고 그것을 근거로 비용 지원을 받아야 한다.

입주자대표회의는 아파트 단지라는 작은 나라 안에서 정부와도 같은 권력을 가지고 있다. 모든 비용을 결제할 권한이 있고, 용역 및 외주업체를 선정할 권한도 있다. 입주민들을 위해서 살기 좋은 아파트를 만들겠다는 사명감을 가진 사람들을 중심으로 좋은 입대의가 구성되면 그 아파트는 투명하고 좋은 아파트가 된다. 반대로 이권에 눈이 어두운 사람들, 혹은 시행사나 건설사와 결탁한 사람들이 입대의를 장악하면 그 아파트는 복마전이 된다.

: 입주자대표회의,
     그들만의 성을 쌓다

내가 입주한 날은 금요일이었다. 그로부터 이틀 뒤인 일요일, 관리사무소장이 찾아왔다. 저녁식사를 같이 하자는 말에, "내가 왜 소장님이랑 저녁을 먹어요?" 하고 반문했다. "에이, 왜 이러세요……. 유명인사께서." "할 얘기 있으면 여기서 지금 하세요." "아 참, 왜 이러세요? 밥이나 먹자고요……. 저 잘 모르시잖아요. 저 나쁜 사람 아니에요." "그럽시다, 뭐, 밥은 먹읍시다." 관리사무소장과 근처에 있는 갈비집에 갔다. 그런데 어라? 그 자리에는 그저께 선출된 1단지 입주자대표회의 회장이 나와 있었다.

입주 후 나는 새로 선출된 입대의 회장의 이름을 들었을 때 한마디로 어리둥절했었다. '이 사람 누구지?' 듣도 보도 못한 사람이었다. 입주예정자 카페에서 활동은커녕 가입도 안 한 사람이었다. 어떻게 회장이 된 걸까. 분양 계약 뒤 3~4년 동안 이 사람을 아는 입주자가 단 한 명도 없었는데, 어느 날 갑자기 혜성처럼(?) 나타나서 회장이 된 것이다. 자기가 되고 싶다고 해서 되는 것도 아니고, 임시 입대의를 장악하고 있던 세력들이 동의하지 않고서는 불가능한 일이었다.

갈비집에서 관리사무소장은 제일 비싼 메뉴를 주문했다. 이 두 사람 무슨 꿍꿍이일까 궁금했지만 어쨌든 먹었다. 그 자리에서 두 사람에게 말했다. "저에 대한 얘기를 어떻게 들으셨는지 모르겠는데요. 이럴 필요 없습니다. 그저 입주민들 위해서 잘 좀 봉사해주십시오." 이런 평이한 얘기만 하고 자리는 마무리를 지었다. 그들 입으로 직접 말은 안 했으니 정확한 속내야 모르겠지만, '레벤톤을 회유했다, 앞으로 레벤톤 조용할 거다.' 그렇게 생각한 게 아닐까 싶다.

처음 두 달은 가만히 지켜만 봤다. 어쨌거나 입대의로서 법적인 지위는 저들이 가지고 있고, 누군지는 모르지만 막 1단지 입대의 회장에 앉았는데 처음부터 발목을 잡을 수는 없지 않겠는가. 나도 1년 반 동안을 싸우고 입주를 한 뒤라 너무 지친 상태였다. 진심으로 잘하기를 바랐다.

카페에 글도 썼다. 당선됐으니 과거야 어찌됐든 시급한 일을 빨리 해달라고. 우리 힘들게 싸우고 들어왔지 않은가. 환영도 해주고 화합하자, 좋은 쪽으로 글을 썼다.

<u>입대의는 구성된 직후 바로 '철문'을 걸어 잠갔다. 입대의 회의를 할 때면 주민들이 참석하기 어렵게 만들었다.</u> 이것은 엄연한 위법이다. 아파트 관리규약 준칙에는 누구든 입대의 회의에 참석해서 방청할 수 있도록 명시되어 있는데도 그들은 방청을 막았다. 남북 정상회담이라도 하나? 모여서 무슨 비밀 얘기를 하기에 입주민들은 들어오지도 못하게 하나? 회의실에는 아예 방청을 할 수 있는 공간이나 의자도 없었다. 나는 이 문제로 이의를 제기하기 시작했다. 아마 그들은 '레벤톤 이놈 또 시비 거네?' 하고 생각했을 것이다.

입대의로서는 회의 방청을 무조건 막을 명분은 없었다. 나름대로 잔꾀를 낸 게 회의 시간을 평일 다섯 시 반에서 여섯 시로 잡는 것이었다. 직장에 다니는 사람들은 퇴근이 아무리 빨라도 여섯 시다. 아무리 서둘러 아파트 단지에 와도 일곱 시는 넘을 것이다. 입주민들이 방청할 수 있게 회의 시간을 늦추라고 요구해도 그건 자기들 마음이라면서 콧방귀만 뀌었다. 입대의 임원들은 대체 어떻게 회의에 참석할 수 있었을까. 대부분 자영업 아니면 무직이었다.

입대의를 채우고 있는 모든 사람들이 입주자 엑스는 아니었다. 입대의 사람들이 임시 대표들이었을 때 자기들이 입주대책을 받아낸 거라고 떠들고 다닌 것을 순진하게 믿었던 사람들이 있었다. 자기들만으로는 동대표를 모두 채울 수 없다 보니, 대표 자리가 비어 있는 동은 그렇게 사정을 잘 모르는 순진한 사람들로 자리를 채워 넣었다. 다른 사람들이 들어올 여지를 없애버린 것이다.

애초부터 기대가 크지는 않았지만 명색이 입대의라면 시급한 일은 좀 해야 하지 않겠는가. 아직 시행사와 건설사를 상대해야 할 문제가 한두 가지가 아니었다. 입대의는 용역업체 선정에만 정신이 팔려 있었다. 처음에는 회장이 잘 몰라서 저러나보다 싶었다. 몇 차례 회장을 만나서 사정을 설명했다. 130세대는 아직도 입주를 거부한 채로 바깥에 있고, 할인분양 문제를 비롯해서 시급한 문제가 많다고 말했다. 그때마다 회장은 "나 좀 도와 달라. 나 알고 보면 멋있는 남자다" 하고 말했다. 나는 도와줄 테니까 제발 좀 행동을 하라고 했다. 그래도 회장은 언제나 말뿐이었다. 돌아서면 아무것도 하지 않았다. <u>회장은 30여 년을 형사로 근무하다가 퇴직한 뒤에 어느 회사의 전무로 있다고 했다. 회사 이름만 들어서는 도대체 무슨 일을 하는 회사인지 알 길이 없었다.</u>

계속해서 회장을 만나 시급한 일들에 대해 요청을 하니 반응은 이런 식이었다. "어, 해야지! 해야 돼요! 그럼 자료랑 근거를 만들어서 제출해 봐요. 내가 검토해볼게." "아니, 자료하고 근거를 만드는 일을 입대의가 해야지요? 입대의가 그러라고 있는 거잖습니까?" "그걸 왜 하지? 레벤톤이 하라고 하면 내가 해야 하나?" "전 입주민입니다. 입대의가 입주민의 요구에 귀를 기울이고 문제가 있으면 해결해야죠." "어허……. 그러니까 조사해서 제출하라니까? 그럼 내가 검토한다니까?" "……."

<u>입대의 회장은 입주민들 위에 군림하는 자리가 아니라 봉사하는 자리다. 그런데 회장의 태도는 그냥 떠먹여주면 받아먹겠다는 식이었다.</u> 당신은 갑이고 내가 을인가? 나중에 입대의 회장의 정체를 우연히 알게 된 다음에야 모든 의문이 풀렸다. 어쨌든 나는 입대의 회장 같은 것은 애초부터 생각이 없었다. 내가 또 앞에 나선다면 해야 할 일은 뻔하다. 지금의 입대의가 쌓고 있는 성을 무너뜨리는 전쟁을 치러야 하고 힘든 싸움을 다시 해야 할 것이다. 1년 반 넘게 몸 고생 마음 고생을 겪은 나로서는 그럴 힘이 없었다.

싸움 자체만 힘든 것은 아니었다. 입주대책이 자기 성에 차지 않는다고 전화를 걸어서 다짜고짜 욕을 퍼붓는 사람들이 있었는가 하면, 지금 상황에 대해서 불만을 토로하면서 레벤톤이 해주겠지, 대표회의가 해주겠지, 자기는 아무것도 하지 않으면서 누가 해주기만을 바라는 사람들도

있었다. 입주하기 전에는 중도금과 잔금 납부 거부, 입주 포기와 같은 무기라도 있었지만 이제 그런 것도 없는 상태였다. 6개월 동안 입대의는 정말 시급한 문제들에 대해서는 아무 일도 안 했다. 아무것도 안 할 거면 입대의는 왜 장악한 것일까. 그렇게 소중한 시간이 흘러가고 있었다.

: 입주자 엑스가 '초대 입대의'를 장악하는 방법

아파트 입주가 이루어지고 입주율이 50%를 넘으면 입주자들은 입주자대표회의(입대의)를 선출해서 관할 구청에 신고하게 된다. 아파트 입대의는 기본적으로 각 동별 대표자로 구성되며 최소 네 명이 필요하다. 입대의는 회장, 감사, 이사를 임원으로 두며 아파트 단지가 500세대 미만일 경우에는 입대의 안에서 임원을 선출하지만 500세대 이상인 경우에는 회장과 감사는 전체 입주민들이 참여하는 선거를 치러야 한다.

이미 말했듯이 '입주자 엑스'는 초대 입대의를 장악하기 위해서 수단 방법을 가리지 않는다. 입주가 시작되면 가장 먼저 아파트로 들어간다. 먼저 똬리를 틀고 앉으면 기선 제압하기가 쉬울 것이다. 때를 기다렸다가 재빠르게 입대의 구성을 위해 행동에 나선다. 입주자들은 입주한 지 얼마 안 되어서 집 정리하랴, 이것저것 신고도 하랴, 변화된 생활환경에 적응하랴, 정신이 없을 때다. 이런 상황에서 입대의 구성을 위해 동대표 선거를 하고, 임원 선거를 하게 되면 대부분의 입주자들은 별 생각 없이 이끌어가는 대로 따라가게 마련이다. 상황을 훤히 알고 있는 입주자 엑스가 초대 입대의를 장악하는 일은 식은 죽 먹기인 것이다.

<u>입대의 임원 외의 구성원들은 비교적 나이가 많은 편이다. 젊은 사람들은 바깥 일로 바쁘기 때문에 입대의 활동에 시간을 내는 게 쉽지 않은 이유도 있지만 사실은 더 특별한 고려사항이 있다.</u> 입주자 엑스들은 자신들이 요리하기 좋은 사람들로 입대의를 채워 놓는 경향이 있다. 아무래도 젊은 사람들보단 어르신들을 포섭(?)하는 것 같다. 자기들이 설득하기도 쉽지만, 무엇보다도 입주자들 사이에 분쟁이 생겼을 때 앞세우기에는 어르신들이 훨씬 위력적이기 때문이다. "네놈들은 위아래도 없고 애미 애비도 없냐!" 한국 사회에서 이런 초강력 무기는 별로 없다. 더욱이 아파트 관련 법률이나 지식이 별로 없는 사람들이라면 뭐가 뭔지도 모르는 채로 입주자 엑스에게 놀아나기 쉽다. 만약 이쪽 방면에 밝은 사람들이라면 입주자 엑스와 결탁해서 나눠먹기를 한다.

: 하자보수 소송은
 오히려 건설사가 바라는 일이다

아파트가 완공되고 입주를 한 뒤에도 건설사는 보증 기간 10년 동안 하자를 보수해줄 의무가 있다. 건설사는 아파트 건설비의 3%를 하자보수 보증금으로 맡겨놓게 된다. 만약 하자가 생겼을 때 건설사가 이를 직접 고쳐주지 않으면 입주자들이 하자보수보증금으로 다른 업체에 보수 공사를 맡길 수 있도록 하기 위해서다. 그런데 최근에는 '하자보수소송금청구소송'을 하면 수십억 원의 보증금을 한꺼번에 받아낼 수 있다고 하며 아파트 보수를 마무리 짓자는 식으로 몰고 가는 입대의가 적지 않다. 소송에서 이기면 목돈이 생긴다고 하니, 입주자들은 그게 어떤 결과를 가져오는지도 모르고 동의를 한다. 이렇게 소송으로 가는 것이야말로 건설사들이 가장 좋아하는 시나리오다.

<u>이름도 어려운 하자보수소송금청구소송을 하게 되면, 사실 승소를 하더라도 처음 얘기와는 달리 훨씬 적은 금액으로 판결이 나는 것이 보통이다.</u> 2011년 11월에 SBS CNBC 방송에서 하자보수 기획소송을 다룬 보도를 내보낸 적이 있었다. 지금까지의 소송 사례들을 봤을 때 한 집에서 받을 수 있는 돈은 평균 50만 원 안팎이었다고 한다. 게다가 이 돈을 다 받을 수는 있는 것도 아니다. 소송 결과에 관계없이 먼저 변호사 수

임료가 나간다. 예상보다 받는 돈이 적어도 어쨌든 승소를 하면 성공보수가 또 나간다. 여기에 하자의 액수를 산정한 감리업체에도 비용을 지불해야 한다. 이렇게 차 떼고 포 떼다 보면 한 집에서 실제 받을 수 있는 돈은 50만 원에도 훨씬 못 미친다.

진짜 문제는 소송 후에 겪게 될 대가가 너무 크다는 것이다. 10년이라는 긴 보증 기간 동안에 아파트에 어떤 하자가 또 생길지 어떻게 아는가. 소송 후에는 건설사 입장에서 지금까지는 물론 보증기간 동안 일어날 수 있는 미래의 하자에서 모두 해방된다. 앞으로 하자가 생기면 입주자들 돈으로 이를 고쳐야 한다. 건설사를 물고 늘어져봐야 보증금 달라고 소송할 때는 언제고 왜 또 이러느냐는 소리만 듣는다. 더 심하게 요구했다가 오히려 명예훼손이나 업무방해로 소송을 당할 수도 있다. 보증기간 10년 동안에는 건설사에서 단지 안에 사무소를 만들고 직원 한두 명을 파견하는데, 소송이 마무리가 되면 사무소도 철수해버린다. 10년 동안 나갈 직원 인건비만 절약해도 몇 억이다. <u>입주자가 하자보수 소송을 걸어주면 건설사로서는 그야말로 '땡큐 베리 머치'인 것이다.</u>

하자 보수를 위한 가장 좋은 방법은 건설사와 협의해서, 필요하다면 집단행동을 해서라도 건설사가 하자를 직접 보수하게 만드는 것이다. 입주자들도 귀찮고 건설사도 귀찮지만 입주자 편에서 보면 가장 나은 방법이다. 입주자들이 같이 단결해서 요청하고, 돈을 받는 게 아니라 하자를 실제로 고치는 것이기 때문에 뒷거래가 생길 여지도 없다. 만약 이권에 눈이 어두운 세력들이 입대의를 장악했다면 뭐하러 자기들에게 떨어지는 것도 없는 귀찮은 짓을 하겠는가. 그들은 하자 관련 분쟁이 생기면 '건설사는 슈퍼 갑이다, 우리가 어떻게 대기업을 상대로 싸워서 이기나, 싸워봤자 진다, 계란으로 바위치기다.' 이런 식으로 말하면서 사람들의 의지를 꺾어버리고 소송으로 목돈(?)이라도 챙기자는 식으로 분위기를 몰고 간다.

<u>입주자 엑스가 입대의를 장악하면 주로 건설사 쪽에 유리한 방향으로, 소수의 배를 불리기 위해서 다수 입주민들에게 부담을 주는 쪽으로 결정권을 악용할 가능성이 높다.</u> 대부분 아파트 단지에서 입주민들은 입대의와 그들의 활동에 큰 관심이 없다. 먹고 살기 바쁘다 보니, 당장 자신에게 피부로 와 닿는 일이 아니다 보니 대부분은 무관심한 편이다. 잘 알지 못하지만 어떤 면에서는 귀찮은 일을 떠맡아 준 사람들이라는 생각에 고마워할 수도 있다. 입주민들은 자신들의 권리가 침해 받거나 주머니가 털릴 수도 있다는 사실은 알지 못하고 지내는 것이다.

: 공무원이 입주자대표회의
   활동을 하기 힘든 이유

입주자 엑스든 아니든, 입대의 임원으로 활동하는 사람들은 대체로 나이 많은 은퇴자이거나, 직접 회사나 가게를 경영하고 있는 사람이다. 공무원이나 직장인들은 입대의 임원으로 활동하기가 무척 힘들다. 이런 사람들이 입대의 회장과 같은 일을 맡으려고 하면 곧바로 입주자 엑스로부터 방해공작이 들어온다.

나도 그렇고 나와 함께 활동해온 사람들이 여러 번 겪어본 일이지만 입주자 엑스는 회사로 전화를 걸거나 투서를 해서 해코지를 놓으려고 한다. "당신네 회사 아무개 씨가 이런 일 하고 있는 거 알고 계십니까?"라고 하면서 입대의 활동하느라 바쁜데 회사 일은 제대로 하겠냐느니, 아파트에서 투쟁을 선동하고 있는데 회사에서도 조만간 노조 투쟁을 선동할지도 모른다느니, 하면서 온갖 음해 공작을 펼친다. 자기네 직원이 시끄러운 일에 엮여있다는데 좋아할 회사가 어디 있겠는가. 그러면 회사에서 '쓸데없는 일에 시간 낭비하지 말고 업무나 열심히 하라'는 소리를 듣게 된다.

공무원이라면 더 골치 아픈 문제가 되는데, 바로 공무원법에서 정하고 있는 겸직 금지와 영리 활동 금지 조항 때문이다. 입대의 회의에 참석하면 출석수당이 지급된다. 지급하는 금액은 아파트 관리규약에 따라 다르지만 보통 한 번에 5만 원 선이다. 사실 용돈 수준의 금액이라 이것을 수입이라고 하기에도 낯간지럽지만 공무원인 경우에는 단돈 만 원이라도 받으면 문제가 될 수도 있다. 입주자 엑스가 이것을 놓칠 리가 없다. 단순히 음해 정도가 아니라 법을 무기로 시비를 걸기 때문에 어쩔 수가 없게 된다. 이런 점을 감안한다면 입대의를 구성할 때에 임원으로는 공무원보다는 직장인, 직장인보다는 자영업자 쪽이 적합한 것은 어쩔 수가 없는 일이다. 어쨌거나 자신들의 기회를 위해 조그만 틈이라도 있으면 어떻게든 비집고 들어오는 그들은, 참 대단한 입주자 엑스다. 그들은 정말로 '프로'다.

: 지금 청소 아줌마 유니폼 색깔이 중요합니까?

초대 입대의에 대한 나의 요구는 계속해서 이어졌다. 카페에 입대의가 지금 시급하게 해야 할 일에 대해 얘기하고 행동에 나설 것을 촉구했다. 그들은 어느 순간부터 카페엔 아예 들어오지 않았다. 내가 계속 요구하는 것도, 사람들이 동조하는 것도 보기 싫었을 것이다. 입대의는 나를 비롯한 입주민들과의 소통을 단절해버렸다.

어느 날 나는 입대의 회의가 열리는 날에 맞춰서 회사를 조퇴했다. 입대의 회의실에 들어서니 다들 기겁을 하면서 당황하는 눈치였다. 나는 그저 입대의가 무슨 얘기를 하기에 입주민들에게도 공개하기 싫어하는지 궁금해서 갔을 뿐인데 입대의 사람들은 놀라는 눈치였다. 하긴 일부러 회의를 직장인들이 오기 힘든 시간에 하는 사람들이니 다른 사람도 아니고 '레벤톤'이 직접 나타날 거라고는 상상도 못했을 것이다.

회의가 진행되는 동안 나는 아무것도 안 하고 앉아서 듣기만 했다. 입대의 사람들은 당황한 나머지 심지어는 말을 더듬기까지 했다. 당황을 하든 경악을 하든 그 자리에서 나는 정말로 한마디도 하지 않고 지켜보기만 했다. 다음 회의 때에는 입주민들 중에서 시간 여유가 있는 주부들을 중심으로 회의에 참석하도록 설득을 했다. 1년 반을 싸워온 끈끈한 연대의식이 있어서인지, 그저 입대의 회의에 가보라고 했을 뿐인데 40여 명이 입대의 회의장에 나타났다. <u>그날 회의는 쑥대밭이 되었다. 나는 아무것도 요청한 게 없었지만 그들이 보기에도 회의 돌아가는 꼴이 매우 한심했던 것 같다.</u> 회의장에 방청 자격으로 참석했던 사람들은 나와 함께 입주 거부를 하면서 입주대책을 받아낸 사람들이다. 그 혜택은 일찍 입주했던 사람들한테도 돌아갔다. 임시 입주자대표랍시고 입주자들에게 도움 안 되는 일만 해왔던 그 사람들이, 이제는 아파트 초대 입대의를 장악하고 한가한 얘기나 하고 있으니 왜 분통이 터지지 않겠는가.

입대의가 하는 행태를 보니, 그냥 놔두고 있으면 어떻게 흘러갈지는 뻔해 보였다. 결국 나는 다시 나서기로 마음먹었다. 입주민들에게 지금까지 도움이 안 되었고, 앞으로 도움될 일이 없을 초대 입대의 사람들을 입대의에서 끌어내려야겠다고 마음먹었다. 마침 한 동의 대표자리가 비는 상황이 생겼다. 내가 사는 동이 아니기 때문에 내가 직접 동대표로 나갈 수는 없었고, 입주 전에 함께 싸워 왔던 사람 중에 한 명이 대신 나섰다. 동대표 한 명으로 상황을 반전시키기에는 역부족이었지만 일단 꽁꽁 잠겨 있었던 입대의 그들만의 성에 발 하나는 들이민 것이다.

작전을 짜기 시작했다. 그것도 대단한 권모술수 같은 건 아니었다. 그저 틀린 것을 틀렸다고만 지적하는 것, 그게 작전이었다. 일단 입대의 회의가 열릴 때마다 주부를 중심으로 시간이 되는 입주민들이 계속해서 들어갔다. 회의가 제대로 진행될 리가 없었다. 우리가 일부러 발목 잡기를 한 게 아니었다. 자업자득이었다. 회의 돌아가는 꼴을 보고 있다간 정상적인 입주민이라면 열을 안 받을 수가 없었으니까. 입대의 회의를 할 때마다 방청했던 입주민들의 항의가 빗발쳤다. "지금, 청소 아줌마 유니폼 색깔이 중요해요?" 하자 보수 문제와 근처 쓰레기 매립장 문제, 경전철 문제를 비롯한 시급한 문제가 산적해 있는데도 초대 입대의에게는 외주나 용역업체를 선정하는 일이 제일 먼저였다. 그들은 왜 이렇게 용역 외주에 집착하는지 이상할 정도였는데 그 의문이 풀리는 데는 시간이 얼마 걸리지 않았다.

: 어린이집 선정의 미스터리, 꼬리를 잡다

초기 임시 입주자대표를 장악했던 세력을 중심으로 초대 입대의가 구성되고 나서 반 년 넘게 보여온 행태는 의문투성이였다. 그 중에서도 정말 '이 사람들 이상하다'는 생각을 갖게 만든 사건은 아파트 단지 내 어린이집 선정 문제였다. 처음에 내가 가졌던 의문은 '왜 어린이집 업체 선정을 할아버지들이 주도해서 하나?'였다. 어린이집은 유치원에 들어가기 전인 아이들을 맡기는 곳이고, 따라서 어린이집의 실제 수요 대상이 될 입주민들의 의견을 반영하는 것이 가장 좋다. 그런데 입대의는 문을 꽁꽁 걸어 잠그고 자기들끼리 일사천리로 선정 작업을 진행했다. 그 중에는 어린이집에 자기 아이를 맡길 사람은 한 명도 없었다.

어린이집 선정은 입찰 형식으로 진행되었는데 나는 계속해서 선정 과정의 문제를 제기했다. 업체 선정은 어떻게 하는가? 입찰 신청을 한 업체가 운영하는 곳에 가본 적이 있나? 가본 적이 없다는 답변을 하기에 그럼 도대체 무슨 근거를 가지고 업체 선정을 할 거냐고 물으니 임대료라고 했다. 월세 5만 원 10만 원 더 받는 게 더 중요한가, 아니면 제대로 된 업체가 들어오는 게 중요한가. 보육시설은 우리 아이들을 믿고 맡겨야 하는 매우 중요한 시설이다. 단순히 보증금 얼마, 임대료 얼마가 중요한 것이 아니다. 운영자의 성품, 마인드, 운영능력 등 종합적인 판단이 필요하다.

<u>어디가 좋은 어린이집인지는 아이 키우는 엄마들이 보면 안다. 엄마들한테 보여주고 공개적으로 선정 작업을 진행하라고</u> 촉구했다. 어린이집의 수요층이 될 젊은 엄마들을 미스터리 쇼퍼로 보내서 입찰 신청업체가 운영하는 어린이집의 운영 실태를 관찰하고 오든가, 업체들을 오라고 해서 입주민들을 대상으로 경쟁 프레젠테이션을 하든가, 입주민들을 위해서 투명하고 공정한 선정을 하라고 요구했지만 초대 입대의는 그럴 필요 없다, 법적으로 문제 없다, 하며 요지부동이었다. 심지어 그들은 아파트 관리사무소의 인력을 모집하는 웹 사이트에 어린이집 입찰공고를 내기까지 했다. 이게 과연 상식적인 일인가? 입대의와 관리사무소는 어쨌든 공개적으로 입찰공고를 했으니 문제가 없다고 우겼다. 결국 이들은 모든 것을 비공개로 해서 업체를 선정했다.

어린이집 운영업체가 선정된 뒤에도 관리사무소에서는 입찰 선정에 관계된 서류의 공개를 거부했다. 입주민에게는 입대의가 결정한 일들에 관한 서류를 열람할 권한이 있다. 관리사무소는 막무가내였다. 어쩔 수 없었다. 저쪽이 막무가내면 우리도 막무가내로 가는 수밖에. 관리사무소로 밀고 들어가서 캐비닛을 열어 관련 서류를 샅샅이 뒤졌다. 그 결과 놀라운 사실들이 속속 발견되었다.

입찰은 법적으로 다섯 개 업체 이상이 참여해야 한다. 곧 네 개 이하는 무효다. 우리 단지 어린이집 입찰에는 모두 일곱 개 업체가 신청을 했다. 아파트 관리사무소 구인·구직 사이트에만 공고를 했는데도 신기한 일이었다. 알고 보니 여섯 개가 우리 아파트와 거리가 한참 떨어진 고양시 덕양구 업체였고, 딱 한 곳만 인천시 서구에 있는 업체였다. 인천에 있는 업체는 운영 실적도 좋았고 엄마들 사이에 좋다고 소문이 나 있었다. 나도 아이를 키우고 있으니 그런 소문을 모를 리가 없었다. 입대의는 그 업체를 서류심사에서 떨어뜨렸고 그 이유로 '서류 미비'를 내걸었다. 그런데 관리사무소를 뒤져보니 그 업체는 필요한 서류를 모두 제출해놓은 상태였다.

인천시 서구에 있는 우리 아파트 어린이집에 어떻게 고양시 덕양구에서 여섯 개 업체가 무더기로 입찰에 참여했을까? 정말 이상했다. 서류를 대조해보니 같은 어린이집에서 두 장을 낸 곳이 있었다. 한 장은 원장 명의로, 한 장은 교사 명의였다. 게다가 입찰 금액도 사이좋게 5만 원, 혹은 10만 원씩의 차이를 두고 있었다. 그중에는 글자체만 다르게 만들어진(오타까지 일치하는) 계획서도 발견되었다. 이쯤 되면 우연의 일치라고 하기에는 너무나 허술하다. 억울하게 서류 심사에서 떨어진 인천시 서구의 업체는 심지어 임대료도 다른 업체보다 더 많이 써냈다는 사실도 발견되었다.

의문투성이의 선정 과정을 통해서 운영권을 따낸 어린이집은 알고 보니 별도의 시설을 갖춰놓고 운영하는 곳이 아니라 그냥 가정에서 어린이집을 운영하는 곳이었다. 보육교사의 구성이나 경험 등도 뛰어나지 않았다. 도대체 왜 이런 말도 안 되는 결과가 나왔으며, 입대의는 왜 이렇게 선정을 강행한 것인지 의심은 많았지만 관리사무소의 서류로 밝혀낼 수 있는 것은 거기까지였다. 우리가 계좌 추적을 할 수 있는 것도 아니니 말이다. <u>선정된 어린이집이 있는 그 동네와 매우 가까운 곳에 우리 단지 관리사무소장이 살고 있다는 것만이 우리가 최대한 근거를 가지고 의심해볼 수 있는 단서였다.</u>

관리사무소에 쳐들어가서 캐비닛을 연 것은 법적으로 책임을 묻는다면 물을 수도 있는 일이었다. 어차피 각오한 일이었고 사실 막무가내로 그런 것은 아니었다. 입주민이 법적으로 볼 권리가 있는 서류를 막무가내로 보여주지 않으니 막무가내로 응수한 것뿐이다. 나는 캐비닛을 열면서 신고하고 싶으면 하라고 했지만 그들은 신고하지 않았다. 대신 관리사무소장이 아파트 전체에 공고를 붙였다. 레벤톤이 관리사무소에 무단으로 들어와서 개인신상정보가 들어있는 서류, 입대의 임원의 신상정보를 무단 복사해갔다고 내붙인 것이다. 주민들의 반응은 냉담했다. "너희들이 공개를 안 하니까 레벤톤이 가서 뜯었겠지!"

어차피 입대의 임원은 신상정보가 한 번씩 다 공개된 사람들이다. 동대표 및 입대의 선거 때 이들의 기본 신상정보는 공개가 된다. 적어도 아파트 단지 안에서는 입대의 임원은 일개인이 아니라 공인이다. 예를 들어 입주민이 입대의 임원의 직업을 알고 싶어하면 알려줘야 한다. 입대의 임원이 아파트의 이권에 관계된 일을 하고 있을 수도 있기 때문이다. 합리적인 의심을 하고, 사실인지 확인하기 위해서 필요한 정보를 요구하고 열람하는 것은 입주자의 권리이다. 그 권리를 틀어막아놓고서 무단 복사라니.

<u>어린이집 선정 과정의 의혹을 폭로한 사건을 기점으로 나와 초대 입대의, 관리사무소의 관계는 급속도로 얼어붙었다.</u> 지금까지 친한 적도 없었지만 그때부터 입대의와 나 사이에는 치열한 전쟁이 본격적으로 벌

어졌다. 입주 거부 때부터 함께 싸워왔던 입주민 한 명이 동대표 자격으로 입대의에 들어가 있었지만 나도 입대의 내부로 치고들어갈 방법을 모색했다. 내가 살고 있는 동에는 입대의 주도 세력이 머릿수 채우기 식으로 심어놓은 동대표가 이미 있었다. 그분에게 그만 내려오시라고 카페에 글을 올렸다. 그때부터 동대표는 카페에 발길을 끊었다. 몇 번을 사퇴하라고 촉구했지만 동대표는 그만둘 생각이 없었다. 결국 직접 전화를 걸었다. "저 아시죠? 레벤톤입니다." 동대표는 깜짝 놀랐다. "대표님 잘 지내시죠?" "아, 네네……." "잘 아시겠지만. 사퇴를 결심해 주시면 제가 좋은 아파트를 만들어 보겠습니다." "저도요……. 우리 동대표는 레벤톤 님이 해야 한다고 생각하고 있었어요. 제가 하고 싶어서 한 게 아니고요……."

전화 통화를 한 다음날, 그는 곧바로 사퇴서를 제출했다. 동대표가 공석이 됐으니 다시 선거를 해야 하는데 입대의는 감감 무소식이었다. 입대의에서 선관위에게 선거를 진행하라고 해야 선거가 이루어지는데 입대의는 계속해서 시간을 끌었다. 법적으로는 60일 안에 선거를 해야 한다. <u>결국 기한을 거의 채우고 나서야 마지못해 선거가 이루어졌다. 선거 결과, 60세대 중에 53세대가 참여하고 전원 찬성표가 나와서 나는 동대표 자격으로 입대의에 들어갈 수 있게 되었다.</u>

: 경전철의 비밀
　입주자 엑스는 이미 알고 있었다

잠시 시계를 입주 전으로 되돌려보자. 아직 입주를 하지 않고 있던 시기에 임시 입대의가 물러나고 나를 비롯한 새 입주예정자대표회의가 구성된 것은 2010년 9월이었다. 대표들이 바뀌면 입주예정자 카페 운영권도 곧바로 교체되는 게 상식이지만 이들은 쉽게 운영권을 내어주지 않았다. 몇 차례에 걸친 독촉 끝에 한 달 정도가 넘어서야 운영권을 넘겨받았다. 그리고 나는 경악스러운 사실을 발견했다.

카페 게시판 중에서 운영진 게시판은 일반 회원이 들여다볼 수 없었다. 게다가 전임 운영진들은 대부분 자신이 카페에 올린 글이나 댓글을 지워버렸다. <u>그런데 운영진 게시판에 뜻밖에도 상당수의 글이 남아 있었다. 그중에 입이 떡 벌어질 만한 충격적인 내용을 본 것이다.</u> 첫 번째 글은 2008년 9월 2일에 올린 것으로 운영진 중에 정부 시책과 관련이 있는 모 기업에 다니던 사람이 쓴 것이었다.

● 제목 : 2호선 철도의 위치 확인 중입니다.

2호선 경전철이 2014년에 개통된다면 전면동에 붙어서 건설될까요? 아니면 길 건너에 건설될까요? 지금까지는 전면동에 붙어서 건설되는 줄 알았는데 최초 도시계획 입안선을 보니 길 건너편이더군요. 그래서 확인 중입니다. 좋은 소식이 확인되면 좋겠네요.

운영진은 일반 입주자들은 전혀 모르고 있었던 사실을 알고 있었다. 경전철이 단지 전면동(대로변을 따라 세워져 있는 아파트 동)에 붙어서 건설될 가능성을 그때 이미 알고 있었다. 분양 직후 아파트 시공 초기 단계인 2008년 9월 또는 그 이전에 알고 있었다는 것이다. 더구나, '지금까지는 전면동에 붙어서 건설되는 줄 알았는데'라는 말에서 알 수 있는 것처럼 이들이 처음부터 경전철이 전면동에 붙어서 건설된다고 생각하고 있었다는 것은 더욱 경악스러운 일이었다. 이틀 후 같은 사람이 올린 글에서는 더욱 충격적인 진실이 드러났다.

● 제목 : 2호선 철도의 위치 및 재원

경계선~시설녹지~지상 14미터 공중선로(폭 5.36 미터) = 어울림 80/81 블럭 전면도로 폭은 25미터. 2단지 전면도로에 지상 정거장 생김(선로 포함 16.50미터 폭임) 및 1단지 전면 좌측 한 블록 가서 지상 경전철 역사 생김. (결론 : 1단지는 양쪽 어느 정거장을 이용해도 문제가 없으나 2단지는 바로 앞 도로에 지상 경전철 역사가 생기므로 소음 및 미관에 치명적임) 운영진 분들은 참고만 하시고 앞으로 경전철 진행 상황을 보면서 대응해야 할 사안인 듯하네요.

뒷머리를 망치로 강타당한 듯했다. 이들은 이미 2008년에 모든 것을 정확하게 알고 있었다. 이 글에서 '경계선'이란 아파트 단지와 외부의 경계선을 뜻한다. 시설녹지의 폭이 바로 20미터다. 이는 2008년에 전임 운영진 가운데 한 사람이 올린 '인천도시철도 2호선 기본 계획' 도면에 그림과 함께 정확하게 나와 있었다. 위 글을 쓴 운영진은 다른 운영진의 반응에 다음과 같은 댓글을 남겼다.

2단지 입주민들의 동요가 올까 조심스럽네요. 최종안인 것 같은데 2014년 개설이 확정된 후 대응하여야 할 사안으로 보입니다. 지하화가 필요한데…….
일단 지켜보시자고요. ○○○가 알면 확정된 사안도 아닌데 또 난리 펄펄 뛸 테니…….
에휴~

이들은 철저하게 사실을 숨겨 왔다. 다른 입주자들이 아파트 단지에 바짝 붙어서 기둥이 올라가는 것을 보고 문제를 제기하자 자기들도 그제야 알았다는 듯한 태도를 보였지만 이들은 진작부터 경전철 선로가 어디로 건설되는지 알고 있었다. 우리는 모두 전임 운영자들에게 속은 것이다!

이 사실을 공개하자 입주자들의 분노는 극에 달했다. 이들이 경전철에 관한 진실을 알았던 2008년에 입주자들에게 공개했다면 상황은 많이 달라졌을 것이다. 분양 계약 후 얼마 지나지 않은 때였으므로 계약을 취소할 가능성도 더 높았을 것이다. 이들이 진실을 알고도 꼭꼭 숨기는 바람에 뒤늦게 문제가 불거졌고, 강경파를 빙자한 또 다른 입주자 엑스의 전면동 소송 때문에 오히려 더 빨리 입주하게 된 어이없는 일까지 벌어진 것 아닌가. 나는 이 사태를 계기로 이들이 '입주자 엑스'라는 심증을 굳혔다.

경전철의 진실을 미리 알고 있었다는 사실이 공개되면서 이들은 코너에 몰렸지만 순순히 자리를 내놓을 뜻이 없었다. 일단 동대표와 입대의 임원이 되면 임기가 보장되어 있기 때문에 스스로 물러난다면 모를까, 끌어내리는 것은 쉽지 않다. 임기 전에 이들을 자리에서 끌어내리는 방법은 동대표 자리를 주민들의 투표로 해임하는 것이다. 동대표에서 해임되면 입대의 임원 자격도 자동 상실되므로 가장 확실한 방법이다.

해임 투표는 해당 동 주민의 과반수 이상 투표하고 투표자 과반수 이상이 찬성해야 한다. 해임을 위한 근거도 있어야 한다. 단순히 일을 안 한다고 해임사유가 되지는 않는다. 아파트 관리규약 준칙에 따르면 아파트 관련 법률 위반, 뇌물 및 횡령, 고의 및 과실로 입주자에게 손해를 끼쳤을 경우가 해임 사유가 된다. 심증은 많았지만 물증을 찾는 것은 쉬운 일이 아니었다. 관리사무소, 경비원, 용역업체 등도 모두 입대의와 같은 편이었으니 뻔한 사실도 무조건 잡아뗐다. 그래도 저지른 일들은 드러나게 마련이었다.

: 포인트 적립왕,
   관리사무소장을 해임하다

일단 관리사무소장의 해임 절차부터 착수했다. 당시 드러난 문제 몇 가지를 소개한다. 어느 달 관리사무소 도서인쇄비 항목에 281,200원이 기재되어 있었고 비고란에는 '세대 공지문 배부 인쇄비'라고 적혀 있었다. 집집마다 넣어주는 서류를 관리사무소에서 복사하는 줄 알았더니 외부 업체에 맡기는 것으로 기록되어 있었다. 자체 복사가 저렴하겠지만 복사할 양이 많으면 그럴 수도 있다. 그런데 세부 항목이 정말 이상했다.

복사비	222,000원
주유비	30,000원
식비	27,000원
통행료	2,200원
합계	281,200원

복사 한 번 하러 가는데 주유비와 식비, 통행료까지 붙어 있다. 영수증을 보니 경기도 파주시에 있는 한 문구점이었다. 도대체 인천시 서구에서 왜 그 먼 곳까지 가서 복사를 할까? 게다가 식비는 이미 별도로 지급되고 있는데 식비 항목이 들어가 있는 것도 이상했다. 복사 영수증은 저

녁 7시에 발행되었는데 식비 영수증은 점심시간대에 발행된 거였다. 도무지 이해가 안 가는 과다 지출이다.

또한 관리사무소장은 법인카드로 물품을 구매하면서 포인트는 자기 개인카드에 적립했다. <u>공금을 쓰면서 생기는 포인트를 개인이 적립하는 것은 지방자치단체 등에서 여러 차례 문제가 되었다. 포인트도 엄연히 공금이다.</u> 예를 들어 감사원에서는 2011년 부천시 공무원들이 법인카드 혜택을 개인적으로 사용한 것을 적발하고 징계를 요구한 바 있다. 아울러 감사원은 "신용카드 사용으로 발생한 인센티브(포인트, 마일리지, 적립금)는 현금전환이 가능한 경우에는 세입 조치를 해야 한다"고 지적했다.

노인정과 입대의 사무실의 컴퓨터 구입비도 의혹의 대상이었다. 컴퓨터 두 대를 사는데 215만 원이나 쓴 것으로 나왔다. 요즘 컴퓨터 시세로 보면 엄청난 고사양이다. 노인정이나 입대의 사무실에서 고성능 3D 게임이라도 하는 건가? 의혹은 꼬리에 꼬리를 물고 이어졌다. 결국 우리는 입대의 회의를 거쳐 관리업체 해지 통보와 그 업체에서 파견한 관리사무소장의 해임안을 통과시켰다. 그러나 입대의 임원들은 갖가지 이유로 해지 통보와 해임안 처리를 미루고 거부했다. 몇 차례의 공방이 오갔다.

그들은 권력을 잡고 있을지 모르지만 우리는 민심을 잡고 있었다. 그래서 우리는 비상총회를 열었다. 그동안 관리사무소장은 모든 계약 관련 서류, 입대의 회의록 등을 자기 방 캐비닛에 넣고 문을 잠그고 다녔는데 우리는 모든 기록 문서를 문을 뜯고 들어가서라도 확보하자고 결의했다. 이날 참석한 수백 명의 입주민이 동의해서 서명까지 하자 결국 관리업체는 관리사무소장 해임을 통보했다. 그 과정에도 우리는 계속해서 입대의 임원들에게 스스로 물러나라고 촉구했다. 이미 드러난 사실들만으로도 대다수 입주민들의 마음은 돌아선 지 오래였다. 그러나 여전히 그들은 순순히 물러날 뜻이 없었다.

: 남이 내야 할 전기료를 속아서 내고 있는 사람들

당신은 아파트의 전기료가 어떻게 부가되는지 아는가? 아파트 주민이 내는 전기료는 크게 세대별 전기료(내 집에서 쓴 전기에 대한 요금)와 공동전기료(승강기나 주차장 조명 등 각종 공용 시설에 들어가는 전기 요금)로 나뉜다. 공동전기료는 각 세대가 평형을 비례로 하여 균등하게 부담한다. 세대별 전기료는 한국전력에서 해당 세대가 쓴 사용량을 검침해서 전기료를 매긴다……고 생각하겠지만, 놀랍게도 실제로는 그렇지 않다.

한국전력이 아파트 단지와 전기 공급 계약을 체결하는 방법은 크게 두 가지가 있다. 종합계약과 단일계약이다. 종합계약을 체결할 경우에는 아파트 단지의 관리사무소에서 각 세대별로 사용량을 검침해서 한전에 통보하면, 한전에서 각 가구에 고지서를 보낸다. 만약 한전에서 보내는 고지서를 받는 아파트 단지라면 종합계약을 한 경우라고 보면 되겠다. 반면 단일계약을 한 아파트의 관리사무소에서는 단지 전체가 사용한 전기량만을 한전에 통보하며, 한전은 그에 따른 총액을 매겨 관리사무소에 통보한다. 이후 관리사무소가 각 세대별 요금을 매기고 아파트 단지 전체의 전기료를 한전에 일괄 납부한다. 아파트 관리비 고지서에 전기요금이 같이 들어 있는 단지는 한전과 단일계약을 한 아파트라고 보면 된다.

또한 아파트에서 내는 전기요금에도 두 가지 종류가 있다. 바로 주택용 저압 요금과 일반용 고압 요금이다. 일반적으로 저압 요금은 전기를 적게 쓰는 집에 유리하고 고압 요금은 전기를 많이 쓰는 집에 유리한 구조를 가지고 있다. 그래서 종합계약을 할 경우에는 세대별 전기료는 저압, 공동전기료는 고압으로 요금을 매기는 경우가 많다. 반면, 단일계약을 할 경우에는 전체 총액만을 계산하므로 종류에 관계없이 고압으로 요금을 매긴다.

드림파크어울림의 전기 계약은 단일계약이었다. 세대별 전기료든 공동전기료든 모두 고압이다. 그런데 알고 보니 마치 종합계약인 것처럼 저압 요금 기준으로 세대별 전기료를 매기고 있었다. 이것을 알게 된 사람들이 문제를 제기하자 입대의와 관리사무소 쪽에서는 이런저런 변명을 갖다 붙이기에 바빴다. 입대의의 해명은 '어차피 단일계약이니까 저압이든 고압이든 똑같은 총액에서 세대별로 전기료가 분배된다'는 거였다. 저압을 적용할 때 고압보다 요금이 비싸지는 세대가 있는가 하면, 요금이 낮아지는 세대도 있으며, 총액 중 나머지 공동전기료는 균등 분배하므로 세대별 전기료 총액이 올라간 만큼 공동전기료 총액은 낮아지니 입주민 전체로 볼 때에는 손해가 없다는 얘기였다. 얼핏 들으면 맞는 말처럼 보인다.

그런데 여기에는 결정적인 함정이 있었다. 바로 미입주세대의 공동전기료다. 이 문제를 발견할 당시 단지 안에는 미입주세대가 130여 세대나 있었다. 미입주세대는 소유권이 아직 시행사에게 있기 때문에 이에 대한 공동전기료는 시행사가 부담해야 한다. 공동전기료가 낮게 나오도록 요금을 매기면 시행사는 그만큼 미입주세대에 대한 전기료 부담을 줄일 수 있다. 그 줄어든 돈은 그만큼 높아진 세대별 전기료에 반영되어 입주민 세대들에게 떠넘겨진 것이다. 실로 놀라운, 대단한 꼼수가 아닐 수 없다. 시행사에게는 유리하게, 그만큼 입주민에게는 불리하게 요금을 매긴 관리사무소와 이를 묵인하며 마치 아무 문제가 없는 것처럼 강변하는 입대의를 주민들이 어떻게 믿을 수 있단 말인가.

전기료를 주민들에게 불리한 방식으로 매기거나 조작하는 일들은 적지 않은 아파트 단지에서 흔하게 벌어지고 있다. 종합계약이었던 아파트 단지가 단일계약으로 바꾼 뒤에도 각 세대에게 저압 요금을 부과하다 부당이득 반환 판결을 받는 경우도 있었다. 대부분의 아파트 주민들은 실제 자기 집 전기 사용량이 얼마나 되는지 확인해보지도 않는다. 자기 집에 부과된 요금이 정확한지 이상한지 계산해보는 경우는 더더욱 드물다. 부패한 아파트 단지에서는 심지어 이를 악용해서 입대의 임원들은 거의 전기요금을 내지 않는 경우도 있다. 이들의 전기요금은 다른 세대들로 분산되어 떠넘겨진다. 수백 수천 세대로 분산되면 몇 백 원에서 몇 천 원 수준이기 때문에 쉽게 파악할 수 없다는 점을 악용하는 것이다.

: 그들은 1/n의
  허점을 교묘하게 이용한다

관리사무소장(관리소장)은 말 그대로 아파트 관리를 총괄하는 책임자다. 여기서는 다른 관점으로 관리소장을 생각해보자. 1,000세대가 입주해 있는 아파트에서 한 달 관리비가 한 집 평균 15만 원 정도 나온다고 가정하면, 한 달에 1억 5,000만 원, 1년이면 18억 원이다. 이 때 관리소장은 연매출 18억 원 규모의 회사를 경영하는 것이나 마찬가지다. 상가 관리비를 포함한 다른 수입을 포함하면 그 규모는 더욱 커진다. 대부분의 입주자들은 관리소장 얼굴도 제대로 모르지만 입주자대표회의(입대의)와 관리소장은 아파트의 살림살이를 끌고 나가는 양쪽 날개다. 이들이 자신들의 이권을 위해서 결탁한다면 입주자가 당연히 누려야 할 수많은 권리들이 실종되고 수상한 일들이 벌어진다.

<u>분양을 거쳐 완공 후 입주가 이루어지는 단계에서 관리소장의 선정은 시행사 혹은 건설사가 중심이 되어 하게 된다. 그래서 입주 시기의 관리사무소는 입주자 편이 아니라 무조건 업체편이라고 봐도 틀린 말은 아니다.</u> 그럴 수밖에 없다. 그는 이 업체들에게 잘 보여야 계속 일이 생기기 때문이다. 입주가 완료되고 입대의 임원까지 선출이 되고 나면 아파트 관리업체를 선정하게 된다. 다음 관리소장은 관리업체에서 파견하는 것이 보통이므로 입주 시기의 관리소장은 오래 일하게 될 기대는 하지 않는다. 입주자들을 위한 서비스는 뒷전인 경우가 많다. 경비실이 시도 때도 없이 비어 있는가 하면 입주자들이 주위에 있는데도 막말을 하는 사람도 있다.

입주민들은 입주할 때 여러 가지 비용을 정산해야만 집 열쇠를 받을 수 있다. 이 과정에서도 알게 모르게 우리의 주머니가 털린다. 비용 정산을 하고 청구하는 주체는 관리사무소다. 관리사무소에서 얼마를 내라고 하면 사람들은 거의 따지지 않고 내라는 대로 낸다. 자기 집으로 입주하는 좋은 날이고 첫 번째 날이니, 굳이 따지고 싶지 않을 수도 있겠다. 몇 십만 원 정도니까 괜찮다고 하는 사람도 있을 것이다. 무엇보다 문제는 입주자가 꼭 내야 하는 진짜 비용과 원래 시행사나 건설사가 내야 하는 거짓 비용을 사람들이 구분하기가 어렵다는 사실이다.

정산 비용 중에서 재산세를 예로 들어보자. 입주 시점에 따라 입주할 집에 대한 재산세를 내라고 하는 경우가 있다. 재산세는 6월 30일을 기준으로 그 집이 누구 소유인지에 따라서 내는 사람이 결정된다. 입주를 해도 소유권이 바뀌는 시점은 등기를 낸 날이다. <u>등기를 6월 30일보다 늦게 냈다면 그해의 재산세는 시행사가 내야 한다.</u> 비용 정산을 하는 날이 6월 30일보다 늦다면 재산세는 빼줘야 하지만 관리사무소에서는 이를 무조건 입주자에게 뒤집어씌우는 일이 많다. 엄연히 불법이지만 재산세 과세 기준을 제대로 아는 사람은 드물고, 정산을 하고 돈을 내야 아파트 열쇠를 받을 수 있으니 거의 다 그냥 낸다. 누가 이의를 제기하지 않으면 지구가 멸망할 때까지도 모르고 넘어간다.

또 한 가지, 처음에 입주를 할 시기의 관리사무소 사무실에는 아무것도 없다. 책상이나 의자, 에어컨 같은 집기들을 들여놓아야 하는데 법적으로 그 비용은 건설사가 부담해야 한다. 그러나 입주민한테 부담시키는 아파트도 많다. 1,000세대의 아파트 단지 관리사무소에서 2,000만 원어치의 집기를 샀다고 해도 입주자들에게 분산시키면 2만원씩이다. 아무리 많은 돈이라도 1/n로 나눠버리면 작은 돈이 되기 때문에 쉽게 드러나지 않는다. 입주 때 비용 정산은 물론 그 이후에도 입주자가 부담할 필요가 없는 돈을 1/n으로 분산시켜 관리비에 슬쩍 끼워 넣는 일이 비일비재하다. 평균적으로 한 달에 12만원 나오던 관리비가 한두 번 13만 원 나왔다고 그것 때문에 광분하는 사람이 얼마나 될까.

한편 입주자들도 1/n의 마법에 편승하기도 한다. 내지 않아도 되는 돈을 내고 있다는 사실을 발견해도 나서서 목소리를 높이는 순간 입주자 엑스, 혹은 나쁜 입대의와 맞서야 하고 개인적으로 엄청나게 귀찮아질 거라 생각하기 쉽다. 말을 안 하고 공론화시키지 않아도 더 나가는 돈은 한 달에 1~2만 원 수준이다. 그냥 1만 원 더 내고 마는 사람들이 대부분일 것이다. 기분은 나쁘지만 총대를 메고 나서는 게 너무 피곤하기 때문이다. 개인으로는 1만 원이지만 1,000세대면 1,000만 원, 1년이면 1억 2,000만 원이다. 1/n의 마법 속에 묻혀서 슬금슬금 우리의 주머니는 털리고 입주자 엑스를 비롯한 누군가는 배를 불리고 있는 것이다.

: 자료를 공개하기 싫어한다면
   물어보나 마나다

앞서 얘기했듯이 관리사무소에는 수입과 지출, 각종 중요한 결정들을 담은 서류들이 보관되어 있다. 입주민 중에서 입대의나 관리사무소의 활동이 석연치 않거나 뭔가 비리를 저지르는 것 같은 의심이 든다면 이 서류들을 공개하라고 요구해야 한다. 다음의 케이스를 보자.

입주민이 특정 의심사항에 대하여 문의하면서 관련 자료를 보여 달라고 한다. 관리사무소 측의 대답은 "싫어요"다. 이런 저런 핑계를 갖다 붙이는 관리소장은 그래도 양반이고, 그냥 이유도 없이 안 된다고 거절한다. 이런 경우 아파트 관리규약은 통상 7일 이내에 요청한 자료를 열람할 수 있도록 정하고 있다. 그래도 안 보여주면 구청에 민원을 넣어야 한다. 민원을 접수한 구청 담당자는 7일 안에 답변을 하도록 되어 있다. 구청에서는 보통 7일을 거의 꽉 채워서 관리사무소에 지도권고를 내린다. 지도권고는 법적인 구속력이 없는, 그야말로 권고다.

다시 관리사무소에 정보 열람을 요구하며 항의를 하면 또 거절한다. 지도권고 한 번 받은 것은 별 거 아니라는 식이다. 그러면 또 구청에 민원을 넣고, 7일이 지나면 또 지도권고가 나온다. 이렇게 몇 번 탁구 치듯이 왔다 갔다 하다 보면 관리소장도 언제까지나 구청의 지도권고를 무시할 수도 없으니 못 이기는 척 열람하고자 하는 정보의 내용을 서면으로 제출하라고 한다. 다시 한 번 인내심을 가지고 내라는 대로 요청서를 제출하면 7일을 다 채우고 서류를 열람할 수 있도록 해준다.

그런데 서류를 보면 내가 원했던 자료가 아닌 엉뚱한 자료다. 항의하면 관리소장의 태도는 이런 식이다. "신청서식을 자세하게 잘 썼어야지!" 그러고는 처음부터 다시다. 이런 식으로 자료 열람 요청 하나조차도 이 핑계 저 핑계로 몇 달씩 질질 끌면서 김 빼고 힘 빼는 건 일도 아니다. 한 달 두 달 지나고 반 년쯤 지나면 결국은 입주자가 지쳐서 포기하게 된다.

<u>관리사무소장의 임명이나 해임은 입대의에 실질적인 권한이 있다. 엄밀하게 보면 그것은 관리업체의 소관이지만 그 업체를 입대의가 결정하기 때문이다.</u> 첫 관리사무소장은 시행사나 건설사에서 결정하지만 입대의가 제대로 된 관리소장을 원한다면 충분히 교체할 권리가 있다. 반면 입대의를 입주자 엑스가 장악하고 있다면 자신들의 입맛에 맞는 관리소장을 들어앉히고, 결탁 관계가 형성될 것이다. 이들이 누리고 나눠먹을 수 있는 이권은 수십 수백 가지에 이르고, 모든 것은 입주자들 모르게 이루어진다. <u>과연 관리소장이 아파트를 투명하게 운영하는지 아닌지를 확인하고 싶다면 경비나 청소와 같은 용역업체 선정, 각종 입찰과 같이</u>

이권이 개입될 가능성이 높은 문제에 관한 자료의 열람을 요구해보라. 앞서 말한 수법으로 이리 돌리고 저리 돌려가면서 정보 열람을 꺼린다면 십중팔구 떳떳치 못한 부분이 있는 것이다.

: 입대의 회장 아무개 씨, 제 무덤을 파다

어느 날 외부 업무를 마치고 회사에 돌아와보니, 팀원 한 명이 내가 없는 사이에 이상한 전화 한 통이 걸려왔었다고 알려주었다. 누구냐고 물으니 모르겠단다. 전화를 건 사람은 대뜸 내 이름을 대면서 이렇게 물어왔다고 한다. "거기 김효한 씨라고 근무하지요?" "지금 자리에 안 계신데요. 누구신데요?" "김효한 씨 맞죠? 이름." "맞는데 어디신데요?" "서울이에요." 그렇게 전화가 뚝 끊겼다고 한다. 이상한 느낌이 들었다. 회사의 전화는 밖에서 걸려온 전화가 어디서 걸려온 것인지 발신 전화번호 기록이 남는다. 걸려온 번호를 확인해 보니까 032로 시작했다. 그럼 서울이 아니라 인천인데? 갑자기 이상한 감이 왔다.

기록된 전화번호로 전화를 걸어보았다. "감사합니다. ○○씨엔엠입니다." 순간적으로 어? 하는 생각이 들었다. ○○이라는 회사 이름을 어디서 들어본 기억이 났기 때문이다. "혹시 그 회사에 아무개 씨라고 계십니까?" "전무님은 지금 외근 나가셨는데요?" 아하, 딱 걸렸다! "회사 이름이 뭐랬죠?" "○○씨엔엠입니다." 그 회사는 바로 1단지 입대의 회장인 사람이 전무로 있는 회사였다. 그가 동대표 및 회장 선거에 출마했을 때 직업란에는 그냥 ○○이라는 간략한 회사 이름만 쓰여 있었다. 그 이름은 유명 학원이나 보일러 회사와 같았기 때문에 그것만으로는 어떤 회사에 다니는지 알 수가 없었다. 그런데 우연한 기회에, 그것도 회장이 내 뒤를 캐려고 걸었던 전화 때문에 회사의 정확한 이름을 알 수 있게 되었다. 한 마디로 꼬리가 밟힌 것이다.

조사를 해보니, ○○씨엔엠이라는 회사는 아파트에 경비원이나 청소부를 파견하고 소독과 같은 각종 아파트 관련 외주 일을 하는 업체였다. 게다가 우리 아파트 2단지에 용역을 파견하고 있는 상태였다. 그의 인척이 대표로 있었고 자신은 전무 일을 맡고 있었다. '아하, 그래서 이 사람이 회장이 되었구나!' 오랫동안 풀리지 않던 의문이 한꺼번에 풀렸다. 머리끝까지 화가 났다. 이는 엄연히 불법이었다. 주택법시행령 제50조 4항을 보면 '해당 공동주택 관리주체의 소속 임직원과 관리주체에 용역을 공급하거나 사업자로 지정된 자의 소속 임원'은 '동별 대표자가 될 수 없으며 그 자격을 상실한다'고 되어 있다. 그는 동대표는 물론 입대의 회장 자격이 없는 사람이었다. 과연 그가 이 사실을 몰랐을까? 심지어 자기가 전무로 있는 회사가 2단지에 외주 인력을 공급하고 있다는 사실을? 오히려 어떻게 이 회사가 외주 일을 따냈는지 경위를 따져 봐야 할 판이었다.

: 무좀균보다 끈질기고 오래 가는
   입주자 엑스들

기득권이란 무서운 것이다. 진심으로 입주민들을 위해서 싸우는 리더들은 기득권을 지키려는 사람들에게 지기 십상이다. 사욕을 채우기 위한 기득권 앞에서는 염치도 자존심도 없다. 기득권을 누리는 사람들은 그것을 지키는 데에만 골몰할 뿐이다. 반면 입주민들을 위해 싸우는 리더들은 명분이니 도덕이니 하는 것에도 신경 쓴다. 입주민들이 자기 마음을 몰라주면 서운해하고 쉽게 지친다. 기득권 세력들은 끊임없이 음해를 하고 악선동을 한다. 상식이 있는 입주민들이라면 불순한 기득권 세력들의 책동을 비난하지만 상황은 쉽게 정리되지 않는다. 계속되는 음해와 악선동에 결국 리더는 지쳐서 포기하게 된다. 기득권 세력은 욕을 먹든 비난을 받든 자기의 이익을 보장해주는 기득권만 지킬 수 있으면 장땡이다. 어느 영화의 대사처럼 "강한 놈이 오래 가는 게 아니라, 오래 가는 놈이 강한 것"이다.

입대의를 장악한 입주자 엑스가 그랬다. 그들은 끝까지 스스로 내려오려고 하지 않았다. 자신들은 권력을 잡고 있으니 아마 질질 끌고 또 버티면 우리가 지칠 거라고 생각했을 것이다. 그러나 나도 오래 가는 놈이다. 그들의 상상보다도 훨씬 오래 가고 질기다. 2단지 회장은 견디다 못해 사퇴했지만 1단지 회장은 계속 버텼다. 우리는 결국 그들을 강제로 끌어내릴 수밖에 없었다. 이들이 동대표로 있는 동에서 해임 투표가 진행되었다. 부녀회를 중심으로 50여 명 이상이 집집마다 아침부터 저녁까지 뛰어다녔다. 결국 98% 찬성으로 해임이 가결되었다.

그러나 그것으로 끝난 것은 아니었다. 회장과 감사는 해임무효소송을 걸었다. 자기들은 동대표에서 해임됐을 뿐이지 임원에서 해임된 게 아니므로 임기 때까지 직위를 유지할 수 있다고 주장했다. 분명히 아파트 관리규약 준칙에 따르면 '해임된 동별 대표자는 임원의 지위까지도 모두 상실된다'라고 명시되어 있음에도 불구하고 억지를 부리는 것이다. <u>소송까지 가면 질 것이 뻔한 데도 법정으로 끌고 가는 이유는 시간을 끌기 위해서다. 일단 소송을 걸고 법의 판단을 기다리는 동안 지위가 유지가 된다. 그렇게 도장이나 통장을 안 내놓고 질질 끄는 것이다.</u> 민사 재판은 판결이 날 때까지 길게는 1년은 걸린다. 그때가 되면 이미 임기도 끝난 뒤다. 져도 상관없는 것이다. 벌금 몇 백만 원 나오면 그것만 내면 된다고 생각했을 것이다.

그런데 우리가 설마 소송 결과만 넋 놓고 바라볼 사람들인가? 지역구 국회의원한테 민원을 제기하고 갖가지 방법을 동원한 끝에 한 달 반 만에 판결이 내려졌다. 물론 원고인 회장과 감사의 패소였다. 그런데도 그들은 도장과 통장을 안 내놓고 버티면서 해임된 뒤에도 나와서 결재를 했다. 우리는 도장과 통장을 새로 만들었다. 입주민들의 손에 의해 쫓겨난 입대의 임원들은 여기 저기 돌아다니면서 해임이 부당하다고 떠들고 다녔다. 소송에서도 부당하지 않다고 결론이 났고, 입주민 98%가 해임에 찬성했는데 자기들끼리만 부당하다고 한들, 무슨 소용이 있겠는가.

입주자 엑스를 몰아낸 것으로 물론 끝은 아니었다. 이제는 좋은 아파트를 만들어줄 입대의를 새로 구성해야 했다. 직장인인 나는 입대의 회장을 할 수 없는 처지였다. 대신 모 공기업에 다니는 동대표가 회장을 맡았다. 그는 근무 패턴이 하루 일하고 하루 쉬는 식이라서 시간 활용이 나보다는 좀 더 나았기 때문에 거절하는 것을 여러 번 부탁해서 겨우 회장 출마를 받아들였고 당선되었다. 나는 감사직을 맡았다.

그런데 그분은 회장직에 오래 있지 못했다. 나중에 누군가가 공기업 감사실에 '겸임금지조항 위반'이라면서 투서를 낸 것이다. 공무원이나 공기업 임직원은 다른 직업을 갖지 못한다. 심지어 회사의 사외이사나 겸임교수도 할 수 없다. 이 역시도 하나의 비리로 보기 때문이다. 사실 동대표라고 해봐야 회의 참석하면 한 달에 5만 원 가량을 받는 게 전부다. 직업이라고 하기에는 낯부끄러운 돈이고 봉사로 봐야 할 일이다. 그래도 법적으로 보면 위반이라고 한다. 결국 그는 사퇴했다. 그 뒤에도 입주자 엑스 중의 일부는 빌미만 있으면 투서를 하거나 전화를 걸어서 '그 회사의 누구누구가 이런 일을 하고 있는데 알고 있나?'하며 끊임없이 발목을 잡았다. 최근에도 기술이사를 맡고 있던 동대표 한 명이 이런 투서 때문에 사퇴를 했다. 공무원 신분이었기 때문이다.

다음 회장은 자영업자가 되었다. 입대의에서 입주자 엑스를 몰아내는 데 걸린 시간을 따져보니 아홉 달 정도였다. 그때부터는 입주민의 권리를 법적으로 보호를 받을 수 있었고 모든 서류도 자유롭게 열람할 수 있었다. 나는 본격적으로 그동안 입대의와 관리사무소가 어떤 일을 해왔는지를 파보기 시작했다. 한편, 입주자 엑스들은 하나 둘 소리 소문 없이 이사를 가거나 세를 주고 단지를 떠나기 시작했다. 질기게 남아 있는 사람들도 있었지만 지나갈 때마다 입주민들이 손가락질을 해대는 통에 환할 때는 밖에 나다니기도 힘든 처지가 되어 버렸다.

: 떨이 분양은
   우리를 분통 터지게 한다

몇 년 전부터 아파트 미분양 사태가 속출하고 있다. 우리 아파트도 예외는 아니었다. 아파트를 분양 받은 뒤, '아, 내가 뭔가 속았구나' 하고 느꼈던 첫 번째 이유도 미분양 사태였다. 미분양 사태가 발생하면 시행사는 자금난에 빠지게 된다. 다시 한 번 말하지만, 아파트 사업은 이름난 대기업 건설사의 자금력으로 추진되는 게 아니다. <u>사업은 시행사가 추진하며 그런 회사들은 대개 자기 돈으로 사업을 추진할 수 있는 자금력을 가지고 있지 않다.</u> 자금은 보통 프로젝트 파이낸싱(PF)을 통해 금융기관에서 대출받게 된다. 시공사(건설사)는 시행사와 계약을 맺고 아파트를 지어주는 일종의 외주업체이며, 다만 PF를 체결할 때 보증을 서준다.

만약 아파트 분양이 잘 되지 않아서 시행사가 공사 대금이나 그밖에 지출을 제대로 조달하지 못하면 시공사, 즉 건설사는 대금 대신에 채권 추심 형식으로 미분양 물량을 넘겨받게 된다. 건설사가 이를 처분하면 먼저 PF에 투자했던 은행이 1순위, 시공사가 2순위로 돈을 가져가게 된다. 제대로 얘기하자면 어지간한 경제 지식 없이는 뭐가 뭔지 알 수가 없으니 여기서는 등장인물을 기준으로 최대한 단순화시켜보자.

신탁회사

아파트가 미분양되면 시행사로부터 받아야 할 돈을 다 못받게 된 건설사는 어떻게든 빨리 자금을 끌어오고 싶어한다. 미분양 아파트를 팔아서 돈을 만들면 되겠지만 분양에 실패한 물량이 어디 그리 쉽게 팔리겠는가. 그래서 건설사는 신탁회사에 미분양 물량을 신탁한다. 그렇다면 신탁회사가 바로 돈을 주는 것일까? 여기에서 특수목적회사(SPC)라는 것이 등장한다.

특수목적회사

특수목적회사는 신탁된 미분양 아파트를 담보로 이른바 '유동화 증권'을 만들어서 증권시장에 내다 파는 일을 한다. 유동화 증권은 쉽게 말해서 채권의 일종이다. 정해진 기한이 되면 원금에다 미리 정한 이자를 얹어서 돌려주는, 일종의 채권이다. 이 증권을 팔아서 생긴 돈은 건설사에게 가는데, 건설사로서는 직접 아파트를 파는 것보다는 수익이 떨어지지만 집이 팔릴 때까지 기다릴 것 없이 당장 필요한 자금을 조달할 수 있게 된다.

할인재분양회사

건설사는 신탁회사와 특수목적회사를 통해서 일단 급한 자금을 조달할 수 있게 됐지만 신탁회사나 특수목적회사는 어떻게 자금을 마련할까? 그들도 어쨌든 아파트를 팔아야만 돈을 만들 수 있다. 아파트를 팔려면 갖가지 세일즈를 해야 하는데 할인재분양회사가 바로 이 역할을 담당한다.

떼분양팀

이른바 '떼분양팀'이라고 하는 그룹들은 실제로 바깥에서 뛰면서 미분양 물량을 팔아치우기 위한 세일즈 팀이다. 물량이 팔린 만큼 수당을 받는 구조를 가지고 있다. 할인재분양회사에서는 떼분양팀을 여럿 고용해서 서로 경쟁을 붙이기도 한다.

우리 아파트 얘기로 돌아가보면 바깥에서 끝까지 싸우면서 입주 포기를 주장했던 130세대는 결국 계약금을 포기하고 계약 해지를 할 수 있었다. 그 뒤 건설사에서는 이 물량에 대한 할인분양을 시작했다. 미분양 물량의 할인이 시작되면 분양 때 제값 주고 아파트를 산 사람들은 분통이 터진다. 게다가 우리 아파트는 분양 때는 감춰졌던 갖가지 허위 과장

광고 등 문제점이 속속 발견되고 있던 상황이었다.

당시 할인분양 사무소에서는 분양가 대비 25% 이상 싼 가격으로 아파트를 내놓았다. 단지에서 가장 분양가가 낮았던 34평형 1층은 8,300만 원을 깎아줬고 49평형 1층은 1억 4,400만 원을 깎아서 30%나 가격을 할인했다. <u>이미 분양을 받은 사람들로서는 계약 해지를 할 수만 있었다면 해지하고 할인 가격으로 사는 게 더 싸다는 결론이 나온다.</u> 계약금 10%를 포기해도 25%~30% 할인이면 그래도 15%~20%가 더 싸기 때문이다. 이것이야말로 미칠 노릇이 아닌가.

: 이래도 우리 아파트 사실 겁니까?

미분양 물량에 대한 떨이가 시작되자 아파트 단지 안의 분위기가 어수선해지기 시작했다. 살고 있는 아파트가 헐값 취급을 받는 것도 분통 터질 노릇인데, 단지 안에 낯선 사람들과 심지어는 건달 같은 행색을 한 사람들까지도 우루루 몰려다니다보니 주민들, 특히 아이들이 불안해했다. 이대로 앉아서 보고만 있을 수는 없었다. 다시 주민들에게 지금의 상황을 호소했다. 물론 막아야 한다는 의견이 압도적이었다. 그렇다면 어떻게 막아야 할까?

막무가내로 할인분양을 막을 수는 없다. 미분양 물량은 신탁회사 소유고 집을 팔겠다는데 막으면 업무방해죄에 해당한다. 궁리 끝에 생각해 낸 방법은 '외부인 진입 차단'이었다. 낯선 사람들이 단지 안을 몰려다니다 보니 주민들이 불안해하고 안전사고나 범죄에 대한 걱정도 늘고 있었다. 아파트 단지 내부는 주민들의 공동 공간이므로 허가 받지 않은 외부인들이 무단으로 단지 안에 들어오는 것을 막을 수 있다. 입주민 총회를 통해서 단지 입구마다 천막을 치고 외부인이 무단으로 들어오는 것을 막기로 결정했다. 주민들이 자원해서 아파트를 드나드는 사람들이 입주민인지 아닌지 일일이 체크했다.

처음에는 쉽지 않은 싸움이었다. 아파트 단지 안으로 들어갈 때마다 입주자 여부를 확인 받아야 하니 여간 불편한 게 아니었다. 가끔 주민들끼리 말다툼이 벌어지기도 했다. 떼분양팀과 집 구경하러 온 사람들은 단지 안으로 들어갈 길이 막히자 갖가지 방법을 동원했다. 이른바 담치기, 담을 넘어서 아파트 단지 안으로 들어가는 경우가 있었는가 하면, 주민들에게 발급된 차량출입카드를 몇 장 입수해서 돌려쓰기를 하면서 들어오는 일도 있었다.

집들이를 온 것처럼 두 손에 세제와 휴지를 들고 들어오는 사람들도 있었다. '최근 이사 온 집도 없는데 웬 집들이?' 하며 이들을 뒤쫓아 가봤다. 머뭇머뭇하던 그 사람들은 '이 집을 찾아왔다'면서 인터폰을 눌렀다. 집주인은 황당해했다. 전세 혹은 월세를 구하러 왔다는 사람도 있는가 하면 애들까지 동원해 온 가족이 출동해서 부모님 집에 왔다고 하는 경우도 있었다. 쫓아가 보니 물론 거짓말이었다.

우리는 심지어 '제 얼굴에 침뱉기' 작전까지 썼다. 아파트 바깥에 '단지 옆에 쓰레기 매립장이 있는 것, 알고 있나요?'라고 적힌 현수막을 내다 붙였다. 집 보러 온 사람들에게 '이런 사실 알고나 있냐? 그런데도 이 아파트 살래?'하고 스스로 우리 아파트의 치부를 드러낸 것이다. 이렇게 한 달이 지났다. 어느덧 겨울이 되어 입구에서 출입 체크를 하던 주민들도 이만저만 고생이 아니었다. 하지만 출입자 확인에 참여한 200여 세대 주민들은 물러설 기색이 없었다.

두 달이 다 되어가자 드디어 떼분양팀 쪽에서 협상 제의가 들어왔다. 결국 약 3억 7천만 원을 위로금으로 받기로 협상을 타결하고 56일 만에 외부인 차단을 풀었다. 이 돈은 외부인 진입을 허용하는 조건일 뿐 할인분양에 따른 피해보상금이 아니라는 점을 명확히 했다. 위로금으로 함께 싸운 주민들과 승리를 자축하는 바비큐 파티를 열고, 그동안 출입자 확인 과정에서 사용한 각종 비용을 제한 돈은 그동안 활동에 참여한 횟수를 기준으로 등급을 나누어 주민들에게 배분했다.

두 달 동안 끈질기게 싸워서 얻은 대가를 돈으로만 따진다면 가장 참여가 활발했던 세대라도 200만 원에 약간 못 미치기 때문에 그리 큰 액수는 아니었다. 하지만 할인분양이 이루어지고 낯선 사람들이 단지 안 여기저기에 몰려다니는 것을 그냥 앉아서 보고만 있었다면 우리는 아무것도 얻을 수 없었을 것이다. 경전철 문제와 각종 하자를 비롯해서 싸워야 할 문제들은 여전히 남아 있었다. <u>지치지 않고 싸우고, 누구를 상대해도 뭉치면 이길 수 있다는 자신감을 모두 느낄 수 있었던 것이 이 일로 얻은 값진 성과였다.</u>

누군가는 이렇게 되물을 수도 있을 것이다. "당신들이 좋아서 돈 주고 아파트 사 놓고서, 이제 와 할인분양 하니까 돈 달라는 건 집단 이기주의 아닌가?" 만약 우리가 강남의 일부 아파트들처럼 집값을 올리려고 담합을 했다면 욕먹어도 할 말은 없을 것이다. 일단 분양 계약서에 도장을 찍었으니 우리는 어떠한 상황도 받아들이며 무한 책임을 져야만 할까? 다른 제품들은 돈을 주고 쓰다가 하자가 발견되면 수리를 하거나, 문제가 심각하면 반품이나 교환을 받기도 한다. 아파트는 한 번 써 보지도 못한 상태에서 하자가 발견되어 정상적으로 생활할 수 없는 심각한 문제가 드러나도 그만큼의 권리를 행사하지 못한다. 무엇이 정상이고 무엇이 상식인가?

선분양제를 무기로 해서 고분양가로 소비자들에게 바가지를 씌운 게 문제의 근원이다. 분양 원가 공개에 대해서 건설업자들이 격렬하게 반대한 이유가 무엇이었을까? 자신들이 그동안 얼마나 폭리를 취해왔는지 만천하에 드러낼 수는 없을 것이다. 수요에 비해서 공급이 달리던 시절에는 바가지를 씌워도 우리들은 달리 선택할 길이 없었다. 다들 바가지 고분양가로 아파트를 파니 도대체 어느 정도가 정상적인 가격인지 어떻게 알 수 있었겠는가.

이제 아파트가 하락기를 맞으니 말도 안 되게 높은 가격을 붙여놓은 아파트는 계획만큼 안 팔려서 곧 떨이로 팔게 된다. 시행사나 건설사도 지금까지 소비자들을 속이고 바가지를 씌운 데 대한 책임을 분담해야 한다. 업체들은 소비자들이 싸우면 무언가 해주고, 가만있으면 아무것도 안 해준다. 선택은 단순하다. 가만히 있으면서 아무것도 얻지 못하든지, 아니면 싸워서 얻어내든지.

: 끝까지 뭉쳐 싸우는 사람들이
  결국 이긴다

입주자나 입주예정자들이 아파트에서 발생한 문제를 놓고 건설사나 시행사를 상대로 싸울 때, 가장 강력한 무기는 '단결'이다. 입주자들이 단결해서 끝까지 싸운다면 아무리 규모가 큰 업체라도 이길 수 있다. 그게 개미들의 힘이다. 좋은 뜻을 가진 리더가 있고, 입주자들이 리더를 믿고 따르면서 똘똘 뭉치면 어떤 회유나 협박도 쉽게 통하지 않는다.

그래서 업체들은 입주자들이 단결하지 못하도록 끊임없이 방해 공작을 벌인다. 단결을 깨기 위해 가장 크게 활약(?)하는 사람들이 바로 입주자 엑스다. 업체들과 뭔가 관계가 있을 것으로 의심되는, 입주자 엑스는 입주자들 속에 스며들어 '우리는 절대로 건설사를 못 이긴다' '계란으로 바위치기다'라는 식으로 패배주의를 조장한다. 뭉쳐서 싸우고자 하는 의지를 꺾는다. 리더들을 갖가지 방법으로 음해하고 공격해서 불신을 조장한다. 리더를 지치게 만들어서 안으로부터 무너뜨린다. 업체와 입주자 엑스의 은밀한 활동에 맞서 우리 보통의 입주자들은 어떻게 뭉쳐 싸워야 할까? 다음 아이디어들을 참고하라.

첫째, 수백 세대에서 수천 세대나 되는 입주자들 중에는 별의 별 사람들이 있게 마련이다. 신문 방송 기자가 있는가 하면, 법조계에 관계된 사람, 인터넷에서 영향력을 가진 사람, 건설업에 관련된 사람들까지 정말로 다양하다. 이런 사람들이 서로 뭉쳐 자신이 가진 능력이나 영향력을 결합한다면 혼자일 때보다 훨씬 강한 파괴력을 가진다.

둘째, 건설사들은 특히 대기업 건설사들일수록 회사의 이미지를 중요하게 생각한다. 수많은 돈을 쏟아 부어가며 아파트 브랜드 광고를 하는 이유도 좋은 이미지를 심기 위해서다. 거액을 들여서 브랜드 광고를 하면 뭘 하겠는가. 그 브랜드 아파트의 문제로 주민들이 시위를 벌이거나 언론과 인터넷을 통해서 사실들이 공개된다면 수십 수백억의 광고는 헛돈 쓴 결과가 된다. 해당 이슈가 이 정도 사안이라면 협상이 의외로 쉽게 해결될 수도 있다.

어떤 분쟁이든 업체는 처음 한두 번 저러다 말겠지 하면서 콧방귀를 뀐다. 한 번이 두 번 되고 두 번이 네 번 되고, 네 번이 열 번 되다 보면 그때부터는 업체 쪽이 다급해진다. 일회성으로 끝나지 않고 꾸준하게 업체와 계속 싸우다 보면 입주자가 충분히 이길 수 있다. 입주자를 진정한 고객으로 대하는 업체라면 일은 쉽고 빨리 끝나지만, 눈가리고 아웅하듯 상대하려는 업체라면 결국 쓴맛을 함께 보게 될 것이다. 물론 이것은 입주자들이 끝까지 뭉쳐 싸웠을 때의 얘기다.

: 법보다 가까운,
  '떼법'을 위한 변명

혹시 뭉쳐 싸우는 모습을 '떼법'이라고 비난하는 사람이 있을지도 모르겠다. 문제가 있으면 법을 통해서 정당하게 해결해야지 왜 집단행동으로 문제를 해결하라고 부추기느냐고 말이다. <u>'법은 멀고 주먹은 가깝다'는 말이 있듯, 아파트에서는 '법은 멀고 떼법은 가깝다'는 게 지금의 현실이다.</u> 한데 뭉쳐서 건설사에 몰려가 난리를 치면 그들은 정말 함부로 못한다.

당연히 모든 일을 떼법으로 해결할 수는 없다. 하지만 지금은 선분양제를 뿌리로 해서 아파트에 관련된 법과 제도들이 입주자들에게는 너무나 불리하게 되어 있다. 소송으로 문제를 해결하는 것이 너무 힘들다. 유명 로펌을 앞세우고 소송 업무만 전담하는 법무팀까지 두고 있는 대기업 건설사를 상대로 입주민들이 법정 공방을 벌이는 것은 시작부터가 너무나 불리한 게임이다.

관청도 그렇다. 신사적으로 민원을 넣고 공문 넣어봐야 판에 박힌 답변이 돌아온다. 이래서 안 되고 저래서 안 된단다. 무성의하게, 검토해보겠다는 식의 답변만 주고 세월아 네월아다. 입대의 대표단 몇 명이 가서 면담해봐도 번지르르한 말만 할 뿐 크게 다를 게 없다. 집단으로 몰려가면 태도가 달라진다. <u>좋은 말로 할 때 알아듣지 못하니까 결국 떼법이 동원되는 것이다.</u> 우리 아파트 단지에는 가깝게 지나가는 버스 노선이 없었다. 기다리다가 결국 주민들은 산더미 같은 민원을 구청에 넣었다. 그런 끝에 간신히 버스 노선을 책정 받았다. 말도 안 되는 어거지도 아니고 1,000세대가 넘게 사는 단지인데, 이웃 단지까지 하면 수천 세대인데 버스 하나 없는 게 말이 안 되는 것이었다. 생활을 위해서 꼭 필요한 것조차도 얻어내기가 쉽지 않은 게 현실이다.

떼법이 싫다면 제발 아파트에 관련된 법과 제도의 거리를 입주민들에게 가깝게 고쳐야 한다. 법이 더 가까운데 누가 귀찮고 힘들게 떼법에 의존하겠는가. <u>힘 있는 자들, 돈 많은 자들에게 일방적으로 유리하게 되어 있는 법 제도부터 개정해야 한다.</u> 선진국에는 징벌적 손해 배상 제도란 게 있다. 내가 어떤 기업을 상대로 손해 배상을 청구했을 때, 내가 입은 피해만이 아니라 그 기업이 악의를 가지고 비슷한 수법으로 지금껏 다른 사람들에게 입힌 피해까지 반영해서 보상하게 하는 것이다. 이런 제도를 들여온다면 누가 함부로 거짓과 과장으로 아파트를 팔겠는가.

현실 속에서는 건설사가 오히려 소송을 원한다. 법정 싸움을 하기에는 입주자들이 불리하고 설령 이긴다고 해도 대부분의 경우 배상을 얼마

받지도 못한다. 오히려 건설사가 그 돈으로 업체로서의 의무를 다 털고 면죄부를 받는 결과가 되어 버린다. 부당한 이익을 위해 소비자를 속이는 업체나 사람들이 제대로 응징되고, 공무원들이 주민들의 얘기를 귀담아 듣고, 문제의 해법을 찾아주기 위해 노력한다면 떼법은 알아서 사라진다. <u>떼법은 절대 쉬운 선택이 아니다. 많은 사람들의 시간과 노력이 필요하며 힘들고 귀찮은 일이지만 어쩔 수 없는 선택일 뿐이다.</u>

: 이간질에 속지 않으려면
  의심하기 전에 관찰하라

사람들이 뭉쳐 싸우기 위해서는 리더의 역할이 무척 중요하다. 모여 있다고 해서 그냥 뭉쳐서 싸우지는 않는다. 모인 사람들에게 동기와 목적을 주고, 이길 수 있다는 자신감을 심어줘야 한다. 상대방이 온갖 방해 공작으로 단결을 깨려고 할 때 리더십을 가지고 단결을 유지할 수 있어야 한다. 남의 앞에 나서서 그들을 이끌어 나가는 것은 정말로 힘든 일이다. 회사의 CEO는 엄청난 보수와 혜택을 받고, 정치 지도자는 여러 가지 특혜와 명예를 누린다. 아파트 입주자들을 이끌어나가는 리더는 어떤 대가가 있을까? 없다. 명예는커녕 온갖 악성 루머에 시달리고, 고소 고발에 시달리고, 가족과 친구들은 '네가 왜 사서 <u>그</u> 고생을 하느냐!'고 말린다. 나의 경우에는 고맙게도 아내가 응원해줬기 때문에 나설 수 있었지만 그밖에 친구들, 직장 동료들, 상사들까지도 말렸다.

상대편의 공격까지는 참아낸다고 치자. 오히려 가장 참을 수 없는 것은 입주자들의 의심이다. 악성 루머에 쉽게 넘어가 때로는 삿대질까지 하면서 나를 욕하는 입주자들을 볼 땐 정말 가슴이 아팠다. '내가 미쳤지, 내가 이런 소리나 들으려고 저 사람들을 위해 싸웠나?' 하고 부아가 치밀기도 했다. 그 모든 것을 참아내고 삭이고 이겨내야 하는 게 리더의 숙명이다. 국가와 민족을 위해서 싸우는 거라면 거창한 명분이나 있지, 조그마한 아파트 단지를 위해서 이렇게까지 해야 하나? 수많은 아파트 단지에서, 좋은 뜻을 가지고 업체에 대항하여 싸워보려고 했던 리더들이 그렇게 포기하고 주저앉았다. 불쌍한 입주자들은 루머에 넘어가서 자신들에게 이득을 안겨다 줄 사람들을 섣불리 의심했다가 황금알을 낳는 거위의 배를 갈라버리고 말았다. <u>좋은 리더가 물러나면 입주자 엑스가 재빨리 치고 들어온다. 그러면 거의 게임 끝이다.</u>

내가 사는 아파트 주위에 있는 몇몇 다른 아파트 단지의 입주자들도 비슷한 입주 문제를 겪었다. 시기도 우리 단지와 비슷했다. 그러나 우리 아파트를 빼고는 모두 성과가 없었다. 한 곳은 애초부터 입주자 엑스 쪽이 주도권 잡고 있었기 때문에 변변하게 목소리 한 번 못 내보고 그냥 입주했다. 또 한 곳은 처음에는 생각이 있는 사람들이 입주자들을 이끌어나갔지만 결국 방해공작에 무너지고 입주자 엑스가 잽싸게 주도권을 낚았다. 어찌 보면 흔한 결말들이었다.

앞장서서 목소리를 높이는 사람이 정말로 선의로 그러는 것인지, 아니면 뭔가 꿍꿍이속이 있어서 그러는 건지 누구나 한 번은 의심하게 마련이다. 더구나 입주자 엑스가 퍼뜨리는 온갖 악성 루머가 난무할 때는 더더욱 의심하게 된다. 그게 인지상정이니 앞에 나서는 사람을 무조건 믿으라고 할 수도 없는 일이다. 그럴 때일수록 신중해야 한다. 소문에만 휘둘리기보다는 리더의 언행과 정황을 잘 살펴야 한다. <u>리더가 하는 말이 정말로 나와 입주자들의 이익을 위한 일관된 주장인지, 아니면 결국 시행사나 건설사의 이익을 위한 주장인지 잘 따져봐야 한다.</u>

가장 눈여겨봐야 할 것은 입주자들을 뭉치게 하고, 단결해서 싸우면 이길 수 있다고 말하는 리더인지, 아니면 건설사를 이길 수 없다고 여론을 몰고 가는 사람들인지를 봐야 한다. 입주자 엑스와 선의의 리더를 구별해낼 수만 있어도 아파트에 입주자 엑스가 설 자리는 크게 줄어든다. 악성 루머가 위력을 가지는 이유는 그 출처가 불분명하기 때문이다. <u>악성 루머가, 적어도 입주자 엑스로부터 나올 수 있다는 사실을 알기만 해도 리더의 발목을 잡고 주저앉히는 잘못을 저지르지는 않을 것이다.</u> 모든 아파트에는 우리를 끊임없이 이간질하고 단결을 깨려는 입주자 엑스가 존재한다는 사실을 알아야 한다.

: 참여하면 이익, 안 하면 손해

리더는 어떻게 입주자들에게 동기를 부여하고, 힘들지만 업체와 맞서게 하는가? 어떻게 입주자 엑스의 온갖 음해를 이겨내게 하는가? 입주자들이 리더를 의심하게 되는 이유는 악성 루머와 같은 음해도 있겠지만 리더가 좋은 답을 주지 못해서일 수도 있다. 가장 좋은 방법은 '참여하면 이익, 참여하지 않으면 손해'라는 생각을 명확하게 심어주는 것이다. 시간과 노력을 들이더라도 참여하면 그만한 대가가 돌아온다는 사실을 알게 되면 입주자들은 점점 적극적으로 참여하게 된다. 싸워서 이길 경우에 받게 될 혜택, 아무것도 하지 않았을 때 보게 되는 손해를 명확하게 알려주는 것이다. 단체 행동에 나설 경우, 현장에 참여한 사람들에게만 이득을 나눠주는 방법을 쓰는 것처럼 말이다.

단결하여 얻어내는 대가는 물질적인 것일 수도 있지만 꼭 그런 것만은 아니다. 우리 아파트의 입주자들은 자부심이 강하다. 주위에서 다들 이길 수 없을 거라고 했던 시행사, 건설사와의 싸움에서 결국 이겼다는 자부심이다. 살면서 '절대 강자'를 이겨본 경험을 가진 사람이 얼마나 되겠는가. 싸움에 이겨서 받은 보상도 있지만 이겼다는 그 자체가 가장 멋진 대가일 수도 있다.

함께 뭉쳐서 동고동락하다 보니 우리 아파트는 입주자들 사이도 무척 친하다(물론 입주자 엑스는 빼고). 지금도 많은 이웃들은 나를 본명으로 부르지 않고 '레벤톤 님'으로 부른다. 인터넷 카페에서부터 워낙 활동을 많이 하다보니 입주를 하고 날마다 얼굴을 보는 사이인데도 닉네임이 훨씬 익숙한가보다. 반면 입주자 엑스가 주도권을 장악한 아파트들은 입주자들끼리도 별로 친하지 않은 것 같다. 입주자 엑스들로서는 주민들이 단결하지 못하고 지리멸렬한 쪽이 아파트를 주무르기 훨씬 편하니, 굳이 주민들의 친목을 위해서 열심히 노력할 이유가 없다.

: 섣불리 했다간 파산을 낳는, 채무부존재 소송

아파트에 관련된 분쟁이 생길 때, 가장 빠지기 쉬운 함정은 바로 '소송'이다. 이때 많은 사람들이 어이없게도 두 가지 착각을 한다. 첫째 착각은 소송을 너무 쉽게 생각하는 것이고, 둘째 착각은 법이 자기편이라고 생각하는 것이다. 아파트 주변에는 이런 착각을 교묘하게 파고드는 이들이 참 많다.

분쟁이 벌어지게 되면 이 싸움을 주도하는 입주자 대표들에게 변호사 사무실에서 줄기차게 연락이 온다. 주된 내용은 비슷비슷하다. 아파트 관련 분쟁에 대해 많은 노하우가 있으니 전문가인 자기들에게 믿고 맡겨달라는 것이다. 여기에 넘어가는 사람들이 의외로 많다. 역시 두 가지 이유가 있다. 첫째 이유는 '전문가'라는 말에 귀가 솔깃해지기 때문이고, 둘째 이유는 자기 힘으로 싸우는 게 힘들기 때문이다. 입주자 스스로가 뭉쳐서 시행사 혹은 건설사와 싸우는 것은 결코 쉬운 일이 아니다. 시간이 지날수록 모두들 고생이 이만저만이 아니다. 그럴 때가 되면 법정 소송으로 넘기고 자신들은 편해지려 하게 된다.

우리 아파트와 같이 입주 전에 분쟁이 일어나서 입주예정자들이 중도금과 잔금을 거부하는 아파트 단지에서는 '채무부존재' 소송에 들어가는 것이 일종의 유행처럼 번지기도 했다. 입주예정자 대표에게 접근하는 변호사들 중에는 채무부존재 소송을 거는 것이 정답인 것처럼 말하는 이들도 많았다. 채무부존재 소송이란 말 그대로 채무가 존재하지 않는다는 것을 법이 결론 내려달라는 소송이다. 그런데 분명 본인의 판단에 따라서 계약서에 도장을 찍고 나서, 내야 할 중도금과 잔금을 내지 않고 있는데 어떻게 채무가 없다고 주장할 수 있을까?

<u>상식적으로 생각해보면 이길 가망이 별로 없는 소송이지만 많은 아파트 단지에서 실제로 채무부존재 소송을 진행했다.</u> 소송의 결과도 중요하지만, 일단 소송이 진행되는 동안에는 이자 연체에 따른 금융권의 압박과 신용불량의 위험에서 벗어날 수 있기 때문이었다. 채무가 있는지 없는지 확인하는 소송이 진행되고 있으니 판결이 날 때까지는 시간을 벌 수는 있었다. 소송을 하면서 시간을 끌다보면 시행사 혹은 건설사에서 어떻게든 협상에 나서지 않겠느냐는 작전으로 채무부존재 소송이 활용되기도 했다.

결과적으로 채무부존재 소송은 매우 위험하다. 앞서 말했듯이 이길 가망이 거의 없는 소송이기 때문이다. 일단 소송을 걸어 놓고서 시간을 끌고 보자는 작전으로 활용하다가, 1심과 2심을 거쳐서 대법원까지 가서 패소가 확정되면 소송 기간 2~3년 동안의 이자가 눈사태처럼 개인을 덮치게 된다. 소송이 진행되는 동안에는 이자 부담에서 해방되지만 패소하면 그 동안의 이자는 정상 이자가 아닌 연체 이자로 계산이 된다. 아주 드물게 승소하는 경우도 있긴 하지만 채무부존재 소송을 벌였던 아파트는 거의 대부분이 패소 판결을 받았고 입주자들은 이자 폭탄을

맞았다. 이럴 경우 소송은 거의 재앙에 가깝다. 읽기에 부담스럽겠지만 소송의 위험성을 실감을 하려면 구체적인 숫자를 봐두는 게 도움이 될 것이다. 다음의 이자 계산을 살펴보자.

연체 이자는 20%가 넘는 엄청난 이율이 적용된다. 계약금 10%를 낸 상태에서 중도금 60%를 대출로 받고 잔금 30%를 거부하고 채무부존재 소송을 벌였다고 가정해보자. 3년 동안 법정 공방을 벌인 결과 패소하게 되면 3년 동안에 대한 연체 이자를 토해내야 한다. 3년이면 이자가 집값의 60%다. 4억짜리 집을 산 입주자라면 2억 4,000만 원을 이자로 물어야 한다. 물론 집값의 60%에 해당되는 중도금과 잔금 30%도 고스란히 내야 한다. 합치면 6억 원 가량을 한꺼번에 내야 한다. 패소를 하게 되면 별도로 상대방이 쓴 소송비용까지 이쪽에서 물어줘야 한다. 이 정도 여력이 있는 사람들이 얼마나 되겠는가. 결국 파산의 절벽으로 추락하게 된다. 이러한 채무부존재 소송의 함정은 여러 언론에서도 여러 차례 크게 다뤄진 바 있다.

일부이긴 하지만 비양심적인 변호사들이 이길 가망성이 별로 없는 소송을 권유하는 이유는 쉽게 짐작할 수 있다. 수임료를 챙기기 위해서다. 역시 일부 변호사들은 사건을 수임 받을 때에는 승소 확률이 상당히 있는 것처럼 큰소리를 친다. 그러나 소송 결과가 기대한 것과 다르게 나오면 오만 가지 변명을 늘어놓는다. 판사를 잘못 만났다느니, 운이 없었다느니, 업체 쪽이 고용한 대형 로펌의 파워가 너무 강했다느니, 심지어는 사소한 것을 꼬투리 잡아서 입주자 탓을 하기도 한다. 소송에서 이기든 지든 변호사는 수임료를 받는다. 아파트를 상대로 한 소송은 규모가 크고 집단 소송의 성격을 띠기 때문에 수임료의 규모도 크다.

: 아파트 관련 소송에 대한 냉정한 생각들

방금 자세한 예를 든 채무부존재 소송 외에도 아파트 관련된 소송은 생각보다 많다. 소송을 주장하고 선호하는 일반 입주자들도 역시 많다. 지금 이 순간에도 상당한 수의 변호사 또는 사무장이 찾아온다. 또한 소송만이 정답이라고 주장하는 용역업체들도 많다. <u>소송은 꼭 해야 할 것이 있고, 절대 하지 말아야 할 것도 있다</u>. 더 세부적인 내용은 전문가들을 통해 확인하도록 하고 여기서는 자주 겪게 되는 소송에 대한 폐해를 간단하게 살펴본다.

계약 무효 소송

계약 자체를 무효라 주장하는 소송이다. 승소 시 계약이 무효가 되며 계약금까지 돌려받는다. 다만 승소 확률이 매우 낮다. <u>이 소송으로 승소한 사례는 대한민국에서 손에 꼽을 정도이며 아파트가 무너질 지경이라든가, 심각한 위해시설이 사전 안내 없이 옆에 들어서는 등 정말 심각한 문제가 아니고선 거의 패소한다고 보면 된다.</u> 그러나 이 소송에 들어가는 아파트들이 의외로 많다. 각종 이권이 걸린 업체에서는 계약 무효가 충분히 승산이 있다고 부추긴다. 사람들은 이길 수도 있겠다는 착각에 빠져 생각보다 쉽게 참여한다. 보통 2~3년의 시간이 걸리며 완전 패소 후 상대방의 변호사 비용까지 부담해야 하는 상황까지 발생한다. 계약 무효 소송에 들어갈 계획이라면 정말 신중하게 결정하길 바란다.

채무부존재 소송

앞에서 자세히 얘기했듯이, 중도금을 빌려준 금융권을 상대로 "이 부채는 내 부채가 아니다"라고 주장하는 소송이다. 보통 계약 무효 소송과 함께 진행되는데 소송이 진행되는 동안 채무 변제 및 이자 납부의 의무가 일시적 면제되는 효과가 있다. 그러나 소송에서 패소하면 소송 기간 2~3년 동안의 이자가 연체 이자율로 한꺼번에 부과되어 폭탄이 되어 날아온다. 그 액수는 거의 분양 금액에 육박할 정도로 가히 핵폭탄급이다. 내 주위에도 깊게 알아보지 않은 채 이 소송에 들어간 경우가 많았다. 이 소송의 장점이라면 일단 신용도 하락, 채권추심 등 금융권의 압박으로부터 일시적으로 벗어날 수 있는 점이지만 <u>엄밀히 말하면 그것은 장점이 아니라 함정에 가깝다.</u> 패소 사례가 월등히 많기 때문이다.

손해 배상 소송

손해 배상 소송은 여러 가지가 있다. 첫 번째로 과대광고, 허위광고, 부작위에 의한 기망(반드시 알려주어야 할 사항을 일부러 알려주지 않음) 등의 사유로 소송을 진행하는 경우이다. 일정 부분의 손해를 증명하고 판사가 그 손해의 정도를 결정짓는 소송이므로 승소 확률이 매우 높은 소송이다. <u>입주자는 손해의 정도를 합리적으로 증명해내면 되므로 배상 금액의 크고 작음만이 관건이 된다.</u> 뜻있는 입주민들이 나서준다면 충분히 해볼 만한 소송이다.

두 번째로 미시공, 오시공, 변경시공과 같은 준공 전 하자에 대해 소송을 진행하는 경우이다. 사실 하자의 크고 작음의 문제일 뿐 어느 아파트에나 하자는 있다. 하자 발견 시 보수 처리가 빨리 되면 좋겠지만 일반적으로 건설사는 이런 저런 이유를 들어 매우 더디게 처리한다. 이런 점을 보완하기 위해 관계법령엔 건축비의 3%에 해당하는 하자 보증금을 건설공제조합이나 보증보험에 예치하게 되어 있다. 예를 들어 건축비가 1,000억 원이라 하면 30억 원을 예치해 놓는 것이다. 그런데 하자를 증명하기가 까다롭고 하자를 증명하더라도 이 예치금액의 거의 전부를 찾아오기란 현실적으로 매우 어렵다. 이런 점을 감추고 각종 용역업체와 소송 브로커들이 소송을 부추기는 경우가 많다. 소송 승소 사례를 늘어놓으며 예치금을 거의 다 받을 수 있는 것처럼 설명한다. 이것이 소위 기획소송이라 불리는 소송이다. <u>결과적으로 보면 예치금액의 20~30% 수준에서 승소하는 사례가 대부분이며 이마저도 변호사 수임료와 각종 용역 비용을 빼고 나면 시간과 에너지만 소비할 뿐 남는 것은 별로 없는 경우가 많다.</u> 하자 보수를 진행할 때엔 소송으로 직행하기보다는 입주민들이 똘똘 뭉쳐 건설사를 상대로 신속한 하자 보수를 요구하는 것이 합리적이다. 그래도 정 안 될 경우에 마지막으로 소송에 들어가야 한다.

세 번째로 분양가정산 소송이 있다. 분양 승인 시점의 착공 도면과 준공된 후의 사업승인 도면을 비교해서 차이가 있다면 그 차이만큼의 손해를 청구하는 것이다. 분양가가 적절했는지, 원래 계획된 설계도 대로 똑같이 지었는지를 판단하여 분양대금의 일부를 돌려받기 위한 것이다. 이 소송 역시 소송 전문 브로커들이 매우 활발히 활동하는 분야이며 <u>승소한다고 해도 변호사 수임료와 각종 성공보수를 빼고 나면 남는 것이</u>

거의 없는 것으로 알려져 있다. 시공 상의 명백한 하자가 아니라면 적절한 분양가를 산정하고 입증하는 것 자체가 매우 어려운 일이기 때문이다. 얼마간의 손실이라도 만회해보려는 입주민들은 소송에 참여하지만 소송 기간 동안의 에너지와 시간 소모를 생각해보고, 승소했을 때 받을 보상금의 액수에 대해 충분히 검토한 후 소송에 들어가야 할 것이다.

: 애매한 소송은 이겨도 사실 도움이 안 된다

사실 소송을 거는 일은 시행사와 시공사로서는 가장 원하던 바일 때가 많다. 법정 싸움은 개인보다는 기업이 대체로 유리한 고지를 점령하게 마련이다. 대기업의 경우에는 소송을 전담하는 법무팀이 따로 있으며, 그 회사와 계약을 맺고 있는 로펌이 소송을 맡거나 규모가 클 때에는 한국에서 제일 잘 나간다는 대형 로펌이 소송에 참여하기도 한다. 앞서 말한 것처럼 수임료를 챙길 목적으로 입주자에게 접근하는 변호사에게 덜컥 소송을 맡겼다가는 큰일 난다.

법에는 일사부재리의 원칙이 있다. 곧 한 번 법적으로 결론이 나면 사실관계를 뒤집을 만한 증거가 발견되지 않는 한은 다시 소송을 걸어서 판결을 뒤집을 수가 없다. 법정으로 가기 전에는 입주자들이 단체 행동을 통해서 요구 조건을 관철시킬 여지가 있지만 소송 끝에 판결이 입주자에게 불리하게 내려지면 그것으로 게임 끝이다. 그 문제를 가지고 다시 단체 행동에 나서거나 하면 업체 측에서는 명예훼손이나 업무방해 같은 죄목을 걸 수도 있고, 그렇게 되면 입주자들은 꼼짝없이 처벌받게 된다.

그렇다면 승소를 하면 만세를 부를 일일까? 그건 그렇지도 않다. 원래 요구했던 만큼의 결과를 모두 또는 대부분 얻어낸다면 다행이지만 그에 한참 못 미치는 형편없는 결과로 승소하는 일이 비일비재하기 때문이다. 앞서 언급했던 하자보수 소송이 그 좋은 예다. 승소는 했지만 받는 돈이 형편없고, 어쨌든 승소는 했으니 변호사는 수임료와 성공보수를 챙겨가고, 법적으로 결론이 나 버린다. 앞으로 하자가 발견되어도 더이상 아무것도 받아낼 수 없다. 이 경우는 재판의 결과와 관계없이 싸움의 승리는 업체로 돌아가는 게 아닐까.

대다수 입주자의 이익에 반대되는 행동을 하는 입주자 엑스도 영리하게 소송을 활용하는 경우가 있다. 평소에는 '우리는 시행사나 건설사를 상대로 싸워봐야 이길 수 없다'고 현실론을 설파하는 데 열을 올리는 입주자 엑스가 때로는 역으로 소송을 주장하고 나선다. 특히 싸움을 주도하는 리더가 승소할 가능성이 별로 없거나, 승소를 해도 자신들 편에 큰 타격이 없을 거라고 판단한 경우다. 소송을 반대하는 사람들에게는 겁쟁이 또는 업체와 결탁했다고 뒤집어씌우면서 심지어 강경파 행세를 한다. 합리적으로 생각해보면 섣불리 소송으로 가는 것은 바보짓인 사안을 소송으로 가는 게 강경 투쟁이라는 식으로 몰아가면 입주자들은 의외로 쉽게 부화뇌동한다. 사실 소송으로 가서 얻을 게 별로 없다는 것은 입주자 엑스도 잘 알고 있다. 판결이 끝나면 이 상황을 주도한 입주자 엑스는 그냥 잠수타면 그만이다. 버스 떠난 뒤에 아무리 돌팔매질을 해봐야 소용이 없다. 당한 사람만 억울한 법이다.

: 소송은
 최후의 선택이어야 한다

소송은 다른 방법이 없을 때 선택하는 최후의 선택이어야 한다. 자칫 불리한 판결이 나거나, 승소를 해도 요구한 내용에 한참 못 미치는 결과가 되면 변호사 좋은 일만 하고 미래의 가능성까지 모두 막혀 버린다. 섣불리 소송을 결정하기 전에 비슷한 사례에서 판결이 어떻게 났는지를 충분히 알아봐야 하고, 승소 가능성이 높다고 소송을 권유하면서 접근하는 변호사는 일단 경계해야 한다. 적어도 그 변호사의 입이 아닌 다른 경로를 통해서 경력과 소송 실적을 알아봐야 한다. 소송이 필요하다면 먼저 접근해오는 변호사보다는 입주자 쪽에서 적극적으로 경험이 많고 소송 실적이 좋은 변호사를 찾는 편이 훨씬 낫다.

입주자 중에서 '소송밖에는 방법이 없다, 소송 가면 이긴다'고 다른 입주자들을 선동하는 이른바 '강경파'들도 경계할 필요가 있다. 대부분 사람들이 법에 무지하다는 점을 이용해서 법적으로 앞뒤가 맞지 않는 내용을 그럴싸하게 포장하는 경우가 많다.

앞에서 말했듯이 아파트를 둘러싼 문제를 놓고 계약 취소 소송과 손해 배상 소송을 함께 진행하는 것은 불가능하다. 일단 입주를 하고 나면 이미 아파트를 사용했기 때문에 계약을 취소하는 것은 거의 힘들고, 반대로 손해 배상 소송은 입주를 하기 전에는 실제 피해가 현실화되지 않았으므로 손해 배상의 규모를 측정할 수가 없다. 그런데도 이 두 가지를 한꺼번에 하겠다고 주장하고 나서는 사람들이 있다.

제대로 따져보면 말도 안 되지만 법에 무지한 사람들은 정확하게 상황 파악을 할 수가 없다. 감정적인 선동에 놀아나지 말고 그들의 논리가 정말로 타당한지, 정말로 승소 가능성이 높은 것인지를 주의 깊게 따져보고 결정해야 한다. 돌다리도 두드려보고 또 두드려보는 게 소송의 함정에 빠지지 않는 비결이다.

: 아파트의 모든 것을
  의심하라

어떻게 하면 아파트의 이미지 광고에 속지 않고, 분양 광고에 속지 않고, 모델 하우스에 속지 않고, 분양대행사 직원들의 말에 속지 않고, 계약서에 속지 않을 수 있을까? 일단 최대한 직접 눈으로 보고 확인하는 것이 필요하다. 남의 말만 믿고 속아 넘어가지 말라는 얘기다. 성경에는 '보지 않고 믿는 자는 복이 있다'라는 말이 있다. 그러나 아파트는 사람이 만드는 것이다. <u>눈으로 직접 본 것조차도 믿을 수 없는 게 아파트다.</u> 그런데 직접 눈으로 보지도 않고 믿는다면? 당신은 아파트라는 정글에서 살아남기 어려울 것이다.

모든 광고에는 어느 정도 과장이나 허위가 있게 마련이다. 심지어는 법원 판결에서도 어느 정도의 과장은 '상거래 상의 관행으로 볼 때' 허용이 될 정도다. 앞서 말했던 것처럼 모델하우스는 인테리어 홍보관일 뿐이고, 당신을 환상과 최면 속으로 빠뜨려서 정말로 눈을 부릅뜨고 봐야 할 중요한 정보 대신에 엉뚱한 곳에 꽂히게 만든다. <u>왜곡된 정보에 속지 말고 최대한 관찰하고 상상력을 동원해야 한다.</u> 모델하우스나 미니어처, 지도 등을 보면서 거실 창문으로 보이는 게 아름다운 풍경일지 앞집 거실일지 파악할 정성이 있어야 한다. 당신이 평생에 억대의 상품을 살

기회가 몇 번이나 있겠는가. 그 정도 노력을 쏟는 것은 당연한 일이다.

광고나 모델하우스에 큼직하게 박혀 있는 건설사 이름에 속지 말고, 작은 글씨로 잘 안 보이게 묻혀 있는 시행사를 반드시 잘 조사해봐야 한다. 시행사의 사업 실적은 꼭 체크해야 한다. 생긴 지 얼마 안 되고 실적이 없는 회사라면 의심해볼 필요가 있다. 다른 곳에서 문제가 많은 아파트 사업을 해놓고서 위장 폐업을 한 뒤 간판을 바꾼 시행사일 수도 있기 때문이다. 반면 꾸준한 실적을 가지고 있다면 그 시행사는 어느 정도 믿을 수 있다. 실적이 있는 시행사라면 예전에 사업을 시행했던 아파트가 어디인지, 혹시 그 아파트에 큰 문제나 분쟁은 없었는지 확인해보는 것이 위험을 줄일 수 있는 방법이다.

건설사 역시도 재무구조가 튼튼한지, 부실 위험은 없는지 한 번쯤은 알아볼 필요가 있다. 분양을 받으면 앞으로 2~3년을 기다려야 하는데 요즘 같은 침체기에는 중견 건설사들도 흔들흔들하는 실정이다. 하물며 분양 때부터 벌써 재무구조가 안 좋은 회사라면 오죽하겠는가. 회사가 망해서 아파트를 짓다 마는 최악의 상황까지 가지는 않더라도 자금 사정이 나쁘기 때문에 공사비를 줄이기 위해서 부실공사를 할 위험이 높아진다. 우리가 낸 계약금과 중도금을 오로지 아파트 짓는 데에만 쓸 것이라고 생각한다면 착각이다. 입주자들에게 받은 돈으로 당장 돌아오는 빚이나 어음을 막다 보면 공사에 들어갈 돈이 부족해서 눈에 보이지 않는 철근의 개수를 속이거나 원래 설계보다 질이 낮은 싸구려 자재를 쓸 가능성은 얼마든지 있다.

: 큰 것에서부터 작은 것으로 집중하라

모델하우스에서는 집안의 모습, 아파트 단지의 미니어처, 아파트 단지를 둘러싼 전체 지도를 볼 수 있다. 사람들은 보통 작은 것에 꽂혀서 큰 것은 대충 넘어간다. 집안의 모습은 가장 작은 요소이며 앞에서 살펴보았듯이 그저 인테리어 보기에 불과하다. 그런데 사람들은 여기에 꽂혀서 인테리어보다 중요한 미니어처는 대충 보고, 가장 중요한 전체 지도는 아예 보지도 않는다.

속지 않으려면 반대로 접근해야 한다. 먼저 전체 지도를 가장 꼼꼼하게 확인하고, 그 다음에 미니어처를 유심히 관찰해야 한다. 집안 모습은 각종 공간이 어떻게 배치되어 있는가 정도가 중요하지 그 안의 인테리어는 별로 신경 쓸 필요도 없다. 반면 전체 지도가 가장 중요한 이유는 아파트 단지 주변에 어떤 것들이 있는지 확인해볼 수 있기 때문이다. 아파트 단지 바깥에 주거 환경을 해치는 시설이 있는지, 주위의 전망이나 지형은 어떻게 되어 있는지, 의심쩍은 많은 것들을 지도를 통해 알아보고 문의할 수 있다.

<u>될 수 있으면 실제 아파트가 건설될 부지에 직접 가보는 게 좋다.</u> 미니어처가 대놓고 거짓말을 하는 경우도 있기 때문이다. 예전에는 아파트가 대부분 일자형으로 지어지는 경우가 대부분이지만 최근에는 같은 부지에 세대수 밀도를 높이기 위해서 ㄱ자로 짓는 아파트도 많다. 많은 사람들은 정남향으로 된 집을 선호한다. 만약에 ㄱ자로 아파트를 지으면, 일부는 남향이지만 일부는 서향이나 동향이 될 것이다. 여기서 약간의 묘책(?)이 동원되는데, 아파트를 약간 비스듬히 짓는 것이다.

아래 그림처럼 ㄱ자형 아파트의 한쪽이 정남향이 되도록 지으면 다른 한쪽은 서향이 된다. 이것을 약간 비스듬하게 틀면 한쪽은 남서향, 한쪽

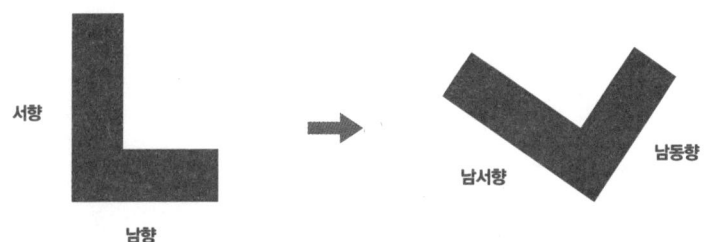

은 남동향이 된다. 이렇게 지어놓고서는 광고에서는 '동서'가 빠진 남향이라고만 자랑한다. 남서향이나 남동향은 정남향에서 볼 수 있는 이점이 크게 줄어든다. 그런데 미니어처에서는 정확하게 집의 방향이 정확하게 어느 쪽인지를 확인하기 힘들다. 아예 미니어처 자체가 엉터리로 제작되어 있어서 측량을 해보면 실제 부지와 하나도 안 맞는 경우도 있다.

선분양제 하에서는 아파트 분양을 받으려 할 때 실제 부지에 가봐야 텅 빈 땅밖에 없다. 실제 건물을 못 보니 가볼 필요가 없다고 생각할 수도 있다. 하지만 빈 땅에라도 시간을 내서 꼭 가보는 게 좋다. 주위의 지형을 관찰하고, 아파트 부지로부터 반경 몇 킬로미터 안에 무엇이 있는지 확인하고, 광고에서 자랑하는 각종 '계획', '예정'들이 실제로 실현될 만한 곳인지를 확인해보는 것이 좋다.

: 분양 계약 과정의 모든 것을 증거로 보관하라

모델하우스 안에서는 사진도 영상도 얼마든지 찍을 수 있다. 사진이든 영상이든 구석구석 찍어놓고 잘 보관하라. 미니어처는 분양이 끝나면 사라지지만 찍어놓은 사진과 영상은 증거물로 남는다. 모델하우스에서 받은 카탈로그나 광고지도 다 가지고 있어야 한다. 직원에게 받은 명함도 다 보관해야 한다. 분양대행사 직원의 얘기도 모두 녹음하고 중요한 건 아예 사인까지 받기 시작하면 절대 거짓말로 영업은 못할 것이다. "당신 그 얘기, 서면으로 하고 지장 찍을 수 있어요?" 이렇게까지 추궁하면 직원은 없는 얘기로 현혹하지는 못할 것이다.

예를 들어, 아파트 섀시가 3중창이면 2중창보다 단열 효과가 훨씬 좋고 그만큼 난방비가 절약된다. 물론 3중창이 2중창보다 비싸다. 모델하우스에서는 섀시에 대해서 물어보는 사람도 별로 없고, 설령 물어본다고 해도 분양대행사 직원은 "아, 당연히 3중창이죠. 그것도 최고급 ○○ 메이커 것으로 시공합니다." 라고 말할 수도 있다. 완공된 아파트를 가보니 웬걸, 3중창은커녕 2중창도 아니고 달랑 한 겹인 경우도 있다. 섀시 메이커도 대행사 직원의 말과는 다른 처음 들어보는 브랜드일 수도 있다. 건설사에 대고 항의해봐야 "우리가 언제요?" 하고 잡아떼면 그만이다. 직원이 그렇게 말했다는 증거도 없고, 아파트 계약서에도 그런 내용은 없으니 아무리 주장해 봐야 법정에서도 안 먹힌다.

대행사 직원의 말과 실제가 다른 사례는 수도 없이 많다. 천연 대리석으로 시공한다고 해놓고서는 인조 대리석을 쓰거나, 친환경 자재를 쓴다고 해놓고서 일반 자재, 심지어는 재생 자재를 쓰기도 한다. 대부분의 사람들은 대리석이 천연인지 인조인지도 잘 구별 못하지만 설령 발견해서 건설사에 따져 봤자 "우리가 언제요? 증거 있어요?" 하면 그만이다. 그래서 직원들의 말을 듣고만 믿지 말고 녹음을 하든 내용을 적어놓고 이름과 사인을 하라고 하든 증거를 꼭 남겨야 한다.

: 하나라도 못 믿겠다면 분양받지 마라

아무리 확인하고 따져 봐도 의심이 간다면, 혹은 정말로 내가 잘 사는 것인지 속고 있는 것인지 자신이 없다면, 답은 간단하다. 분양받지 마라!

아파트를 사놓기만 해도 오르던 시절, 공급이 수요를 못 따라가던 시절에는 선분양제 분양을 받지 않고서는 새 집을 사기가 힘들었다. 치열한 경쟁 속에서 분양에 당첨되는 것도 하늘의 별 따기였다. 오죽하면 '판교로또' 같은 말까지 나왔겠는가. 이제는 옛날 얘기다. 공급 과잉을 걱정해서 정부가 공급을 줄이겠다는 대책을 내놓고 새 아파트마다 미분양 사태가 속출하고 있는 실정이다. 미분양 물량으로 골머리를 앓고 있는 건설사에서는 대폭 세일을 하고 각종 대출 지원을 해주는 것은 물론이고,

절반 정도를 보증금으로 낸 뒤에 일단 2~3년 살아보고 구매 여부를 결정하라는 파격 조건까지 내걸고 있다. 옛날에는 계약금과 중도금을 내면서 2~3년을 기다려야 집 구경을 할 수 있었는데 이제는 정반대로 일단 2~3년 살아본 다음에 살지 말지 결정할 수 있는 시대가 된 것이다.

이런 시대라면 굳이 분양을 받을 필요가 없다. 이제는 실제 다 만들어진 집을 직접 구경하고 확인하면서 어떤 집을 살지 결정할 수 있는 시대인 것이다. 게다가 분양가보다 더 싸게 살 수 있다. 미분양 물량이라고 해서 집이 부실하거나 문제가 많은 건 아닐까 걱정할 필요는 없다. 입지 조건이나 상징성이 워낙에 뛰어나서 부동산 경기에 영향 받지 않는, A++와 같이 옆에 플러스가 여러 개 붙을 정도의 소수 아파트를 빼고는 미분양이 넘치는 게 현실이다. 무엇보다도 완제품을 보고 사는 게 인테리어 구경에 불과한 모델하우스를 보고 사는 것보다는 100배는 더 확실하다. 속지 않고 잘 구입할 수 있을지 의심스럽다면 다 만들어진 집을 보고 사는 게 현명하다.

8. 아파트의 재구성
착한 아파트는 그냥 오지 않는다

: 아파트 단지의
  재구성

내가 살게 될 아파트, 내가 살고 있는 아파트는 어떻게 운영되는가. 그에 관여하는 사람이나 조직은 무엇인가. <u>이것만 제대로 이해하면 어떤 아파트가 좋은 아파트인지 알게 된다.</u> 아파트를 둘러싼 갖가지 거짓말이나 기득권, 각종 이권 등을 쉽게 들여다볼 수 있다. 무관심한 상태이거나 그 구조를 모르면 얽히고설킨 복마전이지만 알고 나면 의외로 단순하다. 사실 앞에서 수없이 얘기했지만, 여기서는 정리하는 차원에서 확인하며 한 번 더 읽어보기 바란다.

입주자대표회의

입주자대표회의(입대의)는 아파트 안에서 유일하게 법적 지위를 가지는 자치기구다. 입주율이 50%를 넘으면 선거를 통해서 각 동별 대표자(동대표) 한 명씩을 선출하고, 이 동대표 중에서 회장과 감사, 총무와 같은 임원들을 다시 선출하여 구성된다. 입대의가 선출 및 구성되면 관할 구청에 관계서류와 함께 입대의 구성을 신고하면 그때부터 법적 지위를 가지게 된다.

입대의는 아파트 안에서 입법부, 행정부, 사법부의 기능을 한꺼번에 하는 조직이라고 보면 된다. 입대의가 만지는 돈의 규모도 주민들이 생각하는 것보다 크다. 한 세대당 평균 관리비(각종 고용 및 용역비 포함)를 월 15만 원 정도로 가정해 보자. 1,000세대 아파트라면 공용관리비만 20억 원에 이른다. 결코 적은 액수가 아니다. 이 돈을 어떻게 쓰느냐는 전적으로 입대의에 달려 있다. 수입과 지출이 투명하게 공개되고 올바르게 쓰인다면 입주민들에게 도움이 되는 방향으로 쓰이겠지만, 공개를 꺼리고 입대의 회의도 제대로 공개하지 않은 채 밀실에서 결정을 해나간다면, 그 많은 돈이 어떻게 어디로 가는지 의심해볼 여지가 있다.

<u>아파트 단지 안에서 강력한 지위를 가지고 각종 관리와 운영을 좌지우지하는 입대의에 대해서 주민들은 대부분 정말로 관심이 없다.</u> 그렇다고 입대의를 믿어서 안심하고 맡기는 것도 아니다. 대부분은 입대의를 신뢰하지 않으며, 입대의 임원들이 기득권이나 이권에 눈이 어두워서 그 자리를 차지하고 있다고 생각한다. '아무것도 안 생기는데 뭐 하러 사서 고생을 하겠어?'라는 게 주민 대부분의 심리다. 불신하고 있지만 자기가 나서기는 귀찮기 때문이다.

실정이 이렇다 보니 어느 아파트 단지에서든 입대의 임원 가운데 직장인을 찾아보기는 어렵다. 대부분 무직자가 많으며 노인의 비중이 높은

편이다. 은퇴한 노인들은 시간도 많겠다, 사회 경험도 풍부하겠다, 아파트 주민들을 위해서 봉사하는 마음으로 입대의에서 일한다……면 얼마나 행복하겠냐마는, 많은 아파트 단지들의 현실은 거리가 있다.

<u>일단 한 번 입대의를 장악한 사람들은 계속해서 그 자리를 지키려고 한다.</u> 아파트 단지마다의 관리 규약에 따라 다르지만 보통 입대의 임원의 임기는 2년이고 연임을 허용하는 곳도 있다. 어떤 단지에서는 규약을 어기고 계속해서 임원 자리에 눌러앉거나 아예 규약을 고쳐서 계속 연임을 하기도 한다. 때로는 소송까지 벌어지기도 한다.

우리 아파트 단지에서도 정상적인 해임 투표를 통해서 쫓겨난 회장과 감사가 해임이 부당하다는 소송을 걸었다. 어떻게든 재판을 질질 끌어서 임기는 다 채워보자, 이런 계산이었을 것이다. 정말로 입주민들을 위해서 봉사할 마음으로 그 자리에 앉았다면 뭐 하러 그렇게까지 하겠는가.

대부분의 입대의 임원들이 가진 또 한 가지 문제는 아파트 관리에 대한 지식이 의외로 없다는 점이다. 물론 꼭 아파트에 대해서 많이 알아야만 임원을 한다는 법은 없다. 잘 몰라도 정말 좋은 마음으로, 입주민들을 위해서 봉사하는 자세로 일을 하면 되는 것이다. 그게 아니라면 아파트 관리나 운영이라도 잘 알아서 해야 할 텐데, 봉사하는 자세도 아니면서 아파트 관리에 대해서 잘 알지도 못하는 사람들이 많다. 어쩌면 그렇게도 입대의에 관한 정보를 감추고 보여주지 않으려고 하는 것은, 자신들의 떳떳치 못한 그림자와 함께 아파트에 대한 무식까지 탄로날까봐 그런 건 아닐까.

반면 좋은 사람들로 구성된 입대의가 주도적으로 나서면 아파트의 주거 환경은 날이 갈수록 발전한다. <u>입대의가 입주민을 위한다는 자세로 할 일을 스스로 찾아 나서면 아파트에 할 일은 수도 없이 많다.</u> 우리의 삶의 터전이고 우리의 일상이 이어지는 공간에 얽힌 문제는 얼마나 많은가. 쾌적한 생활환경, 아이들의 교육과 안전, 도로와 버스 노선을 비롯한 교통 문제, 주변의 생활 편의 시설 등…… 열정에 넘치는 입대의는 사소한 문제 하나도 그냥 지나치지 않고, 문제를 해결하기 위해서 시행사나 건설사, 관리사무소, 관할 구청 및 시청, 교육청, 주변 업체, 버스 회사를 바쁘게 쫓아다닌다.

왜 이런 입대의를 찾아보기가 쉽지 않은 것일까? 앞서 여러 가지 이유를 얘기했지만 분명 입주민들의 책임이 크다. 프랑스의 정치학자 알렉시스 드 토크빌은 "모든 민주주의에서 국민은 그들의 수준에 맞는 정부를 가진다."라는 명언을 남겼는데, 입주민과 아파트의 관계도 딱 그렇다. 입대의가 열정적으로 움직이는 아파트는 늘 시끄럽다. 스스로 일을 만들고 때로는 충돌도 불사한다. 일을 하다 보면 입주민들 사이에서 갖가지 이견이 생기고 의견 충돌이 벌어진다. 입주민들이 아파트 관리와 입대의에 관심이 없으면 "입대의란 사람들은 왜 저렇게 말이 많고 시끄러워? 귀찮아 죽겠네" 하고 등을 돌린다. 입주민들의 뜻을 모아 일을 추진하려고 해도 총회든 투표든 썰렁하기만 하다. 그러면 입대의는 힘이 쭉 빠진다. 이런 사람들이 결국 지쳐 나가떨어진 자리는 이권에 탐을 내는 사람들로 채워지기 쉽다.

<u>입대의가 입주민들을 위해서 아무것도 하지 않는 아파트는 겉보기에는 평화롭고 조용하다.</u> 그런 식으로 조용한 아파트가 좋은 아파트일까? 입주민의 관심과 참여의 수준에 따라 어떤 입대의가 들어서느냐가 판가름 난다.

관리사무소

관리사무소는 입대의와 함께 아파트 관리와 운영을 이끌어가는 또 하나의 축이다. 관리사무소는 말 그대로 아파트 관리를 위한 실제 업무를 수행하는 행정 조직인 셈이다. 정부로 말하면 행정부에 속하지만 행정부 중에서도 실무를 담당하는 곳이라고 할 수 있다. 관리사무소는 아파트 관리에 필요한 청소, 방역, 정화조 및 쓰레기 처리 등을 위한 각종 용역 및 외주업체를 선정하고 인력을 채용하는 일도 한다. 이러한 관리사무소 및 각종 용역업체의 비용은 전부 입주민의 공용 관리비에서 나간다.

많은 아파트 단지들이 아파트 관리위탁회사와 계약을 하고 관리업무를 맡긴다. 이 회사에서 관리사무소장을 파견하고 사무소를 조직하는 일을 대신해준다. 그러나 그 이후 대다수 관리위탁회사가 해당 아파트에 실제로 하는 일은 관리소 직원 채용 말고는 아무것도 없다. 이들을 제대로 관리하고 아파트 관리를 개선시키는 일 같은 것에는 관심 없는 회사가 많다. 그런데도 꼬박꼬박 돈은 받아간다. <u>할 수만 있다면 위탁관리가 아닌 자치관리, 곧 입대의가 직접 관리소장을 채용하고 관리사무소를 운영해 나가는 게 비용 절감 측면에서나 입주민을 위한 투명하고 효율적인 관리를 차원에서나 훌륭한 방법이다.</u> 입대의가 챙겨야 할 일이 늘어나지만 입주민들의 관심과 참여가 높은 아파트 단지에서는 해볼 만한 방안이다.

아파트 단지가 완공된 뒤, 입주 단계에서도 관리사무소가 구성된다. 그러나 초대 관리사무소는 시행사 또는 시공사(건설사)가 선정한다. 따라서 그때까지의 관리사무소는 절대로 입주민 편이 아니다. 입주 초기 단계에서는 어느 아파트나 크고 작은 하자가 발견되게 마련이다. 특히 공용시설에 관련된 하자는 관리사무소에서 가장 잘 안다고 볼 수 있다. 관리사무소에서 밝혀내는 하자는 시행사나 시공사 쪽에서 볼 때에는 전부 돈 들어갈 일이다. 이들 입장에선 아무것도 하지 않고 조용히 지내는 관리소장을 좋아하는 게 당연하다. 관리소장 쪽에서 볼 때에도 오래 있을 거라는 기대는 별로 안 한다. 업체에 잘 보여야 또 다른 새 아파트 단지의 관리소장으로 갈 수 있을 테니, 주민보다는 업체에게 잘 보일 궁리만 한다. 초대 관리사무소가 입주민을 위해서 뭘 해줄 것이라고 기대하지 말아야 한다. 될 수 있으면 입대의가 구성되는 대로 입주민을 위해 일해줄 관리사무소를 다시 구성하는 게 최선이다.

우리 아파트에 어떤 관리소장이 있는가는 어떤 입대의가 있는가 만큼이나 중요하다. 관리소장은 아파트 관리의 실무 책임자다. 입대의가 아파트 관리에 대한 실무까지 자세하게 알기는 어렵다. 아파트에서 살아가면서 생기는 이런저런 크고 작은 문제들은 관리소장을 최대한 활용하면 거의 좋은 쪽으로 처리된다. <u>관리소장이 똑똑하고 입주민들을 위하는 자세를 가지고 일하면 경비원과 청소 도우미까지도 입주민들에게 친절해진다.</u> 반대로 관리소장이 불성실하면 직원들도 일을 대충하고 주민들에게 퉁명스럽게 대한다. 경비원들은 나이든 어르신들이 많다 보니 경비원들이 입주민을 불친절하게 대해도 대놓고 직접 항의하기도 뭣하다.

자치관리가 아닌 위탁관리인 경우, 입대의는 원칙적으로는 관리소장을 교체할 권한이 없다. 그러나 입대의가 관리위탁회사에 관리소장 교체를 강력하게 요구하면 안 들어줄 수 없다. 그래서 관리소장은 입대의의 눈치를 볼 수밖에 없다. 입주민보다는 이권을 좇는 입대의와 관리소장이 결탁하면 그 아파트 단지는 그야말로 비리의 왕국이 된다.

관리사무소에서는 각종 수입과 지출을 장부로 정리하고 입대의는 그 내역을 심의하는데, 양쪽이 결탁하면 관리비는 어디론가 줄줄 새어나간다. 주민들이야 거의가 대차대조표 한 번 제대로 읽어보지 않으니 까맣게 모른다. 입대의도 만약 이권과 기득권을 제대로 누리려 한다면 실제 실무를 집행하는 관리사무소와 손발이 잘 맞아야 한다. 어떤 아파트 단지에서는 입대의 임원과 관리소장이 사흘이 멀다 하고 술 마시러 다니는 모습을 볼 수 있다. 이런 곳의 아파트 관리 투명성은 '안 봐도 비디오'다. 쉽게 말해서, 술은 개인 돈으로 마시겠는가. 소신을 가지고 투명하게 잘 해보려는 관리소장이 오히려 잿밥에 눈이 어두운 입대의의 눈밖에 나서 교체를 당하는 경우도 심심치 않게 많다.

우리 아파트의 관리소장이 청렴하고 입주민을 위하는 사람인지, 아니면 잿밥에 더 관심이 많고 의심스러운 구석이 많은 사람인지 어떻게 알 수 있을까? 알고 보면 그리 어렵지 않다. 청렴한 관리소장은 모든 자료를 스스럼없이 공개한다. 여러 번 말하지만 주민들은 모든 자료를 열람할 권리가 있다. 뒤가 구린 관리소장은 주민들의 당연한 권리도 가로막으려고 하고 뭐든 숨기려 한다. 아파트 주민들이 자신의 권리가 무엇인지를 잘 알고 제대로 행사한다면 아파트의 비리는 크게 줄일 수 있다. <u>많은 아파트 단지에서 정보 열람을 원하는 입주민들이 늘어나고, 열람을 거부하는 관리소장이 의심 받고 추궁을 당한다면, 많은 아파트들이 달라질 것이다.</u> 지금은 정보 열람을 요구하는 사람들이 가뭄에 콩 나듯 하니, 공개할 수 없다고 배짱을 부리는 것이다.

자생단체

아파트 단지 안에는 부녀회와 노인회는 물론 골프회, 등산회, 테니스회 등 자발적으로 구성된 단체들이 있다. 아파트 단지의 규모가 커질수록 이런 단체들도 많아지고 규모도 커지는데, 이를 자생단체라고 한다. 자생단체는 입주자대표회의(입대의) 산하로 되어 있다. 곧, 입대의에 자생단체 신청을 하고 허가를 받는 형태로 구성이 이루어진다. 자생단체로 허가를 받으면 입대의 의결로 지원금을 받을 수도 있다.

규칙상으로 본다면 자생단체는 별다른 권한을 가지지 않는다. 어떤 단체든 모이면 알게 모르게 힘이 생기는 법이다. 특히 노인회와 부녀회의 힘은 상당히 강해서, 입대의도 함부로 할 수 없는 부분이 많다. 아줌마와 어르신, 이 두 집단이 한국 사회에서 갖는 힘은 상상 이상이다.

노인회는 동방예의지국답게 마음만 먹으면 무소불위의 파워를 가질 수 있다. 나이에 걸맞은 인품을 가진 노인이 있는가 하면 고집불통으로 자기주장만 죽어라 하며 우기는 노인도 있다. 특히 후자에 해당하는 노인들이 부당한 이권이나 기득권에 쏠리면 그 아파트 단지는 아주 골치 아파진다. 예를 들어 노인회도 수입과 지출에 대한 장부 기재를 해야 하지만 이를 부실하게 하는 노인회도 있다. 총 지출 액수와 지출 내역의 합계가 맞아야 하는데 차이가 많이 났다고 가정해보자. 노인회 회장이나 총무를 모셔서 조사를 해야 하는데, 일단 덮어놓고 목소리 높여 호통부터 치는 경우가 있다. 이런 분들이 노인회를 장악하고 있으면 참 골치 아프다.

부녀회도 마찬가지다. 오죽하면 우스갯소리로 한국에는 남자와 여자 말고 아줌마라는 제3의 성이 있다고들 하겠는가. 규칙상으로 자생단체는 아파트 공동 비용이 지출되는 업무에는 일체 관여할 수 없도록 되어 있지만, 부녀회에서 장터나 쓰레기 처리비 등을 관리하는 아파트 단지도 적지 않다. 부녀회 간부도 이권에 눈이 멀면 비리가 일어날 구멍은 여기저기에 있다. 예를 들어 아파트 단지 안에 장터를 열면 상인들에게 장소 사용료를 받는데 장터는 부녀회가 주최하는 경우가 많다. 도대체 장소 사용료로 얼마가 적정한가? 기준이 없다. 주최하는 사람 마음이다. 그러다 보니 부녀회 간부가 딴 마음을 먹으면 사용료를 터무니없이 싸게 하는 대신에 뒷돈을 받을 수도 있다.

<u>자생단체가 입대의와 좋은 관계를 유지하면서 더 좋은 아파트를 만들기 위해서 협력하면 아파트의 주거 환경은 좋아진다.</u> 주민들 사이의 관계도 좋아지고 단합도 잘 된다. 반대로 자생단체가 입대의에 반대하고 충돌이 벌어지면 아파트가 엄청나게 시끄러워지고 주민들 사이에 갈등이 끊이지 않는다. 특히 자생단체의 목소리가 커지게 되면 입대의는 물론이고 비용 지원과 관련해서 다른 입주민들과 반드시 갈등이 생긴다. 어떤 자생단체가 입대의로부터 상당한 액수의 지원금을 받았다고 해보자. 그 단체와 관계없는 입주민 중에는 '도대체 왜 내 관리비로 저 단체에 특혜를 주나?' 하면서 유착이나 비리 의혹 등 갖가지 '설'을 제기하고 나서는 이들이 생길 수 있다. 이러면 아파트는 난장판이 된다.

입주자

마지막으로 입주자다. 아마 이 책을 읽는 대부분의 독자 여러분들은 여기에 해당될 것이다. 나의 얘기는 어쩌면 여러분 앞에 거울을 들이대는 것일 수도 있다. 불편한 얘기가 있을 수도 있다. 그래도 이 얘기를 꼭 하고 싶은 이유는 좋은 아파트를 만들기 위해서 가장 중요한 사람들은 입대의도, 관리사무소도, 자생단체도 아닌 입주자 한 사람 한 사람이기 때문이다.

우리는 모두 사람이다. 단점도 있고 약점도 있다. 아파트를 둘러싼 분쟁이 벌어질 때, 주민들과 대척점에 서 있는 업체나 세력들, 그리고 주민들 사이에 섞여 있는 입주자 엑스는 끊임없이 주민들의 약점과 이기심을 공략하고 또 찔러댄다. 대부분은 이런 공격이 제대로 먹혀들어가서 서로를 불신하고, 루머에 속아 넘어가고, 작은 이익 때문에 큰 이익을 놓치는 잘못을 저지른다. 그래서 스스로를 아는 것이 중요하다. '아는 것이 힘'이라는 말은 나 자신에게도 통한다. 적을 알고 나를 알면 백번을 싸워도 위태롭지 않다. <u>입주자로서, 스스로의 약점을 안다는 것은 그 약점을 방어할 수 있다는 의미가 된다.</u>

대부분의 입주자들은 입대의, 관리사무소, 자생단체를 비롯한 아파트 전반에 대해 무관심하다. 직장 생활이든 사업이든 바깥 일 하랴, 살림하랴, 아이 키우랴, 안 그래도 하루하루가 바쁘고 힘든데 아파트 관리까지 관심 가지고 시간과 노력을 투자할 여유가 어디 있을까? 이게 많은 사람들의 정서다. 아파트 관리에 대해서도 거의 무지하다. 관리비 영수증을 봐도 각각의 항목이 가지고 있는 의미를 제대로 파악하고 있는 사람은 많지 않다. 입대의나 관리사무소에서 내놓은 대차대조표나 각종 자료집은 말할 것도 없다. 대부분의 아파트 단지는 기득권과 이권을 탐하는 입대의나 관리사무소가 서식하기는 무척 좋은 환경인 것이다. 반면 가끔은 공용 관리비에는 매우 민감하며, 때로는 몇 백 원을 가지고도 목청을 높이는 입주자들도 있다.

대다수 입주자들은 아파트가 시끄러워지는 것을 무조건 싫어하는 경향이 있다. 누가 옳고 그른가보다는 '시끄럽게 왜들 싸워?' 이런 식이다. 옳고 그름을 떠나서 아파트가 시끄러워지고 문제가 불거지면 집값 떨어진다면서 싫어하는 사람들도 많다. 앞서 말했지만 입주민을 위해서 일할 생각이 없는 입대의가 장악한 아파트는 겉으로는 조용하다. 입대의가 마음에 안 들고 믿음도 안 가지만 어쨌든 시끄럽지는 않으니까 그냥들 넘어간다.

<u>입주민들은 알고 보면 매우 이기적이다. 항상 불만은 많다. 그러나 해결하려고 나서지는 않는다.</u> 누가 나 대신 좀 나서서 싸워줬으면 하지만 '고양이 목에 방울 달기'이다. 앞에서는 슬금슬금 발을 뺀다. 입주자 중에 누군가가 입대의의 행태에 대해서 문제를 제기하고 나서면 입주자 엑스는 "그럼 당신이 해 봐, 잘 됐네! 당신이 나 대신 해 봐?" 하고 들이

댈 것이다. 그때 대부분은 발을 뺀다. 여기서 발을 안 빼고 "그래 내가 할 게. 당신들 자리 내놓고 물러나!" 하면 그때부터는 태도가 180도 바뀌어서 절대 내려올 생각을 안 한다.

입주자들의 의사결정은 겉으로는 명분이나 도덕성 같은 치장을 하기도 하지만, 들여다보면 결국은 나에게 득이 되느냐 실이 되느냐가 기준이 된다. 실제로 입주자들끼리 이해관계가 부딪치는 사안에 대해서 투표를 해보면, 예를 들어서 어떤 사안에 대해서 A안이 더 이익인 입주자가 60%이고 B안이 더 이익인 입주자가 40%라면, 투표 결과는 거의 6대 4로 나온다. <u>아파트의 암적인 존재, 입주자 엑스는 이러한 이해관계의 차이를 끊임없이 공격하고 이간질을 하려고 든다.</u>

아무리 뛰어나고 도덕적인 리더라고 해도 사람들 모두를 만족시키는 것은 거의 불가능하다. 사실 어떤 사안에 대해서 입주자 모두를 만족시키는 해답을 내놓을 수 있다면 민주주의는 별 의미가 없다. 모두를 만족시킬 수 없으니 어떻게 최선의 결론을 내릴 것인가, 이 게임의 답을 찾아가는 것이 민주주의 아닌가. 결국 리더로서 최선이라고 할 수 있는 결정은 될 수 있는 대로 많은 사람들에게 이득이 돌아가도록 하고, 모두에게 최소한의 이득이라도 돌아가도록 하되 열심히 참여하는 사람들에게 더 많이 이득이 돌아가게 하는 것이다. '참여하면 이익, 참여 안 하면 손해.'라는 인식이 심어져야 사람들을 더 많이 행동으로 끌어낼 수 있다.

입주자들 중에는 정신 상태를 의심하게 하는 극단적인 이들도 은근히 많다. 열심히 글을 쓰는데 너무 장황하고 횡설수설하는지라 읽는 사람들이 도무지 무슨 얘긴지 알 수가 없는 글을 입주자 카페에 줄기차게 올리는 사람도 있는가 하면, 거의 쌍욕을 입에 달고 살거나 '네 배에는 칼이 안 들어가냐!'는 식의 험악한 협박을 하는 사람들도 있다. 물론 이런 사람들이 입주민들의 지지를 받기는 힘들다. 그러나 목소리 큰 사람이 이긴다고, 입주자들이 귀찮고 시끄러운 것이 싫어서 선뜻 나서려고 하지 않는 분위기가 만연한 아파트 단지에서는 이런 막무가내의 사람들이 헤게모니를 잡는 경우가 의외로 많다. 이런 이들이 입대의나 노인회, 부녀회 같은 파워 있는 자생단체를 잡고 있으면 그 아파트 단지는 당분간 고생문이 열리게 된다.

: 나에게는 관리비,
누군가에게는 수익모델

아파트 단지에 사는 사람에게는 세금과도 같은 것이 관리비다. 세금을 흔히 '혈세'라고 한다. 피 같은 돈이라는 얘기다. 관리비도 주민들에게는 피 같은 돈이다. 누구라도 돈 내라는데 좋아할 사람은 없고, 내 돈이 엉뚱한 곳으로 새어나가는 것을 좋아할 사람도 없다. 소중한 관리비가 주민들을 위한 곳이 아닌 엉뚱한 곳에 쓰이고, 몰래 누군가의 주머니 속으로 들어간다면 이보다 더 열 받을 일은 없다. 관리비로 제 잇속을 챙기고 누군가의 배를 불리기 위해서는 어떤 수법들이 동원될까?

아파트에서 가장 널리 퍼져 있는 비리 중에 하나는 '공사'다. 아파트가 완공되었다고 해서 공사가 끝나는 것은 아니다. 하자가 있으면 보수를 해야 하고, 아파트 건물도 쓰다 보면 파손되거나 낡아서 수리가 필요한 곳들이 나타난다. 시대의 변화에 따라서 새로운 시설을 설치하거나 기존 시설을 업그레이드할 필요도 생긴다. 하자 보수의 경우에는 완공 후 10년 동안은 원칙적으로 시공사에서 사후 서비스 차원에서 책임을 지지만 대부분의 완공 후 공사는 입대의에서 결정하고 추진하게 된다.

과거에 대기업 계열 건설사들은 해당 그룹의 돈 세탁 창구로 악용되어 왔다. 그만큼 공사에 얽혀 있는 수입과 지출구조가 복잡하고, 마음만 먹는다면 '장난 칠' 구석이 많기 때문이다. 아파트도 마찬가지다. 돈세탁을 통해서 리베이트 자금을 만들고 챙기기에 가장 손쉽고, 많은 돈을 챙길 수 있는 방법은 바로 공사업체와 결탁하는 것이다. 널리 쓰이는 방법은 공사비용 부풀리기다. 이 수법은 워낙에 널리 알려져 있는지라 달리 설명할 필요도 없겠지만, 자재의 양이나 질을 속이거나 인부의 수를 속이거나 하는 갖가지 방법들이 동원된다. 필요한 공사를 하면서 필요도 없는 공사를 슬쩍 끼워 넣어서 규모를 부풀리는 방법도 있다.

공사에 관련된 비리가 만연한 만큼 법적으로 이를 막기 위한 장치들이 생겼다. 예를 들어서 총 액수가 200만 원이 넘는 사업의 경우에는 공개 경쟁 입찰 방식으로 업체를 결정해야 한다. 그러나 마음만 먹으면 이런 장치는 손쉽게 무력화시킬 수 있다. 예를 들어서, 2,000만 원짜리 공사를 190만 원짜리 공사 열한 건으로 쪼개서 수의계약을 해버리는 방법이 있다. 덩치가 더 큰 경우에는 입찰 담합을 하는 방법도 있다. 이미 공사를 맡기로 낙점을 받은 업체가 공개 입찰에 필요한 최소 업체 수만큼 다른 업체를 섭외하고, 미리 입찰가를 짜고 써내는 것이다. 이런 경우에 입찰가를 보면 사이좋게 몇 만 원씩밖에 차이가 안 나는 경우가 많다. 이렇게 답함을 통해서 공사를 따내는 업체는 다른 공사, 또는 다른 아파트 단지에서는 도움을 받았던 업체를 밀어주는 담합에 가담한다. 그야말로 아름다운(?) 품앗이 정신이다.

아무리 입찰 담합을 한다고 해도 이들과 관계없는 다른 업체가 입찰에 뛰어들 수도 있다. 이럴 때에는 어떤 일이 벌어질까? 첫째로, 아예 입찰 공고를 엉뚱한 곳에 해서 눈에 띄지 않도록 하는 방법이 있다. 어린이집 운영업체 입찰 공고를 하는데 아파트 경비 인력을 구하는 사이트에 공고를 올리는 식이다. 그래놓고서는 '공고를 했으니 법적으로 문제가 없다.'고 큰소리를 친다. 다행히, 2012년 7월 이후에는 국토교통부를 통해서만 입찰공고를 내야 하는 것으로 바뀌어서 더 이상은 이런 수법을 쓸 수 없다.

둘째로, 불필요하게 입찰 참가 자격을 까다롭게 만드는 방법이 있다. 예를 들어 '1천세대 이상 아파트 50개소 이상 거래하는 업체', 또는 '작년에 50억 원 이상 수주 실적이 있는 업체'와 같은 식으로 지원 자격을 제한하면 이런 실적이나 규모를 가진 업체는 대한민국에 몇 개밖에 되지 않는다. 아주 손쉽게 나눠먹기가 이루어지는 것이다.

마지막으로 입대의에서 서류 심사를 할 때 담합에 가담한 업체가 아니면 이런저런 핑계를 대서 떨어뜨려버리는 방법도 있다. 요구한 서류가 다 갖춰지지 않았다든가 서류의 내용이 부실하다든가 하는 식으로 핑계를 대는데, 심지어는 서류에 아무런 문제가 없어도 막무가내로 떨어뜨린다. 서류를 확인해보자는 주민도 거의 없고, 어쩌다가 그런 주민이 있으면 역시 막무가내로 공개를 거부해버린다. 여러 번 얘기하지만, 입주민은 이러한 서류를 열람할 권리가 보장되어 있으며, 열람을 거부하는 관리사무소나 입대의는 의심하는 것이 마땅하다.

담합을 통해서 낙찰된 공사가 원래 예정대로 성실하게 수행될 확률은 서울대공원 호랑이가 100일 동안 마늘 먹고 사람 될 확률보다도 낮다. 계약과 다른 질 낮은 자재를 사용하거나, 부실 날림 시공이 이루어진다. 입대의에서는 알고도 눈을 감아준다. 상식적으로 생각해볼 때, 이들 사이에게 결탁 관계가 있지 않고서는 일어날 수 없는 일이다. 부실 날림 시공이 이루어졌으니 오래 못 가서 다시 문제가 생기고, 다시 공사가 추진되고, 주민들이 입대의나 관리사무소가 뭘 어쩌고 있는지에 대해 무관심하게 지내는 한은 은밀하고 수상한 악순환은 언제까지나 되풀이된다.

아파트 단지 한 곳에는 관리 및 운영을 위해 여러 업체들이 관련된다. 이들 업체는 크게 지출업체와 수입업체로 나눌 수 있다. 이름에서 쉽게 알 수 있지만 지출업체는 관리비가 나가는 업체고 수입업체는 아파트 단지에 수입을 발생시키는 업체다. 먼저 지출업체부터 알아보자. 관리사무소를 아웃소싱할 경우에는 위·수탁관리 업체가 관여해서 관리사무소장을 파견한다. 아파트를 유지 관리하는 데 필요한 외주업체들도 지출업체에 속한다. 청소, 경비, 소독, 중앙정수(물탱크) 및 소방시설 유지관리업체, 승강기 유지 및 보수, 관리비 전산 프로그램, 보험(화재, 놀이터 상해), 수목관리업체와 같은 업체들이 여기에 속한다.

반면 아파트 단지 안에 있는 보육시설 등을 운영하는 업체, 안내판이나 게시판과 같은 곳에 딸려 있는 광고를 수주하는 대행사, 아파트 단지 안에 이동통신 중계기를 설치하는 대가로 장소 임대료를 내는 이동통신사, 아파트 단지 내 장터(알뜰시장)를 운영하는 업체와 같이 아파트 단지 안의 일정한 공간을 사용하거나 단지 안에서 수익 사업을 하는 대가로 돈을 내는 업체들은 수입업체로 분류된다.

지출업체든 수입업체든, 역시 입대의와 관리사무소가 작당하면 얼마든지 뒷돈을 챙길 수 있다. 지출업체인 경우에는 공개경쟁 입찰로 업체를 선정해야 하는 경우가 많은데, 앞서 공사에 관련된 비리에서 소개했던 수법들이 외주 업체 선정에서도 거의 그대로 적용될 수 있다. 이러한 비리를 저지르는 입대의나 관리사무소가 리베이트를 안 챙길 리가 없다. 비리와 뒷돈을 통해서 선정된 업체들은 업체대로 본전을 뽑아야 한다.

경비업체의 경우에는 노인취업촉진법을 악용하는 사례가 있다. 이 법에 따르면 65세 이상의 노인을 채용할 경우에는 그 어르신에 대해서는 4대 보험을 안 들어도 된다. 이 규정에 해당하는 노인을 채용해서 경비원으로 파견해 놓고서 안 받아가도 될 4대 보험 금액은 정상적으로 받아간다. 그 업체가 어르신을 위해서 안 들어도 되는 4대 보험을 들어 주겠는가. 십중팔구는 중간에서 착복한다. 입대의와 관리사무소가 이를 눈감아주는 대가가 있을 거라는 추측쯤은 충분히 할 수 있다.

불투명하게 운영되고 비리가 만연한 아파트 단지에서는 수입업체와 체결하는 수입성 계약의 액수를 축소하고, 지출업체와 하는 지출성 계약은 부풀려서 체결한다. 수입과 지출이 제대로 공개되지 않으며, 바가지를 쓰고 있는 것인지 아닌지를 확인해 볼 수 있는 기준 같은 것도 없다 보니 관리비가 이곳저곳에서 줄줄이 새어나가는 것이다.

: 티끌 모아 태산,
알뜰하게 빼먹고 꼼꼼하게 조작한다

부패한 입대의가 관리비를 착복하기 위해서는 '자체 조달'하는 방법도 있다. 입대의 회장이 되었다고 해서 월급을 두둑하게 받는다거나 하지는 않는다. 한 달에 한 번 정도 하는 회의에 참석하면 출석 수당으로 나오는 회의수당과 업무추진비로 지급되는 20만 원이 전부이다. 물론 이 업무추진비는 아파트마다 상이한데 많게는 100만 원이 넘는 곳도 있다. 아무리 그래도 그 정도 돈이 탐이 나서 어떻게든 회장 자리를 안 빼앗기려고 하고, 심지어 많은 돈을 써가면서 소송까지 불사할 사람은 없지 않겠는가. 그렇게 집착을 하는 사람이라면 뭔가 남 몰래 이익 보는 것이 많기 때문은 아닐까?

입대의 회장이 되면 회의 출석 수당과 업무추진비 외에 접대비, 판공비와 같은 내용으로도 지출이 이루어진다. 이러한 비용들은 모두 어디에 썼는지 증명할 수 있는 영수증과 같은 자료들이 첨부되어 있어야 하는데, 장부에 기재만 되어 있고 아예 자료가 없는 지출이 있는가 하면, 자료가 있긴 한데 상식적으로는 말이 안 되는 경우도 있다. 예를 들어 어떤 음식점의 카드 전표가 자료로 첨부되어 있는데, 같은 음식점에서 거의 2~3분 간격을 두고 10만 원씩, 20만 원씩 결제한 영수증 여러 장이 첨부되어 있는 식이다. 잘 아는 음식점에서 접대를 한다면서 10만 원어치만 먹어 놓고서는 30만 원을 결제한 다음, 자기 가족이나 개인적인 지인들을 데리고 와서 먹는 일도 있다. 한마디로 '금액 키핑'을 한 것이다.

이렇게 갖가지 방법으로 관리비를 여기저기서 조금씩 챙겨먹고 나면 이제 회계장부 조작이 등장한다. 회계장부 조작은 워낙에 사례가 다양하다 보니 그것만 가지고도 책 한 권이 넘어갈 정도다. <u>회계장부는 작정하고 조작을 하면 보통 사람들이 쉽게 알아내기 어려운 데다가 워낙에 분량이 많다 보니 엄청난 시간을 들여서 대조하고 계산 작업을 해야 한다.</u> 때문에 전문 회계사를 통한 감사를 진행하지 않고서는 웬만하면 문제를 잡아낼 수 없다. 주민 중에 누군가가 관리비 지출에 대한 문제를 제기하면 다른 자료는 잘 안 보여줘도 회계장부는 '볼 테면 보라'고 배짱을 부리는 입대의나 관리사무소가 많다. 아무리 정의에 불타는 주민이라도 많은 돈을 들여 회계사까지 고용해서 회계장부 검증을 할까 싶은 게 그들의 생각이다.

앞에서 살펴봤듯이 전기료 조작도 부패한 아파트 단지의 수법 가운데 하나다. 한국전력과 아파트 단지가 단일계약을 체결할 경우, 한전은 아파트 전체 사용 용량을 가지고 총액만 계산해서 아파트 단지에 통보한다. 개별세대별로 사용량을 분리해서 통보하지 않기 때문에 입대의와 관리사무소가 결탁할 경우에는 갖가지 방법을 써먹을 수 있다. 입대의 임원들이 내야 할 전기료를 다른 세대들에게 조금씩 전가해서 임원들은 전기료를 거의 내지 않는 아파트 단지도 있다. 자기 집 전기 사용량이 실제로 얼마인지 제대로 체크해보는 주민도 별로 없고, 관리비 고지서에 나온 전기 요금이 실제 내가 내야 할 요금이 맞는지 계산해보는 사람은 더욱 없으니 마음만 먹으면 전기료 조작은 누워서 떡먹기다. 전체 금액을 각 세대별로 분배하는 과정이 어떻게 이루어지는지 어떤 기준으로 이루어지는지 일반 입주민은 알지도 못하고 관심도 없기 때문이다.

관리사무소장과 입대의 핵심 인물 한두 명만 결탁해도 어떤 일이든 할 수 있다. 기본적으로 입대의와 관리소장은 갑과 을의 관계다. 법적으로 명시되어 있지는 않지만 입대의가 마음만 먹으면 관리소장을 바꿀 수 있기 때문이다. 관리소장이 되려면 주택관리사 자격증을 가지고 있어야 한다. 우리나라에는 이 자격증을 가지고 있는 사람이 관리소장 자리보다 훨씬 많다. 그러다 보니 이권에 눈이 어두운 세력이 입대의를 장악한 단지에서는 새로 관리소장이 되는 사람들이 몇 달치 월급을 상납하고 들어오기도 한다. 취업을 조건으로 취업 성사금을 경비원, 청소원으로부터 받아 챙기는 아파트 단지들도 있다. 우리나라에서 경비원이나 청소원들의 월급이 많아봐야 얼마나 되겠는가. 그야말로 벼룩의 간을 내먹는 짓이다.

이권에 눈먼 입대의와 관리소장이 결탁해서 저지르는 비리들은 각각의 건수만을 보면 그 액수가 크지 않다. 관리비 조작도 한 세대 당 1,000~2,000 원씩 더 물린다면 1,000세대일 경우 100만 원에서 200만 원이다. 얼핏 보면 그리 많아 보이는 액수가 아니다. 그러나 여기서 조금, 저기서 조금 하는 식으로 갖가지 방법에 따라 챙기는 돈을 다 합쳐 보면 한 달에 수천만 원은 거뜬히 나올 수 있다. 입대의가 불투명하고, 입주민들이 무관심할수록 관리비를 낭비하거나 뒷돈을 챙기는 수법도 더욱 다양해지고 대담해진다. <u>창조경제가 무색할 지경이다.</u>

: 잔디밭 위 소나무 속에 숨은
  놀라운 비밀

아파트 잔디밭 안에는 나무들이 심어져 있다. 이것도 우리의 집값, 입주자들의 관리비로 산 것들이다. 이 나무들의 값이 얼마나 하는지 아는 사람들이 있을까? 아파트 단지의 소나무, 전나무, 자작나무의 가격을 정확히 알고 있는 사람들이 없으니 이 나무와 저 나무의 가격 차이도 아는 사람이 거의 없다. 불행하게도, 아는 사람이 거의 없는 대상에는 돈 새어 나갈 구멍이 생긴다.

나무는 그 지름이 커질수록 그만큼 오래 길러야 하므로 가격은 지름에 따라 기하급수로 늘어난다. 지름 50센티미터(보통 50R이라고 표기한다.)짜리 장송(소나무의 일종)의 가격은 한 그루에 1,000만 원에 이른다. 반면 지름 35센티미터, 곧 35R짜리 소나무 가격은 500만 원이다. 무려 두 배나 차이가 난다. 문제는 보통 사람들이 겉으로 봐서는 50R과 35R의 차이를 구분하기 쉽지 않다는 것이다.

우리는 흔히 땅 파고 나무를 심으면 그럭저럭 뿌리 내리고 잘 살 거라고 생각한다. 하지만 나무도 나름대로 가릴 건 가린다. 나무가 뿌리를 내리고 잘 살기 위해선 배수, 흙의 깊이, 영양분, 공기를 비롯한 여러 가지

조건이 맞아야 한다. 대부분의 아파트에는 지하 주차장이 있고, 그 위에 잔디밭이 조성된다. 나무가 깊게 뿌리를 내리고 살기에는 구조적으로 한계가 있다는 얘기다. 그러다 보니 입주 초기에 옮겨 심었던 나무들의 상당수는 얼마 지나지 않아 말라죽게 되며, 이는 하자보수에 해당되어 건설사가 다시 심어줘야 한다.

50R짜리 장송이 말라죽었다고 가정해 보자. 건설사에서는 하자보수 차원에서 그 자리에 다시 장송을 심었다. 이때 원래의 50R이 아닌 35R짜리를 심었다면 가격 차이가 얼마일까? 앞서 보았듯이 두 배다. 말라죽은 나무가 수십 그루라면 어떤 나무를 심느냐에 따라서 수천만 원에서 수억 원까지 차이가 날 수도 있다. 심지어 애초부터 나무를 속였을 수도 있다. 건축 허가를 받을 당시에는 50R 장송을 심기로 해놓고서 실제로는 35R 장송을 심었다면 시행사나 건설사로서는 상당한 비용을 절감할 수 있다.

입대의는 아파트 허가 당시의 조경계획서를 토대로 나무가 올바르게 심어져 있는지 확인해야 한다. 입주민들은 조경에 관한 하자보수를 할 때 '소나무가 죽었으니 그 자리에 소나무를 다시 심었다'는 정도의 말만 듣고 넘어가서는 안 된다. 말라죽은 나무와 같은 품종과 같은 지름의 나무인지 반드시 확인해야 한다. 모르면 반드시 당한다.

조금 복잡하지만 또한 나무의 가격 차이는 지름만이 아니라 다양한 요소가 개입된다. 사람처럼 나무도 생김새에 따라 가치가 다르기 때문이다. 멋없이 위로만 삐쭉하게 자란 나무가 있는가 하면 옆으로 가지를 쳐서 멋있게 자란 나무가 있다. 이것은 미적인 문제이므로 명확하게 금액으로 산정할 수는 없지만 관련 업계에 종사하는 사람들은 다 아는 내용이다. 나무의 두께와 더불어 형태도 중요하게 보아야 하고, 필요한 경우에는 자문을 받아서 혹시 금액을 부풀리지는 않았는지 확인해봐야 한다. <u>나무는 한 그루의 값이 비싼 만큼 마음만 먹으면 상당한 돈을 빼먹을 수 있는 관리 대상이다.</u> 단지에 심어져 있는 나무 하나도 그냥 지나칠 수 없는 이유가 여기에 있다.

> **모르면 반드시 당한다.**

: 투명하고 건전하게 관리되는 아파트의 힘

'아는 게 힘'이라는 말은 아파트에도 통한다. 내가 살고 있는 아파트에 대해서 잘 알고 있을수록 비리와 부정이 끼어들 여지가 줄어든다. '모르는 게 약'이라는 말처럼 몇 천 원쯤, 혹은 몇 만 원쯤 더 빠져나간다고 해도 그 정도 돈은 감수할 용의가 있다면, 권력과 이권을 탐하는 사람들이 입주자들에게 손해를 끼쳐도 어차피 세상 곳곳이 다 썩어 있으니 민주투사 흉내 내기 귀찮다고 생각한다면, 그냥 모르는 게 약일 수도 있다.

여기서 한 가지는 자신 있게 말할 수 있다. 형광등을 LED 전구로 바꾼 아파트보다는 수입과 지출이 투명하게 공개되는 아파트와 이권이 아닌 입주민을 위해 일하는 입대의와 관리사무소가 자리 잡은 아파트가 훨씬 큰 절약을 할 수 있다. 그 사례로, 우리 아파트 단지의 공용 관리비 및 개별 사용료를 지역 평균, 그리고 주변 다른 아파트 단지와 비교해보고자 한다. 이는 내가 임의대로 계산한 것이 아닌, 2013년 1월부터 8월까지를 기준으로 한 국토교통부의 공식 통계자료다.

세 가지 항목을 합친 액수를 인천시 평균과 비교하면 m^2당 600원 이상, 지역 평균과 비교해봐도 최소 200원 이상 저렴하다. 40평형(약 $132m^2$)

	공용관리비	개별사용료	장기수선충당금	합계
인천 평균	645	1,084	87	1,816
인천 서구 평균	661	689	66	1,416
인천 서구 왕길동 평균	658	647	74	1,379
인천 서구 오류동 평균	784	670	28	1,482
드림파크어울림 (1단지)	**511**	**632**	**30**	**1,173**
A아파트 1단지	821	816	50	1,687
A아파트 2단지	843	782	50	1,675
B아파트 1단지	762	897	27	1,686
B아파트 2단지	762	759	27	1,548
C아파트	863	563	30	1,456

(국토교통부 고시 2013년 1~8월 공용관리비 및 개별사용료 자료. 액수는 원 단위로 ㎡당 단가)

아파트를 기준으로 관리비를 비교해보자. 평균 중에서 액수가 가장 낮은 인천시 서구 왕길동 평균과 비교해보면 우리 아파트가 m^2당 206원 저렴하기 때문에 206원×132m^2=27,192원 저렴하다고 추산할 수 있다. 한 달에 관리비가 3만 원 가까이 절약되는 것이다. 인천시 평균과 비교해 보면 격차는 8만 원이 넘는다.

물론 단순히 관리비를 비교해서 관리비가 싼 곳은 투명하게 운영되는 아파트, 관리비가 비싼 곳은 그렇지 않은 아파트라고 보는 것은 무리가 있다. 하지만 아파트를 둘러싸고 산전수전 공중전까지 치르면서 온갖 단맛 쓴맛을 다 본 나의 경험으로 볼 때 이것 하나는 분명하다. <u>아파트의 관리와 운영이 얼마나 투명하게 되는가는 관리비에 분명히 큰 영향을 미친다.</u>

'사는 것'으로서 아파트의 시대가 가고 이제 '사는 곳'으로서 아파트의 시대가 왔다. 아파트가 '사는 것'인 시대에는 40층 50층짜리 아파트가 올라가고 고층에 사는 사람들은 창문을 열지 못하고 공조에만 의존하다 보니 전기요금이 수십만 원씩 나오고 관리비 합계가 한 달에 백여만 원 나오는 아파트들도 꾸준히 들어섰다. 이런 아파트는 집값도 많이 올라갔다. 아파트가 '사는 곳'인 시대에는 관리비 폭탄은 집값을 빠르게 끌어내리는 주범으로 돌변한다.

주거 공간으로서 아파트의 가치가 조명되면 좋은 주거환경을 가지고 투명하게 운영되는 아파트, 관리비가 허투루 낭비되지 않고 효율성 있게 쓰이는 아파트, 주민들이 방관하기보다는 서로 협력해서 삶의 질을 개선시키려고 노력하는 아파트가 더 가치 있는 아파트로 평가 받을 것이다.

당연하게도 투명한 아파트 운영은 관리비 절감으로 나타난다. 이는 주거 환경을 비교할 때 상당한 장점이다. 적게는 한 달에 관리비가 3만 원에서 8만 원까지 절약되면 1년이면 36만 원에서 96만원 가까이 아낄 수 있다는 것을 뜻한다. 자기 집에서 살든 세 들어 살든 상당한 이익이 된다. 집을 사려고 하는 사람 쪽에서 봤을 때에도 같은 조건이라면 관리비가 1년에 수십만 원 저렴한 쪽에 눈이 가는 것은 당연한 이치다. 아파트를 사지 않고 세를 알아볼 때에도 같은 조건이면 관리비가 저렴한 쪽이 훨씬 유리하다.

같은 조건의 다른 아파트에 대해 비교 우위에 서려면 살기 좋은 아파트 단지를 만들기 위해서 스스로 노력해야 하는 시대다. 살기 좋은 아파트를 만들기 위한 첫걸음은 우리 아파트가 도대체 어떻게 굴러가는지 그 구조를 알고 관심을 가지는 것이다. 만약 당신의 아파트가 불투명하게 운영되거나 관리비가 낭비되고 있거나 미심쩍은 문제들을 발견하게 된다면 가만히 두고만 보기는 어려울 것이다.

: 쉽지 않은 아파트 혁신의 리더, 알고 덤비면 싸움은 쉬워진다

만약 운영이 불투명한 아파트 단지에 살고 있다면 이를 개선시키는 일은 간단하지 않다. 운영이 불투명하다는 것은 누군가가 기득권을 쥐고 이권을 챙기고 있을 가능성이 높기 때문이다. 이들은 절대로 순순하게 기득권을 내놓지 않는다. 기득권과 이권은 인간의 모든 양심과 염치를 빨아들이는 마법과도 같은 흡수력을 가지고 있다. 이들은 수단 방법을 가리지 않고 자신의 기득권을 지키려고 하고, 이에 도전하는 사람들을 파괴하려고 발악한다. 남들한테 비난을 받고 손가락질을 받아도 개의치 않는다. 그들에게는 기득권이 더 소중하기 때문이다.

우리 아파트 단지에서도 입주자 엑스로 의심되는 몇몇 사람들은 기득권을 잃은 지 한참이 지났는데도 여전히 재기를 노리면서 계속해서 나를 괴롭히고 있다. 잊을 만하면 있는 꼬투리 없는 꼬투리를 잡아서 고소를 하거나 루머를 퍼뜨리면서 몸과 마음을 조금씩 갉아먹으려고 든다. 다행히 우리 아파트 단지에서는 그런 악선동을 믿는 사람들은 별로 없다. 다른 아파트 단지에서는 입주자 엑스가 이렇게 계속해서 잔매를 때리는 작전이 성공을 거두는 사례가 많이 있다.

이 책을 쓰는 이유는 내 자랑을 하기 위한 것도 아니고, 이야기보따리 풀어놓듯이 경험담 얘기를 하려는 것이 아니다. 처음 '레벤톤'이라는 필명으로 활동을 시작했을 때, 용기는 좋았으나 아파트에 대해 아는 게 거의 없어서 하나하나 공부를 해야만 했다. 이런 문제를 가르쳐줄 학교나 학원이 있는 것도 아니고, 참고가 될 만한 좋은 책이나 자료를 찾는 것도 힘들었다. 온갖 악성 루머와 고소 고발에 시달렸고 사람들의 이기적인 모습에 때로는 실망하고 좌절하기도 했다. 열심히 싸웠는데 얻어낸 것이 생각보다 많지 않았을 때에는 무력감도 들었다.

아파트를 사려는 사람들, 아파트에 사는 사람들이 소비자를 봉으로 보는 업체나 자신의 사리사욕을 채우는 입주자 엑스의 거짓말에 속지 않고 더 살기 좋은 아파트를 만들고 싶다면, 나와 같은 시행착오나 실수를 겪지 않기를 바라는 마음뿐이다. 당신이 몸 고생 마음고생을 조금이라도 덜 하기를 바라는 마음에서 지금까지 경험한 것, 터득한 것들을 풀어내본 것이다. 입대의나 관리사무소가 아무리 봐도 수상한데 어디에서부터 문제를 파고들어야 할지 모른다면, 이 책을 통해서 아이디어를 얻을 수 있을 것이다. 관리사무소에 가서 몇 가지라도 자료를 보고 싶다고 요구해보라. <u>나는 수많은 시행착오와 좌충우돌을 필요로 했지만 여러분들은 훨씬 수월하게 문제를 포착하고 파고 들어갈 수 있을 것이다.</u>

무언가를 싸워서 쟁취하기 위해서 리더가 되는 것은 솔직히 너무나 고달프고 힘든 일이다. 아무것도 모른 채 배짱 좋게 나섰다가 KO패 당하는 것보다는 리더라는 자리가 얼마나 힘든지, 어떤 일들을 겪게 될지 미리 알고 나선다면 좀 더 잘 대처할 것이고, 실망이나 상처도 덜 받게 될 것이다. 입주자 사이에 은밀하게 섞여 있는 암적인 존재인 정체불명의

'입주자 엑스'를 가려낼 수 있는 안목만 있다면, 이 책을 통해서 많은 사람들이 입주자 엑스의 분명한 존재에 대해서 알게 된다면 그들이 설 땅은 대폭 축소될 것이다.

: 살고 있는 아파트도 품질이 좋아야 비싸게 팔린다

한때, 아파트 입대의나 부녀회를 중심으로 얼마 이하로는 집을 내놓지 말라고 결의를 하는 집값 담합이 비일비재했다. 혹시나 누군가 급히 집을 처분하고 싶어서 싸게 내놓기라도 하면 입대의나 부녀회에게 시달리고 왕따를 당했다. 집값이 계속해서 떨어지고 있는 지금도 정신 못 차리고 이 담합을 유지하려는 단지도 있다고 한다. 자기들끼리는 집값 안 떨어뜨렸다고 좋아할지 모르지만 내놓는 가격, 즉 호가는 희망사항이다. 그 가격에 사겠다는 사람이 없으면 무슨 의미가 있는가. 그들은 아마도 '조만간 집값이 다시 오를 거니까 조금만 더 버텨보자' 하고 생각할 것이다.

집값이 오르던 시절에는 아파트에 문제가 발견되어도 밖으로 소문이 나가면 집값에 영향을 미칠까봐 쉬쉬하고 넘어가는 분위기가 많았다. 누군가가 공개적으로 문제를 제기하면 오히려 그 사람이 왕따가 되곤 했다. '저놈 때문에 시끄러워진다' '저놈 때문에 집값 떨어진다' 하면서 역적 취급을 받을 정도였다.

지금은 거품이 빠지면서 집값이 많이 떨어져 있는 시대다. 아직도 건설업계나 광고 유치에 여념이 없는 언론에서는 시도 때도 없이 집값이 바닥이네 어쩌네 하면서 부동산 부양책만 세게 나오고 경기가 살아나면 금방이라도 집값이 오를 것처럼 얘기한다. 상식적으로 단순히 생각해봐도, 아파트는 너무 많은데 인구는 줄어드는 걸 걱정해야 하는 실정이다. 우리 모두 학교에서 배웠다. 자본주의 경제에서 가격은 수요와 공급의 법칙에 따라서 결정된다고. 수요는 줄고 공급은 이미 너무 많아져버렸다면 집값에 대한 생각도 달라져야 하는 것이 아닌가.

<u>옛날에는 하자가 있어도 숨겨야 집값이 오른다고 생각했다. 이제는 그런 문제를 잡아야 집값을 올릴 수 있다.</u> 옛날에는 투기심리가 집값을 결정했다면 이제는 삶의 공간으로서 아파트 그 자체의 가치가 더 중요해질 것이다. 다시 말해서 아파트도 품질이 좋아야 비싸게 팔리는 시대다. 하자를 숨긴다고 집값이 오를 수 있겠는가. 요즘처럼 인터넷과 SNS가 대중화되고 나이든 어르신들까지도 스마트폰에 익숙한 시대에서는 숨긴다고 숨길 수 있는 것도 아니다. 적극적으로 문제를 제기하

고 하자를 고치고 주거 환경을 더 낫게 만들어야 아파트의 가치를 높일 수 있다.

: 아파트 관리 비용도
   실거래가를 공개하자

아파트를 거래하면 60일 안에 반드시 관할 기관에 실거래가를 신고하게 되어 있다. 만약 신고를 거짓으로 하면 과태료가 부과된다. 그래도 거짓으로 신고하는 사람이 있긴 하겠지만, 어쨌거나 실거래가를 신고하고 이를 바탕으로 정부에서는 지역별 실거래가를 공개하고 있다. 이렇게 하면 아파트를 사고파는 사람들이 속임수를 쓸 여지가 줄어든다. 파는 사람이 받고 싶어하는 가격인 호가는 진짜 시세가 아니다. 내놓는 사람이야 얼마를 받고 싶어하든 자기 마음이다. 문제는 그 가격으로 팔리느냐다. 실거래가가 공개되어 있으면 주민들끼리 담합을 하거나 해서 호가를 조작해도 실거래가가 따라가지 않으므로 속임수가 쉽게 들통 난다.

마찬가지로, 아파트 관리에 관련되어 있는 여러 가지 시세와 가격들을 실제대로 신고하고 이를 공개하면 아파트를 둘러싼 온갖 비리를 해결할 수 있다. 아파트 비리는 상당 부분이 불투명성에 뿌리를 두고 있다. 무엇보다도 사람들이 어느 정도가 적정한 시세 또는 가격인지를 판단할 수 있는 기준이 부족하다는 점이 문제다. 이 문제가 얼마나 심각한지를 설명하기 위해서 거의 모든 입주자들이 모르고 있는 놀라운 사실 한 가지를 소개하고자 한다.

아파트 단지에는 이동통신사의 중계기들이 설치되어 있다. 얼핏 생각해보면 중계기 설치는 입주자들이나 방문객들에게 좋은 것이니, 중계기를 설치하고 사용하는 비용을 우리가 내야 하지 않을까, 하고 생각할 수 있다. 사실은 그 반대다. <u>아파트 단지 안의 일정한 공간을 빌려서 중계기를 설치하는 식이 되기 때문에 오히려 아파트 단지가 이동통신사로부터 중계기설치 장소 임대료를 받게 된다.</u> 만약 중계기를 설치하지 않아서 아파트 단지 안에서 휴대폰이 잘 안 터지는 경우를 생각해보라. 이동통신사는 고객, 즉 주민들의 항의 때문에 크게 어려워질 것이다. 그래서 이동통신사는 돈을 내고서라도 단지 안에 중계기를 설치해야만 한다.

그런데 이 중계기 임대료는 과연 어느 정도가 적정한 시세일까? 판단 기준이 없다. 그러다 보니 완전히 천차만별이다. 예를 들어 내가 살고 있는 아파트 단지에서는 SK텔레콤 한 곳에서만 중계기 장소 사용 임대료를 1년에 1,500만 원 가까이 받는다. 반면에 서울에 있는 아파트로 우리보다 세대 규모가 좀 더 큰 어느 곳에서는 이동통신사 3사를 모두 합쳐서 1년에 받는 돈이 겨우 200만 원에 불과하다. 차이가 커도 너무 크다. 대부분의 사람들은 이런 임대료를 받는지도 모르지만 설령 안다고 해도 대체 우리 아파트가 적절하게 받는 건지 헐값을 받는 건지 어떻게 알 수 있겠는가. 정부가 표준 가격 같은 것을 만들어 놓지도 않았고, 지금으로서는 다른 아파트와 비교해볼 길도 없다.

<u>적정 가격이나 시세를 알 방법이 마땅치 않게 되면 일단 비리가 끼게 될 확률이 높다.</u> 헐값에 받는다고 무조건 비리가 끼어있다고 말할 수는 없을 것이다. 임대료를 결정하는 것은 입대의인데, 입대의 사람들도 적정한 임대료 시세를 몰라서 헐값에 합의를 보았을 수도 있다. 하지만 이권에 눈이 어두운 세력이 입대의를 잡고 있다면 임원들은 임대료를 헐값으로 책정해주는 대신에 이동통신사로부터 몇 백만 원을 리베이트로 챙길 수도 있다. 그런 임대료가 있는지 아는 사람도 거의 없지만 그게 헐값이 아닌지 아닌지를 판단할 근거도 없기 때문이다.

반면에 각 아파트 단지의 중계기 장소 사용 임대료가 공개되어 있다면 사람들은 비교해볼 자료가 생긴다. 당연히 주민들은 "뭐야? 우리 아파트는 왜 이렇게 헐값이야?" 하고 따져볼 것이다. 그러면 비리가 끼어들 여지는 줄어든다. 꼭 비리가 아니더라도, 임대료를 제대로 받으면 그만

큼 아파트의 수입이 늘어나고 주민들에게 더 많은 것을 해줄 수 있지 않겠는가.

한 가지 예를 더 들어보자. 요즘은 쓰레기 분리수거가 당연한 것으로 받아들여져 있다. 그런데 종량제 봉투에 담아서 버리는 쓰레기가 아닌, 분리 수거된 재활용 쓰레기는 누가 가져갈까? 많은 사람들은 구청에서 처리하겠거니, 하고 생각한다. 그러나 아파트 단지에서는 재활용 전문 업체와 계약을 한다. <u>쓰레기를 처리해주는 것이니 우리가 돈을 주는 게 아닐까 하고 생각할 수도 있겠지만 반대로 재활용 업체가 아파트 단지에 돈을 준다.</u> 업체에서는 쓰레기를 가져다가 재처리를 하든, 그대로 팔든 해서 수입을 얻기 때문이다. 그렇다면 이 계약의 대가로 아파트 단지에서는 얼마를 받으면 적절할까? 이 역시 판단할 기준이 없다. 결정을 입대의가 하기 때문에 말 그대로 입대의 임원들 마음이다. 얼마든지 리베이트가 끼어들 여지가 있다.

반대의 경우도 있다. 아파트의 승강기는 법에 따라서 정기적으로 점검을 받아야 한다. 사람의 생명이 걸린 문제이기 때문이다. 이 경우는 아파트 단지 쪽에서 업체와 계약을 하고 돈을 줘야 한다. 그렇다면 얼마를 줘야 할까? 이 역시도 안개 속이다. 얼마를 주고 있는지 관심을 가지는 입주자도 별로 없지만 적정한 돈을 주는 건지 바가지를 쓰고 있는 건지를 판단하는 것은 거의 불가능에 가깝다. 입대의 임원들이 나쁜 마음만 먹으면 비용을 부풀려서 업체와 계약하고 리베이트를 받아 챙기는 건 손쉬운 일이고, 거의 걸리지도 않는다. <u>그밖에 아파트 단지 안에서 시행하는 각종 크고 작은 공사도 제값 주고 하는 건지 바가지를 쓰는 건지 입주자들에게는 '며느리도 몰라 아무도 몰라'다.</u>

이런 비리의 가능성을 차단하기 위해서 입찰을 활용할 수도 있다. 그러나 입찰에도 담합을 통한 비리가 있을 수도 있고, 입찰 자체가 불가능한 계약도 있다. 앞서 말한 이동통신사의 중계기 장소 사용 임대료가 그렇다. SK텔레콤이라는 회사가 여러 개가 있어서 SK텔레콤1, SK텔레콤2, SK텔레콤3끼리 입찰 경쟁을 벌일 수 있는 것은 아니지 않은가. 게다가 공사를 할 경우에도 200만 원 이하인 경우에는 입찰을 거치지 않고 수의계약을 할 수 있으며, 큰 공사도 200만 원 단위로 쪼개면 얼마든지 수의계약으로 처리해버릴 수 있다. 1억 9,000만 원짜리 공사를 190만 원짜리 공사 100개로 쪼갤 수도 있다. 아파트의 모든 공사 역시도 결정권을 가진 곳은 입대의다. 이권을 노린 세력들에게 입대의가 장악 당하면 그들이 해먹을 수 있는 것은 무궁무진하다.

이런 문제점을 가장 효과적으로 해결할 수 있는 방법이 아파트의 각종 수입과 지출을 신고하게 하고 이를 공개하는 것이다. 사람들이 모르니까 비리와 부정이 생기는 것이다. 사람들에게 더 많은 정보를 공개하면 부정과 비리는 자연스럽게 줄어든다.

: 공개의 법칙 :
자신 있으면 공개하라!
우리가 보리라

입대의든 관리사무소든 가지고 있는 정보를 꽁꽁 숨겨놓고 입주자들에게 보여주려고 하지 않는다면, 문서 하나 보는 데도 온갖 핑계를 대면서 늑장을 부리고 몇 번씩 퇴짜를 놓는다면, 뭔가 떳떳치 못한 게 있을 확률이 높다. 물론 이들은 하늘을 우러러 한 점 부끄럼 없다고 우기면서 다른 핑계를 댈 것이다. 이에 대한 답은 간단하다. 자신 있으면 공개하라!

공개 못할 이유가 무엇인가? 입대의가 아파트의 안보를 위해서 비밀 첩보 활동을 하기라도 하나? 관리소장이 절대로 입주자에게 보여줘서는 안 되는 중요 기밀 사항을 취급하기라도 하나? 공개를 못하는 이유는 부정과 비리가 들통날까봐서다. 아파트 안에서 공식적인 문서로 남아 있는 것들 중에서 입주자에게 절대 공개 못할 비밀 같은 것은 개인정보 외에 존재하지 않는다. 모든 것이 공개되고, 입주자가 원할 때 정보를 쉽게 열람할 수 있다면 자연스럽게 부정과 비리가 사라지고 거짓말이 통하지 않게 된다. 아무리 잡아떼도 1,000만 원짜리 입찰에 참여한 업체들이 짜고 친 것처럼 5만 원씩만 차이가 나게 입찰 액수를 써냈다면 정말로 짜고 쳤을 확률이 높다. 이런데도 그냥 넘어간 입대의와 관리사무소 역시도 담합에 가담했거나 리베이트를 챙겼을 가능성이 아주 높다.

이 책에서 부정과 비리가 개입될 여지가 많은 여러 가지 내용들을 다뤘다. <u>자신이 살고 있는 아파트와 비교해보고, 의심이 간다면 관리사무소를 찾아가서 물어보라.</u> 입주자는 관리비의 사용 내역, 입대의 회의록을 비롯해서 내가 살고 있는 아파트에 관련된 각종 정보를 모두 열람하고 복사할 권리가 법으로 보장된다. 이를 거부하거나 제대로 대답을 못 한다면? 내놓은 자료에 적혀 있는 액수가 터무니없는 수준이라면? 이 책에서 설명한 여러 가지 속임수와 맞아 들어간다면? 이럴 때는 법을 활용하는 게 낫다. 사안에 따라서 경찰이나 구청에 신고하는 것이다. 근거만 있다면 수사는 경찰의 몫이다.

나는 지금까지 아파트에서 총대 메고 몸 고생, 마음고생, 정말 말이 아니었다. 싸움은 시작했는데 아파트에 대해서 아는 게 별로 없으니 상식선에서 최대한 생각하고 또 생각하고 닥치는 대로 찾아보고 공부했다. 다른 분들은 나와 같은 고초를 겪지 않았으면 하는 바람이다. 그래서 이

책을 썼다. 보통 사람들은 정보를 열람할 수 있는 권한이 있어도 무엇을 찾고 무엇을 열람해야 하는지 잘 모른다. 뭔가 비리가 있는 것 같지만 그냥 느낌에 불과하다. 그 정도를 가지고 의혹을 제기해봐야 오히려 상대방이 두툼한 재무제표 장부를 던져주면 어디에서 어떻게 시작해야 할지 엄두도 못 낸다. 그러나 범위를 좁히면 훨씬 일이 쉬워진다. 이 책이 여러분들에게 도움을 주는 지점도 바로 그것, 범위를 좁혀서 문제를 쉽게 찾아내는 것이다. 건투를 빈다.

닫는 글
힘들지만, 보람된 싸움

우리 아파트 단지에서 일어나고 있는 싸움은 여전히 현재진행형이다. 2016년 사용이 종료되고 생태공원으로 만들어질 거라던 아파트 인근 쓰레기 매립지에 대하여 서울시와 환경부에서 사용 연장을 추진하고 있기 때문이다. 아예 영구화하려는 움직임도 있다. 공사가 진행되고 있는 경전철이 개통되면 소음과 진동 문제, 허위 과장 분양에 관한 소송 건도 예정돼 있다. 초대 입대의와 관리사무소가 저질렀던 갖가지 비리 의혹을 규명하는 일도 여전히 진행 중이다. 의혹들이 사실로 밝혀진다면 그 책임을 묻는 과정도 진행될 것이다. 투명하게 관리되는 아파트, 살기 좋은 아파트를 만들고 싶어서 지금까지 달려왔지만 앞으로도 갈 길은 멀다.

이 책을 읽는 독자들 중에는, '그렇게 힘들고 피곤하고 사람들이 알아주지도 않고 심지어 욕까지 먹는 일을 왜 하는가? 나 같으면 안 할 것이다.'하고 생각할 사람들도 있을 것이다. 나 역시 그런 생각을 한 게 한두 번이 아니다. 비록 국가, 민족 같은 거창한 스케일의 싸움은 아니지만 사람이란 소소한 것에서도 보람과 행복을 느끼는 존재다. 나와 내 가족 그리고 이웃들이 살아가는 터전을, 사리사욕에 눈먼 사람들로부터 지키고 더 나은 곳으로 만드는 일은 나름대로의 보람이 있다. 그 과정에서 조금씩 쌓여가는 이웃 주민들의 신뢰는 가장 큰 보람이다. 지금도 입주자 엑스가 나에 대해서 악성 루머를 퍼뜨리기도 하고, 반대를 일삼거나 심지어 고소 고발을 남발하지만 단지 안에서 이들의 말을 믿는 사람은 거의 없다.

지금도 사람들은 여전히 나를 '레벤톤'이라는 닉네임으로 부른다. 심지어는 시행사나 건설사에서도 공문에 '레벤톤 님'이라고 쓰는 웃지 못할 해프닝도 있었다. 대부분의 주민들은 레벤톤이 하는 말이라면 거의 신뢰를 한다. 나 역시도 그들의 기대에 부응해서 더 정직하게, 더 열심히 일하게 된다. 많은 사람들의 믿음을 얻는다는 것이 얼마나 큰 재산이고 큰 보람인지 모른다.

우리 아파트의 주민들은 자신감에 넘쳐 있다. 시행사와 건설사를 상대로 끈질기게 싸웠고, 100% KO승은 아닐지라도 판정승은 거두었다. 그 뒤에도 여러 차례 크고 작은 싸움에서 이겼다. 그러니 '뭉치면 할 수 있다'는 자신감을 가지게 된 것이다. 아파트 단지 안에서 벌어지는 문제들만이 아니라, 다른 일을 할 때에도 자신감은 좋은 자산이 아닌가. 좋은 아파트, 투명하게 운영되는 아파트를 만드는 싸움은 길고 힘들지만, 그래서 보람 있는 싸움이다.

나는 내가 특별히 재수 없게 못된 건설사를 만나서 이런 일을 겪었다고 생각하지 않는다. 전국의 수많은 아파트 단지에서 비슷한 일들이 지금도 벌어지고 있다고 생각한다. 이것은 수십 년 동안 선분양제라는 제도를 바탕으로 아파트업계가 장사해온 관행에서 비롯된 일이다. 진정으로 좋은 아파트를 만들기 위해서는 법과 제도의 개선이 반드시 필요하다. 예를 들어, 자료 공개를 거부하는 관리소장에 대한 처벌을 강화하고 공개 절차를 신속하게 진행할 수 있도록 법 제도를 바꿨으면 좋겠다. 겸직금지 때문에 공무원이나 공기업 직원이 입대의 일을 할 수 없도록 되어 있는 법 규정도 현실적으로 완화되는 것이 바람직하다. 아파트 문제에 관한 경험이나 지식이 많은 사람들이 입대의에 참여하면 큰 도움이 된다. 겸직 이전에 지역 사회 봉사라는 차원에서 접근하면 좋지 않을까? 아울러 중앙정부에 '아파트 관리 전담 부서'가 생기길 희망해본다.

이 책을 읽은 독자들은 나보다 덜 속고, 덜 힘들게 싸우고, 권리는 더 많이 찾을 수 있기를 바란다. 요즘 들어서 '깨어있는 시민의 힘'이라는 말을 자주 듣는다. 아파트도 '깨어있는 주민의 힘'이 중요하다. 부정과 비리가 판을 치고 내 관리비가 엉뚱한 곳으로 줄줄 새고 있는데도 주민들은 무관심한 아파트가 많다. 누군가 내 주머니를 털고 있는데 세상모르고 쿨쿨 자고 있는 셈이다. 깨어있어야 한다. 내 주머니와 내 집은 내가 지켜야 한다. 부디 이 책이 더 많은 사람들을 깨워주는 알람시계와도 같은 구실을 해주기를 바란다. 살기 좋은 아파트, 투명하게 운영되는 '착한 아파트'를 만드는 일은 힘들지만 결코 불가능한 것이 아니다. 내가, 레벤톤이 사는, 우리 아파트 단지가 그 증거가 될 수 있도록 더 열심히 봉사하고 싸워나가겠노라고 다짐해본다.

제목	아파트에서 살아남기
부제	구매에서 입주, 관리까지 건설사가 절대 알려주지 않는 아파트의 모든 것
초판 1쇄 발행	2013년 10월 22일
초판 2쇄 발행	2014년 8월 11일
지은이	김효한
펴낸곳	퍼플카우
펴낸이	김일희·김철원

리마커블한 책을 펴내는 퍼플카우는 (주)퍼플카우콘텐츠그룹의 경제경영·실용·비소설 단행본 출판 브랜드입니다.

기획·편집	김일희 김이슬
마케팅·홍보	김철원
표지·본문 디자인	디자인 [★]규
로고 디자인	design co*kkiri
인쇄·제본	미르인쇄(주)
유통·창고	위드북
세무회계 지원	박종주세무회계사무소
법무 지원	지오법무사사무소
클라우드 서비스	Google Docs, Dropbox
출판신고	2008년 03월 04일 제2008-000021호
(주)퍼플카우콘텐츠그룹	서울특별시 마포구 연남동 568-39 칼라빌딩 2층 (우)121-869
대표전화·팩시밀리	070-8668-8800 (F)070-7500-0555
이메일	purplecowow@gmail.com
커뮤니티	cafe.naver.com/purplecowow
SNS	트위터 purplecowow 페이스북 facebook.com/purplecowow

Copyright ⓒ 김효한, 2013, Printed in Korea
저작권법에 의해 보호 받는 저작물이므로 무단전재와 복제를 금합니다.
ISBN 978-89-97838-21-9 (13320)

책값은 뒤표지에 있습니다. 잘못된 책은 구입한 곳에서 바꾸어 드립니다.

Dare To Be Remarkab!e   곧 죽어도 리마커블하게!

우리 같은 소시민들에게 가정의 행복을 짓밟는 불합리한 사회제도나
힘 있는 기업의 약탈적 횡포는 난세의 적군과 다름없다. 모두가 좌절하고
억울함만을 호소하고 있을 때, 가정과 이웃의 행복을 지키기 위한 투사가
필요할 것이다. 레벤톤과 나는 비슷한 꿈을 꾸며 같은 아파트를
분양받았다. 꿈은 잠시, 나를 포함한 대부분의 보통 이웃들이 고통과
혼란 속에 갈팡질팡할 때 레벤톤은 특유의 집요함과 비판력을 발휘하며
이웃들에게 해결 전략과 대안을 제시했다. 이 책은 가정과 이웃의 행복을
지켜낸 한 개인의 투쟁기로서도 통쾌함이 있지만, 우리 사회의 골칫거리로
부각되고 있는 아파트 분양 및 주민자치 관련 부조리를 고민하는
사람들에게도 좋은 간접 경험이 될 것이다.
　　── 이훈재

아파트 가격이 떨어져 살림살이가 궁핍해졌다. 대한민국 아파트의
전반적인 가격 하락은 어떻게 해볼 수 없겠지만, 아파트 단지 내 살림
단속을 통한 비용절감은 언제든지 누구든지 할 수 있다. 바꾸려한다면
분명히 바꿀 수 있고 아끼려 한다면 반드시 아낄 수 있다.
이 책에 그 해답이 있다.
　　── 양장원

입주자대표회의(입대의)는 특별한 사람들만 활동하는 조직이 아니다.
착한 아파트를 만들어보려는 의지만 있다면 누구라도 할 수 있다.
나 역시 아파트에 대해 아무것도 모르는 상태에서 레벤톤의 권유에 의해
입대의에 참여하게 되었지만, 입대의가 움직이는 만큼 좋아지는
아파트를 보며 지금은 큰 보람을 느낀다. 투명한 입대의가 살기 좋고
가치 있는 아파트를 만든다.
　　── 유두환

저자의 말대로 관리소장이 사명감을 가지고 제대로 중심을 잡아야 아파트
환경이 좋아진다. 우리 아파트에 사는 이 책의 저자는 그 점을 가장 잘
알고 있는 사람인 것 같다. 아파트 생활 현장에서 본연의 업무를 묵묵히
수행하고 있는 많은 관리소장들에게도 추천하고 싶은 책이다.
　　── 이재현